L'ENVERS DU CRIME

Collection *Sciences criminelles*
dirigée par Robert Cario

La collection ***Sciences criminelles*** se destine à la publication de travaux consacrés à l'analyse complexe du phénomène criminel. Multidisciplinaire par définition, elle a vocation à promouvoir les réflexions critiques portées par les disciplines impliquées, dont l'angle d'approche spécifique enrichit la connaissance globale du crime, tant en ce qui concerne les protagonistes (infracteur, victime, société) que les stratégies d'intervention sociale (prévention, répression, traitement). En France comme à l'étranger.
Les contributions, émanant de chercheurs, de praticiens de la justice ou du travail social, empruntent la forme d'ouvrages de doctrine, de recherches collectives ou d'actes de rencontres scientifiques.
La Collection s'enrichit par la publication d'un « Traité de sciences criminelles », multi-auteurs, qui présente sous la forme de manuels les principales disciplines qui composent les sciences criminelles : philosophie criminelle, criminologie, politique criminelle, droit criminel, procédure pénale, criminalistique, médecine légale et victimologie.

A paraître ***(premier semestre 2002)***

L.M. Villerbu (Dir.), Dangerosité et vulnérabilité
F. Archer, Le consentement en droit pénal de la vie humaine
H. Conchon, L'évolution des nullités de l'instruction préparatoire
A. Boulay (Dir.), Victime : de l'image à la réalité
D. Salas, R. Cario (Dir.), Victimes : du traumatisme à la restauration. Vol. 2
INAVEM (Dir.), La victimisation des aîné(e)s

Ouvrages parus

R. Cario (Dir.), La médiation pénale : entre répression et réparation
R. Nérac-Croisier (Dir.), Le mineur et le droit pénal
R. Cario, J.C. Héraut (Dir.), Les abuseurs sexuels : quel(s) traitement(s) ?
J.P. Céré, Le contentieux disciplinaire dans les prisons françaises
R. Cario, Les femmes résistent au crime
M. Vaillant, A. Vulbeau, Action éducative spécialisée en placement familial
L. Ouvrard, La prostitution
R. Cario, Jeunes délinquants. A la recherche de la socialisation perdue
P. Mbanzoulou, La réinsertion sociale des détenus
C. Cardet, Le contrôle judiciaire socio-éducatif
R. Nérac, J. Castaignède (Dir.), La protection judiciaire du mineur en danger
A. Bernard, R. Cario (Dir.), Les politiques publiques d'aide aux victimes
M. Vaillant, J.P. Leblanc (Dir.), Nouvelles problématiques adolescentes
M. Born, P. Thys (Dir.), Délinquance juvénile et famille
R. Cario, D. Salas (Dir.), Œuvre de justice et victimes, Vol. 1
P. Aubry, Les sectes : aspects criminologiques
J.P. Céré (Dir.), Panorama européen de la prison

« Traité de sciences criminelles »
1. C. Lazerges, Introduction à la politique criminelle
2-1. R. Cario, Victimologie
2-2. R. Cario. Victimologie. Les textes essentiels
3. J. Pinatel, Histoire des sciences de l'homme et de la criminologie
4. R. Cario, Introduction aux sciences criminelles
5. J.P. Céré, Droit disciplinaire en prison
6. J.P. Allinne, Histoire des politiques pénales, *à paraître* (2002)
7. J. Castaignède, La procédure pénale et la victime, *à paraître*

Micheline BARIL

L'ENVERS DU CRIME

L'Harmattan
5-7, rue de l'École-Polytechnique
75005 Paris
France

L'Harmattan Hongrie
Hargita u. 3
1026 Budapest
HONGRIE

L'Harmattan Italia
Via Bava, 37
10214 Torino
ITALIE

1ère publication, CICC, Montréal, QC, 1984

ISBN : 2-7475-2363-2

Avant-propos

par Robert CARIO, *Arlène* GAUDREAULT *et Gérard* LOPEZ

Micheline BARIL a profondément marqué la victimologie contemporaine, celle « de l'action » pour le moins. Elle a consacré une grande partie de sa vie à une tâche immense : donner une voix aux victimes d'actes criminels. Elle y a mis tout son temps et toute son âme. Patiemment et avec dévouement, elle a accueilli les victimes qui, abandonnées à leur sort, se tournaient vers elle. Toute son œuvre en tant que professeur, chercheur et militante traduit cette générosité, cette capacité d'aller vers l'autre et de l'entendre. Touchée par la détresse et l'impuissance des victimes, sensible à l'indifférence auxquelles elles se buttaient, elle voulait faire changer les choses. Pendant plus d'une décennie, la reconnaissance des droits des victimes est au cœur de ce combat qu'elle va mener sur tous les fronts.

Au début des années 1980, l'aide aux victimes d'actes criminels en est à ses premiers balbutiements au Canada et au Québec. Les femmes et les enfants sont les principales catégories de personnes visées par des services et ces derniers se situent plus souvent dans une perspective de bien-être social que de justice (I. WALLER, Les victimes d'actes criminels : besoins et services. Canada/Etats-Unis, *Déviance et Société*, vol. 3, 1981). Les ressources pour les femmes violentées ou les victimes d'agression sexuelle se comptent sur les doigts de la main. Elles survivent principalement grâce au bénévolat et à des dons de la communauté. Le réseau de services pour la protection des enfants victimes d'abus et de négligence commence à peine à se structurer.

Femme d'action, elle s'implique alors dans le développement des premiers centres d'aide aux victimes d'actes criminels au Québec et dans de nombreuses initiatives visant à humaniser le sort qu'on leur réserve devant les tribunaux ou d'autres instances. Misant sur la concertation, elle s'allie de nombreux partenaires qui partagent sa quête d'une justice plus équitable et fonde l'Association québécoise Plaidoyer-Victimes. Porte-parole infatigable, elle représente les intérêts des victimes au sein de comités d'études, devant les commissions parlementaires, dans les médias. Elle se sert de toutes les tribunes pour revendiquer leurs droits.

Jeune professeure à l'École de criminologie de l'Université de Montréal, elle introduit la victimologie comme champ d'étude et de pratique. Sensibiliser ses étudiants à l'impact du crime et aux besoins des victimes, les amener à mieux assumer leurs obligations et leurs responsabilités : elle voulait à la fois les convaincre et les rallier à sa cause. Fine pédagogue, elle a contribué à redéfinir le rôle des criminologues, reconfiguré leurs pratiques. Elle allait jouer au cours des dix années suivantes un rôle déterminant et s'imposer comme chef de file auprès de nombreux étudiants, de jeunes chercheurs et des praticiens. Elle a eu une influence marquante et plusieurs d'entre eux poursuivront son œuvre à l'Ecole de criminologie ou à l'Association québécoise Plaidoyer-Victimes qui reste, sans nul doute, le meilleur témoignage de son engagement, de ses capacités de ralliement, de son esprit visionnaire. Ceux et celles qui ont eu la chance de la côtoyer et de travailler avec elle, garderont l'image d'une femme profondément engagée, généreuse de son temps, de ses conseils, de ses connaissances.

Il est curieux que ses très nombreux travaux (attestés par la bibliographie jointe à cet avant-propos) ne jouissent pas de la diffusion qu'ils méritent pourtant, à cause sans aucun doute de sa disparition prématurée en 1993. Son œuvre – pionnière à bien des égards – a favorisé l'émergence de nombreux changements au plan des politiques, des législations et des pratiques orientées vers le mieux-être des victimes, tant au Québec qu'au Canada. « Mieux que quiconque », Micheline BARIL a su « marier la recherche empirique et la réflexion théorique. Sa pensée était efficace. A ce titre, elle représente un idéal pour les criminologues ». C'est elle qui leur a ouvert les yeux. Depuis lors, nous avons pris nettement conscience de l'existence de « l'envers du crime », de la victime et de son entourage : « La vérité du crime, ce n'est pas uniquement la victime, mais c'est aussi la victime » (M. CUSSON, *In Criminologie*, 1993-XXVI-2, pp. 3-5).

C'est dans une telle perspective que ses recherches victimologiques s'intéressent plus spécialement à l'expérience des victimes. Pour la première fois, Micheline BARIL a abandonné la méthode des enquêtes statistiques, reposant sur des questionnaires fermés pour procéder à des entretiens libres. L'objectif de son étude était de jeter un nouvel éclairage sur le crime et la réaction sociale au crime en examinant son « envers ».

En ce sens et en premier lieu, au contraire des modèles précédents qui ignorent le point de vue des victimes, Micheline BARIL interroge le ressenti et les réactions des victimes elles-mêmes. Elle leur donne la parole, – jusqu'alors abusivement confisquée au bénéfice des infracteurs – et place leur expérience au cœur de sa démarche. Sa recherche doctorale traduit une vision profondément humaniste où, pour mieux comprendre, il faut se mettre à l'écoute de l'autre. Elle rend ainsi compte des effets concrets des actes de violence sur leurs victimes et leurs proches, en soulignant que les « traumatismes de la victimisation sont contagieux et [que] les victimes secondaires sont aussi affectées que les victimes primaires ». Avec beaucoup d'à propos, elle démontre que la victimisation coûte beaucoup plus à la victime et à ses proches qu'elle ne « rapporte » à l'agresseur. Il suffit de songer – au-delà des souffrances et pertes directes –, aux séquelles physiques des agressions, à la vulnérabilité physiologique subséquente, aux traumatismes psychiques facteurs de peurs et d'angoisses diverses, aux réaménagements de la vie sociale corrélative, voire même à la désintégration du contexte familial.

Les travaux de Micheline BARIL ont, en second lieu, permis de mettre en évidence diverses formes de victimisations, oubliées sinon banalisées. C'est de « monsieur et de madame-tout-le-monde » dont il est question, de l'homme de la rue, du voisin, d'un collègue de travail, d'un membre de la famille. Bref, de tous ceux et celles qu'un mauvais coup du sort peut frapper sans avertir. En d'autres termes, il s'agit des proches des victimes d'homicides, des victimes de crimes contre les biens, des personnes âgées, des enfants victimes d'abus sexuel extra-familial. Commentant cette époque, une décennie plus tard, Micheline BARIL dira que, quand elle évoquait le mot victime, on croyait qu'elle parlait seulement des femmes battues. Etre victime d'un acte criminel, pour bon nombre de personnes, c'est une réalité vide de sens. Un acte du destin. Une fatalité comme les accidents de la route, les catastrophes naturelles. Quelque chose qui n'arrive qu'aux autres.

Dans un remarquable souci de synthèse, elle distingue alors deux principales formes de victimisation. La « victimisation chronique » comprend essentiellement des violences infligées par des personnes en relations suivies avec la victime. Les rôles d'agresseur et de victime y sont fixes. La violence est dominatrice et dirigée vers les plus faibles. Ainsi, le nombre des violences à l'intérieur des familles apparaît considérable, notamment en matière de violences faites aux femmes ou de violences aux enfants. La « victimisation aiguë » fait plutôt référence à des agressions et à des crimes de déprédation entre personnes qui ne se connaissent pas ou peu. Rarement violente, elle est ponctuelle et momentanée, largement imprévisible dans la plupart des cas.

La réaction sociale au crime, en général, indique, en dernier lieu et pour l'essentiel, que les victimes, autant par leur entourage que par les services judiciaires, sociaux et sanitaires, sont trop souvent négligées et blâmées. Les frustrations des victimes évoluent ainsi au fur et à mesure qu'elles avancent dans le processus pénal. Progressivement, elles perdent tout contrôle sur les événements et sont utilisées par une justice qui les accable d'obligations sans leur reconnaître de droits. Micheline BARIL souligne alors l'importance de l'accompagnement psychologique et social des intéressés au sein de services pluridisciplinaires d'aide aux victimes, afin de retrouver la liberté entravée par la peur, par la perte de l'estime de soi, par l'impuissance à éviter que cela ne recommence.

Avec justesse et sensibilité, Micheline BARIL sait refléter le discours des victimes mais elle s'en sert aussi comme un fer de lance pour remettre en cause et changer les façons d'agir. Elle est consciente que l'implantation de services dans la communauté ne saurait suffire pour améliorer le sort des victimes d'actes criminels. Il faut ébranler les croyances et les pratiques du système de justice et des agences sociales, remettre en question des attitudes qui sont devenues des automatismes et percer ce mur d'indifférence qui s'est insidieusement érigé autour d'elles. Elle sait surtout qu'elle ne peut y arriver seule. Elle doit convaincre d'autres partenaires de se joindre à elle, bâtir un réseau de solidarité qui épouse sa cause, celle des victimes. Plus globalement, les politiques sociales à mettre en place doivent dépasser « la crainte de remettre en cause les valeurs fondamentales de la famille, de l'autorité, des hiérarchies sexistes et politiques ».

La réédition de la thèse de doctorat de Micheline BARIL nous est apparue, de ces points de vue, particulièrement opportune. Elle a été rendue possible par les aimables autorisations qui nous été fournies par sa famille d'une part et par son premier éditeur le Centre International de Criminologie Comparée, de l'autre. Qu'ils en soient chaleureusement remerciés. C'est assez naturellement que nous nous sommes unis, avec l'aide précieuse des étudiants de l'actuelle promotion « Micheline BARIL » du DESS « Droit des victimes » de l'Université de Pau. Un Colloque sur « L'aide aux victimes : 20 ans après », autour de son œuvre, clôturera cette année universitaire 2001-2002.

La voie tracée par Micheline BARIL est riche et prometteuse. A défaut de la suivre, il est à craindre que l'hypothèse de travail qui a guidé son œuvre ne qualifie encore longtemps notre système de justice pénale : « Le système opère loin des citoyens, pour sa propre perpétuation, dans son intérêt et dans celui de ceux qui y œuvrent ». La lecture de « L'envers du crime », à laquelle nous vous invitons maintenant, ne manquera pas de nous (re)motiver pour bousculer une telle « fatalité », afin de promouvoir des politiques publiques d'aide aux victimes au « service de la vérité et de la justice », respectueuses des droits, d'égale dignité en tous points, à la resocialisation de l'infracteur et à la restauration de la victime comme de ses proches.

Bibliographie de Micheline Baril
Articles, Mémoires, Rapports de recherche [1]

1973

M. Baril, J. Brahant, J. Saint-Laurent, *Quelques caractéristiques des adolescents amenés à la Cour de Bien-Être Social de Montréal,* École de criminologie, Université de Montréal, 57 p.

1974

M. Baril, *La participation aux programmes d'éducation permanente*, Rapport de recherche, Montréal, Université de Montréal.

M. Baril, T. Limoges, *Les besoins, les attitudes et les motivations des policiers étudiants*, Rapport de recherche, Montréal, Université de Montréal.

1975

M. Baril, D. Laberge, *Analyse béhavioriste et réaction sociale*, Rapport de recherche, Université de Montréal, pp. 184-304.

M. Baril, D. Laberge, *Les laissés pour compte,* Rapport d'une étude sur les cas marginaux, présenté au Comité d'étude sur la réadaptation des enfants et des adolescents placés en centre d'accueil, Montréal, Université de Montréal, 135 p.

M. Baril, S. Laflamme-Cusson, *La détention des mineurs,* Rapport de recherche, Université de Montréal, 886 p.

1976

M. Baril, *La détention des adolescents*, École de Criminologie, Université de Montréal, mémoire de maîtrise, 402 p.

M. Baril, *Le public et la police : revue de littérature*, Université de Montréal, pp. 94-187.

M. Baril et al., *Les attitudes du public canadien envers la politique criminelle*, Rapport 1, revue de littérature, Centre International de criminologie Comparée, Université de Montréal, 316 p.

1. Bibliographie réalisée par Catherine Rossi, DESS « Droit des victimes », Pau et Ecole de Criminologie, Montréal.

M. Baril, C. De Troy, R. Estevao, *Le public et la politique criminelle*, Centre International de Criminologie Comparée, Université de Montréal, 316 p.

1977

M. Baril, *L'image de la violence*, Rapport de recherche, Montréal, Université de Montréal, 260 p.

M. Baril, *La Criminalité et l'environnement urbain,* Centre International de Criminologie Comparée, Université de Montréal, 229 p.

M. Baril, *Recherche exploratoire qualitative, l'image de la violence au Québec*, Centre International de Criminologie Comparée, Université de Montréal, 260 p.

M. Baril, *Urbanisation et conduites violentes : criminalité et environnement*, In Comité d'études sur la violence, la criminalité et la délinquance : Réponses à la violence, Paris, Documentation française, pp. 7-213.

M. Baril, J. Giroux, L. Huot, *Le citoyen victime de vol qualifié : sa place dans le processus judiciaire*, Rapport, Centre International de Criminologie Comparée, 337 p.

M. Baril, H. Grenier, H. Manseau, *Les petits commerçants victimes de vol à main armée : En quête de justice*, Rapport, Centre International de Criminologie Comparée, Université de Montréal, 185 p.

1978

M. Baril, *New directions in victim research : Victims' perceptions of crime and the criminal justice system*, Thèse M. Phil., University of Cambridge, Cambridge, 108 p.

1979

M. Baril, *Violence et Répression : Mythe ou Réalité*, Revue de Criminologie « Justice et Public », Vol. XII-1, pp. 66-78.

1980

M. Baril, *Ils n'ont plus la liberté : réactions à la victimisation et ses conséquences*, In Revue de Criminologie « Regards sur la victime », Vol. XIII-1, pp. 95-103.

M. Baril, *Rape and other acts of violence : The victims' perspective,* présenté au 32ème congrès annuel de la Société Américaine de Criminologie à San Francisco, Centre International de criminologie Comparée, Université de Montréal, 11 p.

1981

M. Baril, *Assistance aux victimes et justice pénale*, In Déviance et Société, Médecine et Hygiène, Genève, 3, pp. 277-282.

M. Baril, *La criminologie et la justice pénale à l'heure de la victime*, In Revue Internationale de Criminologie et de Police Technique, Vol. XXXIV-4, pp. 353-366.

M. Baril, *La télévision et la violence ou : le crime paie*, In Revue Internationale de Criminologie et de Police Technique, pp.12-17.

M. Baril, *le vol à main armée au Québec*, In La Revue Canadienne de Criminologie, Vol. XXIII-2, pp. 225-229.

M. Baril, S. Durand, C. Louis-Guérin, D. Valcourt, *La prévention du crime par la gestion et l'aménagement du milieu,* Communauté Urbaine de Montréal, Montréal, 196 p.

M. Baril, A. Normandeau, I. Waller, *Débat : Les services privés et publics aux victimes*, In Déviance et Société, Médecine et hygiène, Genève, Vol. V-3, pp. 261-292.

1982

M. Baril, *L'assistance aux victimes d'actes criminels*, Rapport final réalisé dans le cadre d'emploi d'été des jeunes, PEEJ, 1982, École de Criminologie de Montréal.

M. Baril, *Les laissés pour compte*, In Revue de la Sûreté du Québec, XII-1, pp. 14-18.

M. Baril, *Les victimes d'actes criminels : droits et services*, Conseil Canadien de développement Social, Ottawa, 26 p.

M. Baril, A. Précourt, *Un centre d'aide aux victimes d'actes criminels*, In Service social dans le monde, Revue Internationale de Travail social, 41ème année, pp. 3-10.

1983

M. Baril, *Devis de programme de recherche : la victimologie*, Centre International de Criminologie Comparée, Université de Montréal, présenté au Solliciteur Général du Canada, 12 p.

M. Baril, *L'envers du crime*, École de Criminologie, Université de Montréal, Thèse de doctorat Ph. D., 415 p.

M. Baril, *La victime et les politiques criminelles*, Rapport d'étape (1982-1983) et prospectives (1983-1984), Centre International de Criminologie Comparée, Université de Montréal.

M. Baril, *Une illustration de la peur concrète : le cas des victimes*, In Criminologie, Université de Montréal, Vol. XVI-1, pp. 31-49.

M. Baril, M.M. Cousineau, S. Gravel, *Les femmes battues et la justice : intervention policière*, In Les Cahiers de l'École de Criminologie, Vol. XIII, Université de Montréal, 135 p.

M. Baril, M.M. Cousineau, S. Gravel, *Quand les femmes sont victimes... quand les hommes appliquent la loi*, In Criminologie, Université de Montréal, Vol. XVI-2, pp. 87-100.

M. Baril, S. Laflamme-Cusson, *L'indemnisation des victimes d'actes criminels : une évaluation de l'IVAC*, Collection Victimes d'actes criminels, Section de la recherche et de la statistique, Direction de la planification et de l'élaboration de la politique, Document de travail n° 3, Ottawa, Ministère de la justice, 234 p.

1984

M. Baril, *L'envers du crime*, Les Cahiers de recherches criminologiques, 2, Centre International de Criminologie de Montréal, Université de Montréal, 413 p.

M. Baril, M.M. Cousineau, S. Durand, S. Gravel, *Mais nous, les témoins... Une étude exploratoire des besoins des témoins au Palais de justice de Montréal*, Collection Victimes d'actes criminels, Document de travail n° 10, 1984, Ottawa, Ministère de la justice, 227 p.

M. Baril, S. Durand, *Commentaires au rapport fédéral-provincial sur la Justice pour les victimes d'actes criminels*, Centre International de Criminologie Comparée, Université de Montréal, 27 p.

M. Baril, S. Laflamme-Cusson, G. Lortie, *Mémoire de l'Association Québécoise Plaidoyer-Victimes présenté au Comité de la santé mentale du Québec sur la question des ressources alternatives en santé mentale*, Association Québécoise Plaidoyer-Victimes, 31 p.

M. Baril, S. Rizkalla et al., *Mémoire de la Société de Criminologie du Québec présenté à la Commission Parlementaire relatif aux amendements proposés à la loi sur l'indemnisation des victimes d'actes criminels*, Montréal, Société de criminologie du Québec, 20 p.

1985

M. Baril, *Mémoire de l'Association Québécoise Plaidoyer-Victimes, présenté à la Commission canadienne sur la détermination de la peine*, Association Québécoise Plaidoyer-Victimes, 20 p.

M. Baril, *Une nouvelle perspective : la victimologie*, In D. Szabo et Marc Le Blanc (Dir.), Traité de criminologie empirique. Le phénomène criminel et la justice pénale au Québec, Presses Universitaires de Montréal, pp. 161-184.

M. Baril, *Vers une distribution équitable des droits et des libertés : le cas des criminels et de leurs victimes*, Mémoires de la Société Royale du Canada, Quatrième Série, 1985-XXIII-1, pp. 105-113.

M. Baril et al., *Mémoire de l'Association Québécoise Plaidoyer-Victimes présenté au ministère de la Justice concernant la politique d'intervention en matière de violence conjugale*, Association Québécoise Plaidoyer-Victimes, pp. 3-16.

M. Baril, M. D'Eer, R. Hasting, *La place de la victime dans le système de justice pénale*, In Le système de justice pénale : sa raison d'être et son devoir, 22ème Congrès, Laval, Québec, octobre 1984, Vol. 15, pp. 3-15.

M. Baril, A. Morissette, *Les réactions et les conséquences chez la victime d'un vol à main armée*, Centre International de Criminologie Comparée, Université de Montréal, 270 p.

M. Baril, A. Morissette, *Du côté des victimes, une autre perspective sur le vol à main armée*, In Criminologie, XVIII, 2, pp.117-133.

M. Baril, A. Morissette, *Rapport de recherche et d'activités du Centre d'Aide aux Victimes d'Actes Criminels (AVI)*, Société de criminologie du Québec, Université de Montréal.

M. Baril, M. d'Eer, J. Lessard, C. Toutant, M. Tremblay, *Réactions de la S. C. Q. au rapport La justice pour les victimes d'actes criminels du groupe fédéral-provincial canadien*, Société de Criminologie du Québec, 17 p.

1986

M. Baril, *Des structures sociales et de la violence faite aux femmes*, In Les Cahiers de l'ACFAS, 44, pp. 229-239.

M. Baril, *Les victimes d'actes criminels au Québec*, Document de réflexion présenté au Ministère de la Justice du Québec, pp. 2-20, In J. Coiteux, P. Campeau, M. Clarkson, M.M. Cousineau, Question d'équité. L'aide aux victimes d'actes criminels, Association Québécoise Plaidoyer-Victimes, Montréal, 1996, pp. 17-31.

M. Baril, *Victimes à deux reprises. Les femmes victimes de violence face à la loi et aux institutions judiciaires*, In Rassegna di Criminologia, XVII-2, pp. 487-494.

M. Baril, A. Morissette, *Du côté des victimes, une autre perspective sur le vol à main armée*, Rapport d'activités et de recherche 1984, Rapport pour spécialistes, 48, Ottawa, Solliciteur Général, 157 p.

M. Baril, A. Morissette, *Centre d'aide aux victimes d'actes criminels*, Rapport d'activités et de recherche 1984, Rapport pour spécialistes, 48, Ottawa, Solliciteur Général.

1987

M. Baril, *Document soumis au ministère de la Justice du Québec dans le cadre de la consultation du ministre concernant les victimes d'actes criminels*, Centre International de Criminologie Comparée, Université de Montréal, 36 p.

M. Baril, *La déclaration de la victime au Tribunal*, In Sûreté, 17-5, pp. 11-12.

M. Baril and al., *The victim's perspective*, In Gabor and al., Armed robbery. Cops, robbers and victims, Springfield, C. Thomas Publish., pp. 86-121.

M. Baril, M. Cusson, D. Elie, T. Gabor, M. Leblanc, A. Normandeau, *Armed robbery. Cops, robbers and victims,* Charles C. Thomas, Springfield, Illinois, 227 p.

M. Baril, A. Landreville, A. Normandeau, *Mémoire soumis au Comité Législatif sur le projet de loi C-89 modifiant le code criminel (Victimes d'actes criminels)*, Montréal, École de Criminologie, Centre International de Criminologie Comparée, 9 p.

1988

M. Baril, *Les projets de lois et de politiques en matière de victimes d'actes criminels*, In Criminologie, XXI-2, pp. 103-111.

M. Baril, M.-J. Bettez, L. Viau, *Les agressions sexuelles avant et après la réforme de 1983. Une évaluation des pratiques dans le district judiciaire de Montréal*, Ministère de la Justice, Ottawa, document de travail, 347 p.

M. Baril, J. Coiteux, A. Normandeau, *Les suicides dans les cellules de police,* Centre International de criminologie Comparée, Université de Montréal, (annexe).

1989

M. Baril, M. Beaulieu, *Vivre en résidence. Les témoignages des personnes âgées,* Centre International de Criminologie Comparée, Université de Montréal, 209 p.

M. Baril, M. Beaulieu, S. Laflamme-Cusson *Le vieillissement et l'appréhension du phénomène criminel*, Université de Montréal, Centre International de Criminologie, 218 p.

M. Baril, M.-J. Bettez, L. Viau, *Les agressions sexuelles avant et après la réforme de 1983. Une évaluation des pratiques dans le district judiciaire de Montréal*, Université de Montréal, Centre International de Criminologie Comparée, 423 p.

1990

M. Baril, *Victimologie. Bibliographie,* École de Criminologie, Université de Montréal, 24 p.

M. Baril, S. Gravel, *La pratique de négociation de plaidoyer au Palais de Justice de Montréal,* Centre International de Criminologie Comparée, Université de Montréal, 214 p.

M. Baril, S. Laflamme-Cusson, *La déclaration de la victime au Palais de justice de Montréal*, Rapport final, Association Québécoise Plaidoyer-Victime, Montréal, 154 p.

1992

M. Baril, S. Campeau, S. Rizkalla, *L'intervention en matière de violences conjugales : les policiers de la SPCUM s'expriment,* Société de Criminologie du Québec, Montréal, 131 p.

English summary

Victimology, as a structured study of victims and victimizations, has only existed since the forties. True, before the advent of modern systems of criminal justice, the victim played a primary role in the justification and administration of criminal and civil justice ; this era of primitive societies during the Middle Ages, according to SCHAFER (1977), was the « golden age » of the victim. Although influential in practice, however, the victim – like the crime itself or the criminal – held little attraction for the philosopher interested in the more abstract elements of justice.

Gradually, then, the victim lost his influence and became merely a pretext for the exercise of justice. By the 17th and 18th centuries, the victim had disappeared from the scene entirely. But the idea of compensation for the damage inflicted was beginning to take hold and to spread via the writings of philosophers such as BENTHAM or the works of conferences on prisons. The doctrine of the social contract began to exercise a great deal of influence : if the citizen gives up his right to self-protection and vengeance for the sake of society, should he not expect adequate compensation from the State when he is wronged ? More than a century was to elapse, however, before the first programme of compensation for victims of criminal acts was adopted by New Zealand in 1963.

By the time reparation had become a reality, victimology had already begun to take form. But its origins are so recent, it is difficult to associate any names with its early development. An author considered a pioneer today might well be unknown to the coming generation, while another, unknown today, may be attributed an innovative role.

The systematic development of victimological thinking has been due to the works of Hans VON Hentig, Henri F. ELLENBERGER, Ezzat A. FATTAH and Stephen SCHAFER. The hypotheses they advanced were of sufficient interest for researchers, such as WOLFGANG (1958), AMIR (1967), NORMANDEAU (1967), SCHUH-KUHLMAN (1970) and many others to verify them empirically. FATTAH, the youngest of the pioneers in theoretical formulations, is also perhaps the only one to have tested his own hypotheses. This he did in his study on murder accompanying theft (1968).

Another group of well-known names in victimology, Benjamin MENDELSOHN, Emile VIANO, Israel DRAPKIN and Koichi MIYAZAWA [2], set out to make this new discipline known and recognized as both an independent science and a field of study in criminology. It is they who were responsible for the first collections of texts, the first conferences, the first reviews and for some, the first courses given in this field.

Begun in Europe, victimology quickly took root in the United States and Canada, brought by its founders, who in many cases were forced to flee their countries of origin due to an adverse political situation. It is now in America that it is being developed.

The foremost « victimologists » are legal experts or psychiatrists. Many are Jewish, many have suffered political persecution or witnessed waves of repression. Many are primarily interested in the criminal and in defending the rights of prisoners and the accused. These various factors have had an influence on the direction taken by the emerging victimology. Every young discipline is marked by the professional training and past experience of its creators. Thus it was during his practice as a defence lawyer, listening to the version of the accused he was defending, that Benjamin MENDELSOHN realized that the victim could play a considerable role in the commission of a criminal act. The idea was not entirely new, but it had had little impact until then. It is possible, too, that the psychiatrist, familiar with unhealthy relationships that end in violence, is led to question the role of the victim.

At first victimology was entirely and exclusively oriented toward the study of the victim's contribution to the criminal act and the examination of criminal/victim relationships. In the first typologies of victims, the criterion used for classification purposes was the degree of responsibility, participation or vulnerability of the victim. Other concepts were developed, however, to take a new perspective into account : « victim precipitation » (WOLFGANG), the victim as catalyst (FATTAH), the penal couple (MENDELSOHN), functional responsibility (SCHAFER). This was a new perspective, perhaps, but certainly not

2. It is possible that Mr. MIYAZAWA'S theoretical contribution is of equal importance, but the work he has done in Japan is not easily accessible.

revolutionary. Essentially positivist and conservative in its approach, victimology did not question criminological theories, the legal definition of crime or the foundations of the law. It sought a better understanding of crime and the criminal ; it questioned a juridic doctrine that accepted only guilt or innocence and ignored mitigating circumstances and it opened the way for new forms of prevention centred on the potential victim.

The ideas of the first « victimologists » spread quickly, but unfortunately did not achieve the scope and development anticipated. Unfortunately, too, they served to encourage the myth of the guilt of the victim. They were crystallized and weakened to such an extent that all that remained was the responsibility of the injured party and hence victimology became known as « the art of blaming the victim ». Even today the layman and most specialists in the fields of social welfare and justice associate victimology with culpability of the victim. Interestingly enough, conferences on victims today avoid the term « victimology » like the plague !

Meanwhile, despite all the discussion on their behalf, actual victims of criminal acts were still being completely ignored.

Second-wave victimology changed direction completely. In the last ten years there have been surveys on victimization devoted successively to estimating the black number of crimes, measuring the amount of victimization, finding out the characteristics of victims and the circumstances of their collaboration with the system of justice. Eminently empirical at first, this approach is beginning to give rise to the elaboration of theories. But, as FATTAH (1980) points out, it is « a Victimology of action » that is now developing, and he sees in this a possible reversion to greater repression.

Today's interest in the victims of criminal acts is in large part due to the increasing influence of the feminist movements. It is the feminists, in fact, who have put forward new answers to victimization. It is they who set up the first centres for assistance to victims (women sexually assaulted), and who introduced the first legislative changes lightening the victim's burden. The presence of feminist movements on the victimological scene is so palpable that the phrase « victims of criminal acts » is frequently translated to mean « women victims of sexual aggression » or « battered wives ».

The current trend in favour of victims is toward assistance and promotion of their rights (WALLER, 1981). Theoretical contributions are limited but, since the professionals and pressure groups are increasingly in, need of knowledge, it is to be hoped that there will be a return to basic research, a better balance between knowledge and action.

Thus the present study is set in an atmosphere of polemic and emotionalism. It is too soon to judge our beginnings and we lack the detachment of a recognized discipline. A number of options have been considered, such as placing victimology squarely within the science of criminology. The victim, after all, is an integral part of the criminal phenomenon and the reaction to crime. To ignore this fact would be to rob the social reality of an essential component.

Our goal has been to throw new light on crime and the reaction to it. We have chosen to do this by examining the « other side » of crime, the side not usually exposed to scrutiny.

Unstructured interviews were therefore undertaken with 65 victims of violent crime and burglary and with 15 professionals. In addition, in a secondary analysis, we used interviews with about 200 victims that had been done during previous studies.

The results of these analyses showed the need to distinguish between the « chronic » victimization that occurs in a relationship of oppression and « acute » victimization that is generally experienced by strangers. Various theoretical models are proposed to explain these two types of victimization.

The subject of victims also brings up questions concerning the definition of a criminal act and the philosophy behind penal intervention. The victim is a witness for the prosecution – a role perceived as alienating. In this regard, the present report gives rise to more questions than it answers : what is the role of criminal justice and civil justice in situations involving citizens who have been wronged ?

Another fundamental question posed by the research is that of a social order founded on violence. Can a peaceful society be promoted by coercive or violent means ? On the other hand, to favour submission and obedience reinforces illegitimate as well as legitimate power.

The research exposes these vital problems, without claiming to resolve them. At least it will have brought them to light.

Remerciements

Tant de personnes contribuent à la réalisation d'une thèse qu'il est impossible de rendre tribut à chacune. Néanmoins, il me faut remercier tout particulièrement celles qui ont accepté de faire connaître leur expérience, en entrevue, les victimes, de même que mon directeur de thèse, le docteur Maurice CUSSON, professeur titulaire à l'Ecole de Criminologie de l'Université de Montréal.

Deux amies et collègues ont fait en sorte que le projet aboutisse enfin. Entièrement polyvalentes, Suzanne LAFLAMME-CUSSON et Sylvie DURAND étaient prêtes à se consacrer autant à des tâches d'intendance qu'aux rôles de grammairiennes et de critiques. Et je dois beaucoup à Renée NADEAU qui, en plus d'assumer entièrement la réalisation technique du rapport, l'a fait avec une disponibilité et une compétence inégalables.

Sommaire

L'étude avait pour objectif de jeter un nouvel éclairage sur le crime et la réaction sociale au crime en examinant son « envers », c'est-à-dire le côté opposé à celui qui est ordinairement exposé à la lumière.

Comme sources de données, ont été utilisées : 65 entretiens non structurés auprès de victimes de délits violents et de cambriolage, et 15 auprès d'intervenants ; une revue de la littérature ; les données recueillies dans des projets menés de façon parallèle.

La première partie décrit les victimes de même que les processus de victimisation et l'impact du crime. L'inventaire bibliographique et l'analyse des entrevues indiquent la nécessité de distinguer entre la victimisation « chronique » qui se produit dans le cadre d'une relation d'oppression et la victimisation par des étrangers. La violence dans la famille, entre pairs à l'école, ou co-détenus en prison, se produit à l'intérieur d'un rapport de forces qui la rend possible d'autant plus que la domination par le plus fort est socialement tolérée. L'agression sexuelle relève à la fois de cette problématique et de celle du second groupe de victimisation, lesquelles tout en étant des pertes de pouvoir, peuvent s'expliquer par des facteurs situationnels et de comportements et par une part d'aléatoire. De l'analyse des suites de la victimisation, on tire plusieurs conclusions : notamment, le coût de la violence est démesuré par rapport à son résultat. En conclusion de cette partie, un critère de définition de la victime est proposé, basé sur la violation des droits de la personne.

La réaction au crime et aux victimes fait l'objet de la seconde partie. Par son entourage de même que par les services sociaux et de santé, la victime est trop souvent négligée ou blâmée. Si la réponse initiale de la police est assez satisfaisante, les frustrations des victimes augmentent à mesure qu'elles poursuivent leur cheminement à travers l'appareil judiciaire. Elles perdent progressivement tout contrôle sur les événements et sont utilisées par une Justice qui les accable d'obligations sans leur reconnaître de droits. En conclusion de cette partie, on discute les finalités poursuivies par l'appareil pénal et ses fondements.

Trois points sont abordés en conclusion : une nouvelle définition du crime, une orientation différente pour l'appareil de justice et la nécessité de briser le mouvement perpétuel de la violence.

Introduction

La victimologie, comme discours structuré sur les victimes et les victimisations, n'existe que depuis les années quarante. Bien sûr, avant l'avènement des systèmes modernes de justice pénale, les victimes ont joué un rôle de premier plan dans la justification et dans l'administration des justices criminelle et civile ; cette époque, des sociétés primitives au Moyen-Age, peut être considérée comme « l'âge d'or » de la victime, selon l'expression de SCHAFER (1977). Influente dans la pratique, la victime – comme d'ailleurs le crime ou le criminel – exerçait peu d'attraits pour le philosophe préoccupé par des considérations plus abstraites sur la justice.

Graduellement, la victime perdit son pouvoir et en arriva à n'être qu'un prétexte à l'exercice de la justice. Aux 17e et 18e siècles, la victime a déjà quitté la scène sur les plans de la pratique et de la pensée. Toutefois, les idées de torts subis et d'indemnisation germent et se répandent à travers les écrits de philosophes comme BENTHAM ou les travaux des congrès sur les prisons. La doctrine du contrat social exerçait alors beaucoup d'emprise : si le citoyen renonce à ses droits d'autoprotection et de vengeance en faveur de la société, n'est-il pas en lieu de s'attendre à une compensation adéquate de la part de l'Etat lorsqu'il est lésé ? La période de gestation durera plus d'un siècle. Le premier programme d'indemnisation des victimes d'actes criminels est entré en vigueur en 1963, en Nouvelle-Zélande.

Au moment où l'indemnisation est devenue une réalité, la victimologie avait déjà commencé à prendre forme. Ses origines semblent tellement récentes, tellement près de nous, qu'on hésite à y associer des noms. Tel auteur aujourd'hui considéré comme un pionnier sera peut-être inconnu des générations qui nous suivent. Et tel autre, maintenant méconnu, se verra-t-il attribué un rôle d'avant-garde ?

Sur le plan du développement systématique des connaissances et d'une pensée victimologiques, on reconnaît l'impact des travaux de Hans VON HENTIG, Henri F. ELLENBERGER, Ezzat A. FATTAH, Stephen SCHAFER. Les hypothèses qu'ils avancèrent eurent un impact suffisant pour inciter des chercheurs comme WOLFGANG (1958), AMIR (1971), NORMANDEAU (1968), SCHUH-KUHLMAN (1970), et bien d'autres, à les vérifier empiriquement. FATTAH, le plus jeune des pionniers orientés vers les formulations théoriques, est peut-être aussi le seul à avoir mis à l'épreuve ses propres hypothèses. Il le fit dans son étude sur le meurtre en vue de vol (1971).

Un autre groupe de noms bien connus en victimologie s'est surtout attaché à faire connaître et reconnaître cette nouvelle discipline soit comme science autonome, soit comme champ d'étude à l'intérieur de la criminologie. Ils sont à l'origine des premiers recueils de textes, des premiers congrès, sociétés, revues et, pour certains, des premiers enseignements dans le domaine. On aura reconnu Benjamin MENDELSOHN, Emile VIANO, Israël DRAPKIN, Koichi MIYAZAWA [3].

Née en Europe, la victimologie a émigré très vite aux Etats-Unis et au Canada et ce, dans bien des cas, parce que ses créateurs avaient été forcés de s'exiler à cause de la situation politique prévalant dans leur pays d'origine. Et c'est maintenant en Amérique qu'elle prolifère.

Les premiers « victimologues » sont juristes ou psychiatres. Plusieurs sont d'origine juive. Plusieurs ont subi une persécution

---

3. Il se peut que la contribution théorique de Monsieur MIYAZAWA soit également importante mais les travaux qu'il a effectués au Japon nous sont peu accessibles.

politique ou ont été témoins de vagues de répression. Plusieurs se sont d'abord intéressés aux criminels et à la défense des droits des accusés et des détenus. Ces traits communs ne sont pas sans avoir eu une influence sur l'orientation qu'a prise la victimologie naissante. Toute jeune discipline est marquée par la formation professionnelle de ses créateurs et par leurs expériences de vie. Ainsi, c'est au cours de sa pratique comme avocat de la défense, c'est en écoutant la version des accusés qu'il défendait, que Benjamin MENDELSOHN réalisa que la victime pouvait jouer un rôle considérable dans le passage à l'acte. L'idée n'était pas absolument nouvelle mais elle avait jusqu'alors eu peu d'impact. On peut croire aussi que le psychiatre, familier avec les relations interpersonnelles malsaines qui aboutissent en drames de violence, soit amené à s'interroger sur le rôle des victimes.

A ses débuts, la victimologie s'est donc entièrement et exclusivement orientée vers l'étude de la contribution de la victime à l'acte criminel et l'examen des relations criminel-victime. Les premières typologies de victimes ont adopté, comme critère de classification, le degré de responsabilité, de participation ou de vulnérabilité de la victime. On a développé de nouveaux concepts pour rendre compte d'une nouvelle perspective: *victim precipitation* (WOLFGANG), victime catalyseuse (FATTAH), couple pénal (MENDELSOHN), responsabilité fonctionnelle (SCHAFER).

Perspective nouvelle peut-être mais certainement pas révolutionnaire. Essentiellement positiviste et conservatrice dans son approche, la victimologie ne remettait en cause ni les théories criminologiques, ni la définition légale du crime, ni les fondements du droit. Elle visait à une meilleure compréhension du crime et du criminel ; elle questionnait une doctrine juridique du noir et du blanc qui n'acceptait que culpabilité ou innocence, ignorant les états mitoyens ; elle ouvrait la voie à des formes novatrices de prévention centrées sur les victimes virtuelles.

Les idées des premiers « victimologues » se sont largement et rapidement répandues mais malheureusement, elles n'ont pas connu l'épanouissement, la multiplication, anticipées. Malheureusement aussi, elles ont servi à alimenter le mythe de la victime coupable. Les idées se sont cristallisées, puis étiolées, tant et si bien qu'on n'en a retenu que celle de la responsabilité de la partie lésée et que la victimologie a été définie comme « l'art de blâmer la victime ». Encore aujourd'hui, les profanes et la plupart des spécialistes dans les domaines du bien-être et de la justice, assimilent victimologie et culpabilité de la victime. Il faut voir comment les congrès ou colloques actuels sur les victimes évitent le terme « victimologie » comme une tare !

Pendant qu'on discourait à leur sujet, les victimes concrètes d'actes criminels étaient toujours ignorées.

La victimologie seconde vague a complètement changé de cap. La dernière décade a d'abord vu les sondages de victimisation qui se sont donné successivement les objectifs d'estimer le chiffre noir de la criminalité, de mesurer la victimisation, de connaître les caractéristiques des victimes et les circonstances de leur collaboration avec le système de justice. Eminemment empirique au départ, cette approche commence à donner lieu à des élaborations théoriques. Mais c'est « une victimologie de l'action » qu'on voit maintenant se développer, comme le soulignait FATTAH (1981), qui y voit même la conséquence d'un revirement vers la droite.

L'intérêt qu'on porte actuellement aux victimes d'actes criminels n'est certes pas étranger à l'influence croissante des mouvements féministes. En fait, ce sont les féministes qui ont proposé de nouvelles explications à la victimisation. Ce sont elles qui ont mis sur pied les premiers centres d'aide aux victimes (femmes violentées à cause de leur condition de femmes). Ce sont elles qui ont introduit les premiers changements législatifs allégeant le fardeau des victimes. La présence des mouvements féministes au tableau victimologique est à ce point visible qu'on traduit très fréquemment « victimes d'actes criminels » en « femmes victimes d'agressions sexuelles ou d'agressions de la part d'un conjoint ».

Le courant actuel en faveur des victimes s'oriente dans deux directions : l'assistance aux victimes et la promotion de leurs droits (Waller, 1981). Les apports théoriques sont limités mais, puisque les intervenants et les groupes de pression sont de plus en plus en mal de connaissances, il est permis d'espérer un retour vers la recherche fondamentale, vers un meilleur équilibre entre la connaissance et l'action.

C'est donc dans un climat de polémique et d'émotivité, que s'inscrit la présente étude. Il nous manque le recul pour juger nos origines ; il nous manque le détachement d'une discipline reconnue. Quelques options ont été délibérées, comme celle d'inscrire carrément la victimologie à l'intérieur de la science criminologique. La victime fait partie intégrante du phénomène criminel et de la réaction à la criminalité. Ignorer ce fait serait amputer une réalité sociale d'une composante essentielle.

Jeter un nouvel éclairage sur le crime et la réaction au crime était notre ambition. Nous avons choisi de le faire en examinant « l'envers » du crime : le côté opposé à celui qui est ordinairement exposé à la lumière.

Chapitre 1

Les objectifs de l'étude et ses techniques

A. Les objectifs

Le but de l'étude était d'éclairer les phénomènes de la criminalité et du contrôle social en examinant une composante très négligée de la réalité criminelle : la victime. Les objectifs particuliers visés ont évolué au cours de la réalisation du projet ; il importe donc de les situer dans le temps, d'en préciser les antécédents comme le contexte immédiat et les développements subséquents.

1. Les antécédents

Il nous a été donné, par hasard, de découvrir l'existence de victimes concrètes d'actes criminels. C'était à l'occasion d'une étude sur l'image de la violence au Québec, en 1976. Dix personnes ayant subi des actes criminels violents faisaient partie de l'échantillon de cinquante-quatre sujets interrogés selon une approche qualitative non structurée. Leur vision du phénomène de violence s'étant avérée beaucoup plus personnalisée, animée, que celle des autres citoyens, il apparut utile d'interroger plus de victimes afin de mieux comprendre les attitudes du public et, en particulier, la peur du crime.

Les travaux qui donnèrent lieu à la présente étude furent entrepris dans le cadre du programme élaboré par le Groupe de Recherche sur les Attitudes envers la Criminalité (G.R.A.C.) du Centre International de Criminologie Comparée à Montréal. Afin d'étayer un modèle théorique de la réaction sociale et en vue de construire un instrument de mesure des opinions et des attitudes, le G.R.A.C. a mené un certain nombre d'explorations auprès de diverses populations, dont finalement la population « victimes » auprès de qui deux recherches furent entreprises.

Une de ces recherches portait sur les petits commerçants victimes de vol à main armée dans la région de Montréal [4]. Elle visait à comprendre l'impact de la victimisation sur les opinions et les attitudes à l'égard du crime, du criminel et du système de justice. Des entrevues réalisées auprès de quarante commerçants en 1977, il est ressorti que plus les victimes avaient une expérience étendue du système de justice, plus elles étaient négatives et pessimistes à son endroit. L'impression d'ensemble qui se dégageait des propos recueillis en était une d'impuissance : impuissance liée à la prévention du crime et, de surcroît, impuissance devant l'appareil de justice. Toutefois, non seulement la plupart des questions posées restaient sans réponse (comme celle de l'impact de la victimisation sur les attitudes), mais de nouvelles questions s'étaient ajoutées, par exemple, les victimes sont-elles vindicatives ?

Au même moment, se déroulait un projet complémentaire mais davantage axé sur les rouages du système de justice pénale. Quel est le rôle, quelle est la place, du citoyen victime ou témoin dans l'administration de la justice ? Voilà la question centrale à laquelle la recherche voulait répondre [5]. Les techni-

---

4. *Les petits commerçants victimes de vol à main armée : en quête de justice*, (1977), Rapport inédit d'une recherche effectuée par Hélène GRENIER et Hélène MANSEAU sous la direction de Micheline BARIL, G.R.A.C., Rapport n° 5, Université de Montréal, C.I.C.C.

5. *Le citoyen victime de vol qualifié : sa place dans le processus judiciaire*, (1977), Rapport inédit d'une recherche effectuée par Jocelyn GIROUX et

ques utilisées furent d'abord les observations au Palais de Justice de Montréal et les entrevues avec les divers agents qui interviennent dans le système. Cette étude débouchait sur la constatation, quelque peu révolutionnaire à l'époque mais qui devint rapidement un lieu commun, que le rôle de la victime dans le processus de justice est bien accessoire, que ce rôle est pénible, dévalorisant et souvent futile.

Les deux recherches précitées avaient été réalisées très rapidement, avec peu de moyens. Vu les changements radicaux qu'elles semblaient suggérer, il était souhaitable d'analyser plus longuement les données et de les confronter avec les connaissances et la littérature existantes. Cette démarche fut réalisée en 1978 à l'occasion d'un mémoire [6]. C'est alors qu'il apparut clairement que nous, chercheurs, avions attribué à la victime un rôle de second plan, un rôle d'instrument, de témoin passif, tout comme le font le système de justice et le réseau de services sociaux. Nous avions accordé peu d'importance à l'expérience totale vécue et à ses répercussions sur l'ensemble de la vie d'une personne.

Néanmoins, le matériel recueilli à l'occasion de ces études préliminaires était riche. Il a éveillé l'intérêt et il a servi de toile de fond aux travaux subséquents.

2. Le contexte immédiat

Au moment de la préparation du projet, à l'automne 1978, la recherche victimologique, telle qu'on la connaît maintenant, n'en était qu'à ses débuts. Très peu de résultats avaient été publiés, à l'exception des premiers sondages américains de victimisation et des études sur le viol qui commençaient à se multiplier. Contrastant avec les premiers travaux de vérification de l'hypothèse de la contribution de la victime à l'acte criminel

---

Louis HUOT sous la direction de Micheline BARIL, G.R.A.C., Rapport n° 6, Université de Montréal, C.I.C.C.

6. BARIL, Micheline (1978), *New Directions in Victim Research : Victims' Perceptions of Crime and the Criminal Justice System*, Unpublished M. Phil. Thesis, Cambridge, University of Cambridge.

réalisés surtout au cours des années '60, la recherche ne relevait plus désormais d'un cadre théorique explicite. Les chercheurs recueillaient des éléments descriptifs de divers aspects des phénomènes de victimisation. Dans le cas de la violence faite aux femmes, la recherche systématique voisinait souvent les objectifs de sensibilisation, voire même de propagande.

La recherche victimologique actuelle, comme la recherche féministe à laquelle elle est apparentée, s'est développée, dans une large mesure, en réaction à des attitudes sociales, à des pratiques professionnelles, majoritaires. Elle attirait peu d'adhésions, se heurtait le plus souvent à l'indifférence et suscitait une certaine opposition de la part des personnes qui craignaient de voir changer un certain ordre établi. Chez les criminologues, en particulier, on avait peur de voir s'accentuer un mouvement vers la droite et la répression, on redoutait que soient mis en cause certains « droits acquis » des criminels. De plus, l'emphase accordée aux conséquences du crime chez ceux qui le subissent n'éveillait que trop le spectre du dolorisme s'opposant à l'objectivité de la recherche scientifique virile.

Ce climat général fait d'indifférence, de méfiance et d'émotivité, était peu propice au développement de techniques appropriées à l'étude de la victimisation. BURGESS (1982) rappelle comment, en 1972, il était difficile de trouver des personnes intéressées à la recherche sur le viol. Comme il n'existe pas de bottins de victimes, elle fit appel, pour constituer son échantillon, aux professionnels des sciences humaines, juridiques et de la santé. Elle essuya des refus partout sauf en *nursing*. Et c'est ainsi que le seul moyen d'étudier l'agression sexuelle et son impact était alors d'offrir des services de consultation en échange de l'accès à une clinique où étaient vues les victimes.

En 1978, la victimologie était donc peu développée théoriquement et empiriquement même si elle était en pleine effervescence aux Etats-Unis. Elle suscitait la méfiance et surtout l'indifférence. Ses promoteurs avaient du mal à se distancer de leur objet d'étude, se sentant obligés de militer pour défendre leur point de vue. La recherche n'avait pas développé de techniques d'étude. On avait du mal à rejoindre et à identifier les populations victimes autrement que par les très coûteux sondages de victimisation.

3. Les premiers objectifs

Vu l'état des connaissances en victimologie, aucune hypothèse formelle n'a été proposée à la vérification. L'étude se voulait une exploration libre axée sur deux objectifs généraux : a) observer le phénomène criminel avec le regard de la victime ; b) mieux comprendre les finalités, le rôle et le fonctionnement du système de justice pénale.

a) L'étude du phénomène criminel

Protagoniste oubliée ou méconnue, la victime n'en est pas moins une composante de la réalité criminelle. C'est largement par les victimes que l'existence des crimes nous est connue. Le crime a des répercussions concrètes sur des personnes, des groupes, des organismes, des entreprises. On peut penser que ce n'est que par ricochet que le tissu social est affecté. Enfin, les comportements d'évitement, d'autoprotection, d'autodéfense, de soumission ou de vengeance de la part des victimes peuvent modifier le cours d'un événement particulier ou même l'évolution générale de la criminalité.

L'étude voulait donc apporter des éléments de réponse aux questions suivantes.

Qui sont les victimes ? Y a-t-il des caractéristiques qui différencient les personnes qui ont été lésées par un acte criminel de celles qui ne l'ont pas été ? Ces caractéristiques varient-elles selon la nature du crime ?

Comment se déroule un acte criminel, dans la perspective de la victime ? Les définitions légales des crimes correspondent-elles aux expériences vécues par les personnes agressées ? Comment et dans quelle direction une victime peut-elle influencer le cours des événements ?

Les deux premiers groupes de questions devraient contribuer à la discussion du point suivant : peut-on expliquer la victimisation ? Vu le mal que nous donne l'explication de la criminalité, il est peut-être naïf d'espérer expliquer sa contrepartie, la victimisation. Pourtant, les réponses pourraient bien se situer quelque part au confluent de ces perspectives opposées. En changeant son angle de vision, un observateur connaît un plus grand nombre de facettes de la réalité qu'il étudie et augmente ses probabilités de découvrir la nature des choses.

Quels sont les effets des crimes sur les personnes qui les subissent ? A part un certain nombre d'informations recueillies aux Etats-Unis, sur les pertes matérielles directes dues au vol et au dommage à la propriété de même que sur le nombre de personnes blessées, on connaissait très mal les conséquences de la criminalité sur ses victimes. D'un intérêt particulier pour les criminologues, la question de l'impact de la victimisation sur les attitudes à l'égard du crime et du système de justice est liée à l'analyse des fondements du droit et de la justice. Les victimes optent-elles pour la vengeance ou pour la réparation des torts causés et dans quelle mesure la société se doit-elle de prendre en considération les désirs des victimes ?

b) L'étude du système de justice pénale

Pour peu qu'on s'intéresse aux victimes d'actes criminels, on apprend très vite qu'elles sont les grandes oubliées de la justice pénale comme de la société en général. Ici, notre investigation voulait suivre trois lignes particulières :

- la nature de la réaction sociale informelle, en particulier de l'entourage immédiat, des organismes de santé et de bien-être ;
- la place accordée à la victime dans le Code criminel canadien et dans la loi québécoise de protection de la jeunesse ;
- le rôle de la victime dans l'administration de la justice pénale ; la façon dont la victime est traitée par la police, le tribunal, les agences correctionnelles.

Deux préoccupations sous-tendaient ces interrogations. D'une part, la dualité « civil-pénal » de la justice canadienne apparaissait plutôt artificielle dans sa rationalisation et discriminatoire dans son application. Les expériences vécues par les victimes semblaient de nature à éclairer cette situation en apparence sans fondement. Par ailleurs, la perspective d'un système de justice axé sur la réparation des torts causés devenait de plus en plus séduisante. Un tel objectif pourrait-il rencontrer les besoins des victimes ? Recevrait-il leur assentiment ? Susciterait-il leur collaboration ?

Voilà les objectifs et sous-objectifs qui ont guidé la préparation du projet et sa mise en chantier. On voit donc que les attitudes des victimes à l'égard du crime et de la justice qui avaient fait l'objet des travaux préliminaires ne sont maintenant qu'un des multiples aspects considérés dans l'étude dynamique du phénomène global de victimisation.

4. Des objectifs constamment reformulés

Les premiers objectifs ont été modifiés, élargis surtout, en cours de réalisation du projet, au fur et à mesure que les informations recueillies faisaient surgir de nouvelles interrogations. La victimologie a été particulièrement productive durant les années au cours desquelles s'est déroulée la recherche. Certaines questions ne valaient plus la peine d'être investiguées parce que des chercheurs y avaient apporté des réponses satisfaisantes, du moins pour l'instant. Par contre, d'autres questions se faisaient plus pressantes. C'est ainsi qu'il est apparu nécessaire, par exemple, de dépasser le champ traditionnel de la criminologie pour examiner aussi les politiques sociales et leurs fondements. De même, la justice civile devrait être étudiée par les criminologues qui sont d'avis que la victime fait partie intégrante du phénomène criminel. En somme, la victimisation nous est apparue de plus en plus comme un phénomène politique.

B. L'approche

Vu la nature de nos interrogations, l'état des connaissances et le type de population étudié, une approche exploratoire, qualitative, s'imposait pour la cueillette de données empiriques. Il s'agissait, si possible, de dégager une vision réaliste et cohérente de la victimisation et de ses suites et de formuler des schémas d'analyse qui puissent, éventuellement, faire l'objet de vérifications statistiques. Les quatre techniques retenues ont été la revue de la littérature ; l'entrevue auprès de victimes ; le matériel recueilli dans des projets similaires ; les entretiens avec les intervenants du système de justice et les observations des interactions entre victimes et intervenants.

1. Une revue de la littérature

Au début de la recherche, en 1978, la littérature victimologique était encore assez restreinte. Il était alors possible de faire un inventaire à peu près exhaustif des publications de langue française et anglaise. Les articles et les rapports de recherche étaient fort nombreux mais peu de livres avaient été consacrés au sujet. La revue de cette littérature permettait de cerner les champs d'intérêt de la victimologie, d'investiguer la question de la contribution de la victime à sa victimisation, d'aborder le domaine de la prévention, de connaître les caractéristiques et les réactions des victimes de certains crimes, l'agression sexuelle surtout et l'homicide, d'obtenir des renseignements sur les modes d'indemnisation en vigueur.

Depuis, la recherche et la communication se sont multipliées et il est devenu très difficile de se tenir au courant de toutes les nouveautés. Les nouvelles publications ont surtout porté sur les caractéristiques des victimes et des victimisations (les sondages), sur les conséquences du crime, sur les droits des victimes, sur leur rôle dans le système de justice, sur les façons de leur venir en aide. On a aussi essayé de mieux cerner la spécificité de la victimisation criminelle et sa genèse.

Les victimisations à caractère nettement politique ont été étudiées par des disciplines autres que la victimologie ou la criminologie. La contribution de l'histoire et des sciences politiques à l'analyse des phénomènes massifs de victimisation comme la guerre, le génocide, la persécution, le terrorisme, les formes de discriminations, sera sans doute beaucoup plus mise à profit par la victimologie de demain.

Enfin, la nature du sujet demandait aussi un examen de la littérature produite par les sciences juridiques, la philosophie et la sociologie du droit.

A la fois cadre de référence et source de données, la revue de la littérature ne fera pas l'objet d'un compte-rendu distinct. Certains chapitres seront basés essentiellement sur les résultats de recherches réalisées ailleurs : par exemple, quand on voudra quantifier le phénomène de victimisation. Le plus souvent, la revue de littérature servira à mettre en perspective les données de la présente étude.

2. L'entrevue auprès des victimes

Les principaux problèmes de la recherche victimologique sont de définir et de trouver les sujets d'étude, les victimes. L'entrevue soulève également des difficultés sur le plan de l'éthique.

a) L'univers de l'étude

Comment définir la victime d'actes criminels ? Y a-t-il même une spécificité à la victimisation par le crime ou devrait-on assimiler toutes les victimes de violence, quelle que soit l'origine ou la nature de cette violence ? Comme il n'existait aucune réponse à ces questions, des définitions « *ad hoc* » ont été construites. Pour les entrevues individuelles, la victime était définie comme :

- toute personne ayant subi un acte violent sanctionné par le Code criminel (homicide, tentative d'homicide, voies de fait, vol qualifié, enlèvement, séquestration, agression sexuelle, incendie criminel) ;
- ou un cambriolage (introduction par effraction et vol). Il s'agissait du crime témoin, permettant de comparer la violence contre les personnes à l'atteinte à la propriété ;

- directement, c'est-à-dire par exemple, que l'employé d'un commerce qui a été confronté à la menace de l'arme lors d'un hold-up serait choisi de préférence au propriétaire ou au représentant du commerce. La recherche auprès des petits commerçants nous suggérait l'hypothèse que l'impact de la victimisation est plus grand chez les personnes physiquement présentes lors de l'événement ;
- ou les survivants les plus près de la personne décédée, dans les cas d'homicides.

Du point de vue des victimes, les actes choisis étaient tous violents, finalement, car même le crime témoin, le cambriolage, est vécu surtout comme une atteinte à l'intimité et à la vie privée, comme une menace, et non comme un simple vol.

Comme la plupart des études qualitatives n'ont porté que sur un seul type d'acte, ce choix d'examiner plusieurs formes d'agressions permettait de mieux cerner la nature de la victimisation. A cet effet, on peut déplorer que la définition adoptée ait exclu les victimes d'incidents non criminels mais qui ont subi des conséquences semblables. Cependant, certaines des personnes interviewées avaient déjà été victimes d'accidents et pouvaient comparer entre elles ces deux formes de mésaventures.

Des considérations d'ordre pratique et éthique ont restreint le choix des personnes interviewées aux adultes et aux adolescents. On pourra regretter qu'une fois de plus les divers abus dont peuvent souffrir les enfants ne soient pas considérés dans une perspective victimologique.

b) Le choix des sujets et la prise de contact

L'approche utilisée commandait une diversité des sujets de l'échantillon selon des critères pertinents. Outre la nature de l'acte subi, et le fait que l'agression soit dirigée vers les biens ou vers les personnes, ces critères comprennent :
- le temps écoulé depuis la victimisation : quelques heures ou quelques jours ; quelques mois ; un ou deux ans. Le temps fera varier non seulement les expériences vécues par les sujets mais aussi la nature et la proéminence des préoccupations et des sou-

venirs et permettra également d'observer la gamme des conséquences ;
- le nombre de victimisations antérieures : aucune, quelques autres victimisations ponctuelles, une victimisation répétée. Les études déjà réalisées ne permettaient pas de poser des hypothèses quant à l'impact des victimisations antérieures ;
- les circonstances de la victimisation, c'est-à-dire si elle se produit à l'occasion du travail ou non. Ce critère est pertinent surtout pour le choix de victimes de vols qualifiés. Lorsque l'événement arrive au travail, il faut de plus distinguer entre propriétaires et employés ;
- le fait que des procédures pénales aient été intentées ou non. Il apparaissait important que divers types d'expériences soient ici représentés : crime non résolu, abandon des poursuites, plaidoyer de culpabilité à l'enquête préliminaire, procès, déjudiciarisation ;
- le sexe, l'âge et le statut socio-économique devaient, autant que possible, refléter les caractéristiques de la population générale.

Il n'existe nulle part de « banques » de victimes. Dans le système de justice, les dossiers sont tenus en fonction des agresseurs ou des agressions ; les statistiques non plus ne sont pas compilées en fonction des victimes. Le service d'indemnisation des victimes d'actes criminels (I.V.A.C.) est le seul endroit au Québec où l'on puisse trouver des dossiers, des listes, des noms de victimes. Toutefois, en 1978, la clientèle du service était fort peu nombreuse et risquait de mal représenter l'ensemble des victimes.

Il n'existe pas d'endroits non plus où les victimes soient physiquement regroupées (contrairement aux milieux de détention pour les criminels, par exemple) ou facilement identifiables (comme l'est l'accusé devant la cour). Enfin, la victimisation, et surtout la victimisation grave, est un événement si rare que, pour repérer les victimes dans la population générale, on doit recourir à de très grands échantillons. Ainsi, ENNIS (1967), un des pionniers des sondages de victimisation, a dû interroger près de 33,000 personnes pour identifier 120 victimes de crimes violents sérieux.

On voit donc qu'une des principales difficultés que rencontre le chercheur en victimologie est d'identifier sa population et de bâtir un échantillon qui corresponde à ses préoccupations. Pour la présente étude, il s'agissait de construire un échantillon, non pas statistiquement représentatif de l'ensemble des victimes et des victimisations, mais représentatif de la variété des expériences selon les critères de choix privilégiés. Puisque c'est surtout à la police que les victimes s'adressent, le service de police de la Communauté urbaine de Montréal devait servir de source principale pour l'identification des personnes à interroger ; les sources secondaires étaient : un centre d'aide aux victimes de viol, la Cour des Sessions de la Paix au Palais de Justice de Montréal, les médias d'information, les courtiers en assurances, l'I.V.A.C., un projet de conciliation agresseurs-victimes et le bouche à oreille. La vie en a décidé autrement.

Tous les organismes mentionnés, à l'exception du centre d'aide aux victimes de viol, ont accepté de collaborer mais tous (encore ici une exception, les médias d'information) ont exprimé beaucoup d'inquiétude et de réticences quant aux modalités de collaboration. Il fallait à tout prix protéger la vie privée de la victime et son anonymat, tout comme la crédibilité de l'organisme, service qui sait respecter la confidentialité des informations qu'il reçoit. Et dès lors, apparaît un certain stigma attaché à la victimisation, phénomène caché, occulte presque ; honteux ?

Au service de police de la Communauté urbaine de Montréal, la collaboration amorcée à différents niveaux de direction a avorté à cause de conflits internes n'ayant rien à voir avec le sujet à l'étude, à cause du peu d'intérêt que suscitaient les victimes et à cause d'erreurs stratégiques de la part du chercheur.

Il a donc fallu identifier autrement les sujets de l'échantillon. C'est surtout pour les victimisations récentes que le défaut de collaboration de la police s'est fait ressentir ; on s'en est alors remis largement aux médias. On sait toutefois que l'événement qui constitue une « nouvelle » pour les médias ne correspond pas nécessairement aux besoins de connaissance d'un phénomène. Le Tableau 1 indique la façon dont les personnes interviewées ont été identifiées comme victimes.

Tableau 1 - L'échantillon construit versus l'échantillon réel

Provenance	Personnes Référées	Personnes Rejointes	Personnes Interviewées
Bouche à oreille	43	32	17
Cours des Sessions Montréal	77	37	12
Médias d'information	38	17	09
Police (S.P.C.U.M. et autre)	20	19	07
Assurances	12	10	07
Agences sociales et correctionnelles	13	11	06
Victimes elles-mêmes	05	05	05
I.V.A.C.	03	03	02
Total	211	134	65

Au total, 211 noms ont été recueillis de diverses sources mais bon nombre de personnes n'ont pu être rejointes pour les raisons suivantes :

- déménagement, changement d'emploi, numéro de téléphone confidentiel, fausse adresse 39
- refus indirect, pas de réponse, rendez-vous manqué......... 22
- refus catégorique.. 16

Total.......................... 77

Les personnes qui ont été les plus difficiles à rejoindre sont surtout celles dont le statut de victime avait été communiqué par la Cour ou par la presse. Dans le premier cas, les gens donnent de fausses adresses, déménagent ou se cachent d'une autre façon. Dans le second cas, le risque majeur est d'essuyer un refus catégorique. L'expérience m'a appris, un peu tard il est vrai, que l'interviewer doit établir très rapidement et clairement son identité propre de chercheur, n'appartenant ni aux agences du système de justice ni aux médias d'information. Il existe certaines périodes dans l'expérience des victimes où presse et justice sont aussi menaçantes ou davantage que le premier agresseur : les réticences et les refus nous auront au moins appris ce fait. Et voilà d'ailleurs le second problème méthodologique spécifique auquel fait face le chercheur en victimologie : les peurs des victimes.

Des 134 victimes avec qui j'ai pu entrer en véritable communication, 112 correspondaient à mes critères de sélection et 65 ont accepté l'entrevue de recherche. Le taux de refus est trompeur. Voyons ce qu'il recèle à première vue :

- peur de raviver des traumatismes..................... 20
- méfiance à l'égard de la justice......................... 13
- méfiance centrée sur l'interviewer..................... 07
- raisons personnelles (temps, confidentialité...)...... 04
- plus d'une raison.. 03

En réalité, si l'interviewer avait eu plus d'expérience d'entrevues avec les victimes, les réticences de ces dernières auraient été plus facilement surmontées comme en font foi les recherches réalisées dernièrement. De plus, dans dix-sept cas de refus, l'entrevue a quand même été réalisée, à toutes fins pratiques, par téléphone. Citons, comme exemple particulier, une situation où plus de huit heures de communication se sont déroulées au téléphone entre victime et interviewer mais sans qu'aucune entrevue formelle n'ait lieu. Ces cas sont traités plus loin.

c) Les personnes interviewées

Soixante-neuf entrevues en bonne et due forme ont donc été réalisées auprès de soixante-cinq victimes. Les caractéristiques des sujets interviewés ne correspondent pas parfaitement aux critères de sélection définis au départ à cause des difficultés rencontrées pour constituer l'échantillon et parce que de nouveaux critères ont émergé au cours de l'étude. Selon la nature des actes subis, les sujets se répartissent ainsi :

- homicide :... 03
  (parents ou collègue de la personne décédée)
- tentative d'homicide :................................. 01
- voie de fait :.. 11
- agression sexuelle :.................................... 10
- vol qualifié :.. 28
- enlèvement, séquestration : 03
- cambriolage :.. 09

Plus de femmes (34) que d'hommes (25) ont été rencontrées en entrevues individuelles ; dans quatre cas, c'est le couple ou les parents qui ont été interviewés ; deux entrevues de groupe ont été réalisées auprès d'employés de magasin et d'institution financière.

Dans la majorité des cas, les victimes ont été vues quelques mois après l'agression ; neuf d'entre elles ont été interviewées moins d'une semaine plus tard et sept l'ont été après plus d'un an. Au moins douze personnes avaient été victimisées à plus d'une reprise. Presque toutes les agressions ont été rapportées à la police et l'affaire fut portée devant le tribunal dans dix-sept cas.

L'échantillon offre une très grande variété de situations ; une brève description en est donnée à l'Annexe A. Malheureusement, cette diversité même nous empêche de décrire en détail les victimisations pour protéger l'anonymat des personnes interviewées. On constate toutefois l'absence de victimes d'incendie criminel (aucune n'a été repérée) et le faible nombre de victimes d'enlèvement et séquestration. Dans ce dernier cas, seize victimes faisaient partie de l'échantillon initial mais huit d'entre elles n'ont pu être rejointes et cinq ont refusé l'entrevue. Ce sont surtout les jeunes hommes de moins de 25 ans qui sont victimes de violence, selon les sondages américains de victimisation, mais l'échantillon n'en contient que quatre. Dans l'ensemble cependant, les critères de sélection ont été respectés et les caractéristiques des victimes choisies et de leurs victimisations permettaient de voir de multiples facettes du phénomène à l'étude. L'approche choisie ne nécessite pas une représentativité statistique.

Le pourcentage d'entrevues complétées par rapport au bassin initial est faible ; c'est un problème assez commun dans ce type d'étude. Par exemple, le sondage du Ministère de la Justice du Canada (1983) sur les besoins d'information des victimes n'a rejoint que 33% de l'échantillon sélectionné. On peut se demander si les victimes qui ne peuvent être retrouvées et celles qui refusent l'entrevue ne sont pas celles qui ont été le plus marquées par l'événement subi.

Contrairement aux délinquants qui peuvent relater des situations multiples, les leurs et celles de leurs compagnons d'armes, la plupart des victimes parlent d'une expérience unique. Un total de 65 victimes de sept délits différents est-il suffisant pour rendre compte de la victimisation et de ses suites ? Il semble que si parce que d'autres études réalisées avec des populations semblables par mes collègues et moi à peu près au même moment, ont peint un tableau d'ensemble assez similaire ; seuls les éclairages diffèrent (Annexes B et C).

d) Le déroulement des entrevues

Les entrevues ont presque toutes été réalisées en 1979 et 1980, quelques-unes en 1981 ; à Montréal dans 51 cas, et le plus souvent au domicile de la victime. Elles duraient en moyenne une heure et demie. Trois personnes ont été rencontrées plus d'une fois ; l'entrevue initiale avait eu lieu très peu de temps après l'agression.

Ayant d'abord concocté une consigne de départ, je ne l'ai pas utilisée. Aussi méfiantes qu'elles puissent être lors de la prise de contact, les victimes, quand elles acceptent la rencontre, communiquent facilement. Dans les premières entrevues, environ une vingtaine, j'invitais les gens à relater leur expérience dès le début de la rencontre, ce qui brisait bien la glace dans les cas de cambriolage ou de vols qualifiés. Cette approche convient beaucoup moins aux femmes battues ou aux victimes d'agressions sexuelles. J'en suis venue progressivement à demander aux gens de parler d'abord de ce qu'elles avaient le plus le goût de communiquer sur l'expérience vécue. Entre-temps, j'avais aussi essayé de débuter par des questions sur les réactions, par exemple, « Avez-vous appelé la police ? ». Bien souvent aussi, les circonstances orientaient les premiers moments de l'échange.

Le contenu, la qualité des entrevues sont peu affectés par la manière dont on les fait démarrer si on respecte l'état d'âme de la victime. Parfois les tâches de l'interviewer et de l'interviewé sont facilitées par une narration des faits dès le début. Mais il arrive aussi que l'interviewé ne soit pas disposé à raconter l'événement avant d'avoir jaugé son interlocuteur. L'entrevue avec les victimes pose des problèmes éthiques considérables. On leur demande, pour les fins de la recherche, de revivre une situation pénible, dévalorisante, parfois profondément traumatisante. Certaines n'ont pu dormir la veille de la rencontre ; d'autres espèrent une aide, une bouée que l'interviewer ne peut pas nécessairement offrir. L'entrevue risque de les troubler davantage. Par exemple, non seulement mes deux premières entrevues avec des victimes d'agressions sexuelles ont été des échecs sur le plan de la cueillette de données, mais ce qui est plus grave, elles ont probablement contribué à intensifier le malaise déjà ressenti par ces femmes. Je ne pouvais les écouter véritablement parce que leurs récits étaient trop choquants et que, finalement, ils me menaçaient.

Une fois la conversation entamée, environ les deux tiers de son contenu émanaient de l'interviewé. Les victimes ont beaucoup à dire. L'autre tiers était sollicité par l'interviewer dont les préoccupations étaient changeantes. Par exemple, au début, le bien-être de la victime ou sa resocialisation me préoccupaient peu ; il s'agissait surtout de comprendre le criminel et la justice ; vers la fin de l'étude, les besoins des victimes et les façons d'y répondre devenaient primordiaux.

Toutes les entrevues, sauf quatre, ont été enregistrées au magnétophone. Parfois, les victimes demandaient que l'enregistrement soit interrompu pour communiquer des informations qu'elles estimaient dangereuses pour leur propre sécurité. Parfois, leurs émotions devenaient trop vives et elles ne voulaient pas laisser de preuves tangibles d'une sensibilité exacerbée. Dans d'autres cas, il fut convenu, avant de mettre le magnétophone en marche, qu'elles ne feraient aucune référence à leurs coordonnées, à leur situation spécifique. Au cours de l'entrevue, ces personnes camouflent leur identité et parlent de « cette ville où j'habite », ou « mon métier à moi », ou « cette chose qu'il m'a faite ».

Après l'entrevue, l'interviewer a essayé, lorsqu'elle le pouvait, d'informer et de rassurer les victimes. Elle-même était bien souvent ignorante et impuissante, ne pouvant qu'enregistrer les doléances et tenter d'explorer les solutions.

Mentionnons finalement que le climat de méfiance dans lequel vivent les victimes conduit parfois à des entrevues assez cocasses : présence d'un chien policier menaçant, filtres multiples, procédures de reprises de contact tenant du roman policier, conversations interrompues aux quinze minutes par des téléphones de vérification, rendez-vous en des lieux bizarres.

3. Les données recueillies de façon parallèle

Nous l'avons vu, la présente recherche avait été précédée de coups de sonde. Les cinquante-quatre entrevues alors effectuées n'avaient pas été complètement analysées. On avait largement ignoré, par exemple, les discours qui touchaient les besoins des victimes.

En même temps que cette recherche se déroulait, j'ai assumé plusieurs autres projets de recherche ou d'intervention en matière de victimisation criminelle. Ils sont résumés à l'Annexe B. Ces projets ont été réalisés durant la période d'analyse des données, ce qui signifie une entrée continue d'informations de sources diverses et variées, durant les moments ordinairement réservés à l'ingestion et à la digestion du matériel à analyser.

En surcroît, ma quête de sujets à interviewer m'avait amenée à entrer en contact avec deux types de personnes : celles qui refusent l'interview mais sont prêtes à communiquer leurs impressions durant des heures de contacts téléphoniques et celles qui se considèrent victimes d'actes criminels alors que l'incident qui les a lésées relève plutôt de la justice civile.

Toutes ces entrevues seront traitées comme sources secondaires. Soixante-dix-sept d'entre elles ont été enregistrées ; trente-deux ont été reconstituées à partir des notes prises durant la conversation. Quant au projet d'aide aux victimes dans un quartier de Montréal, il a touché 319 personnes. Réalisées par différents interviewers, visant des objectifs plus particuliers, portant sur des populations plus étroitement définies, ces entrevues apportent une mesure de contrôle à la subjectivité de l'approche qualitative tout en élargissant les optiques.

4. Les observations et les entrevues avec les intervenants

Quinze entrevues avaient été effectuées spécifiquement pour le projet en 1979 et 1980, auprès de sept policiers, deux procureurs de la Couronne, un juge, deux personnes travaillant auprès des femmes battues, un employé du service d'indemnisation des victimes d'actes criminels (I.V.A.C.) et deux responsables de projets de conciliation.

Depuis, dans des circonstances diverses, un grand nombre de personnes qui interviennent directement ou de façon plus lointaine auprès des victimes ont été rencontrées. Quelques-unes de ces entrevues furent enregistrées. Formels ou non, ces échanges ont apporté une information non négligeable sur les manières dont sont perçues et traitées les victimes au Québec, sur certaines formes de réaction des victimes, sur leur cheminement à travers les services sociaux et surtout dans l'appareil de justice pénale.

Des observations au Palais de Justice de Montréal et à celui de Paris ont complété la cueillette de données. Plus récemment, j'ai aussi pu observer le fonctionnement d'un Tribunal à Brooklyn de même que le réseau de services aux victimes, le *Victim Services Agency*, de New-York.

C. Organisation et analyse du matériel

Comme l'étude avait deux objectifs principaux, l'étude du phénomène criminel et celle de la réaction sociale, le travail sera divisé en deux parties qui correspondent chacune à un objectif.

La première partie examine la criminalité sous l'angle de vision de la victime. En plus de décrire la victimisation et les personnes impliquées, on tentera d'apporter des éléments d'explication aux victimisations. Nous y traiterons aussi des conséquences des actes criminels sur ceux qui les subissent, sujet rarement abordé en criminologie.

La seconde partie aborde la réaction au crime, réaction de l'entourage et du réseau de services sociaux et, surtout, réaction de l'appareil de justice.

Première partie
Un nouvel angle de réflexion

La victimologie n'en est qu'au stade des promesses. Elle n'a pas encore réalisé ce potentiel radical qu'entrevoit FALANDYSZ (1982). Mais, pour peu qu'on étudie le phénomène criminel sous cet éclairage nouveau, on devine qu'elle pourrait devenir un bain de jouvence pour une criminologie qui s'étiole. Que la victimologie s'émancipe ou non de sa tutelle criminologique, elle aura soulevé des interrogations, elle aura réfléchi et projeté une image de la criminalité, une vision différente et peut-être plus réaliste que celle à laquelle nous nous agrippons.

Le crime est une réalité brutale, largement imprévisible, très peu apparentée aux représentations romantiques auxquelles nous ont habitués les médias, les organismes de bien-être et même la science criminologique. Très peu des événements qui nous ont été décrits comportent des éléments de prouesse de la part de l'infracteur. Souvent, ce dernier était aussi effrayé que la victime. Ainsi, la lunette victimologique contribue à démystifier le crime et, dans une certaine mesure, à le banaliser.

Mais qu'est-ce que la victimisation ? Qu'est-ce que le crime ? Voilà les principales questions auxquelles il faudra répondre. Pour ce faire, nous partirons des définitions acceptées : la victime d'un acte criminel sera la personne directement lésée par une conduite sanctionnée par le Code criminel.

Le premier chapitre de cette partie (chapitre 2) est un tableau d'ensemble, une synthèse des connaissances sur les victimes et les victimisations. L'analyse nous a amenée à privilégier les aspects susceptibles de favoriser la compréhension du phénomène et à négliger les voies moins prometteuses. La revue de la littérature constitue la principale source de données. Cette analyse nous a montré la nécessité de distinguer la victimisation chronique de la victimisation aiguë ou momentanée.

La première forme de victimisation, chronique, fait référence aux abus qui se produisent à l'intérieur d'une relation stable de domination. C'est l'objet du chapitre 3, lequel, comme les suivants, exploite surtout les données d'entrevues. Le chapitre 4 présente la victimisation aiguë, c'est-à-dire surtout les crimes de déprédation, les agressions gratuites, les bagarres. Au chapitre 5, après avoir présenté les modèles explicatifs connus, nous les critiquerons en regard des deux formes de victimisation décrites et, pour chacune d'elles, nous proposerons une nouvelle perspective d'étude. Le chapitre 6, en décrivant les diverses conséquences de la victimisation, permet d'aborder la question, jusque là escamotée, de la définition de la victime d'acte criminel.

Chapitre 2

Qui sont les victimes ?

Le sens des mots les plus usuels est souvent flou et mobile. Ainsi, le terme « victime », avec sa connotation plus émotive que descriptive, prend des significations très différentes selon les contextes dans lesquels il est utilisé. Préciser la source de la victimisation, sa nature criminelle par exemple, ne fait que multiplier les dissensions si on ne s'entend pas sur une définition de la source, en l'occurrence une définition du crime.

Pour l'instant, posons donc que les victimes sont des personnes ou des groupes de personnes directement lésées par un acte ou un comportement préjudiciable. Les victimes secondaires ou par ricochet, de même que les organisations, les entreprises, la société, seront exclues. Posons de plus que ce préjudice est imputable à une conduite réprouvée par le Code criminel. Nous excluons ici non seulement les lésions accidentelles mais aussi celles qui résultent d'actions volontaires, sinon délibérées, mais arbitrées par la justice civile. Précisons enfin que les personnes lésées ont eu conscience du tort subi et l'ont imputé à une conduite réprouvable.

Aussi contestable que soit cette définition, elle donne des paramètres à l'étude des victimes, un point de départ dans un domaine où les connaissances tant empiriques que théoriques sont encore si limitées. Définition la plus couramment utilisée par les chercheurs, elle permet d'examiner les données du savoir.

Cette façon de concevoir les victimes aidera à mesurer l'ampleur des phénomènes de victimisation et à connaître les caractéristiques des victimes.

A. Compter les victimes

Longtemps, la littérature scientifique et les médias populaires ont communiqué ou l'impression d'une immunité des personnes de bonne vie contre les agressions criminelles ou, au contraire, le sentiment que le malheur peut frapper n'importe qui, n'importe quand. Leurs assertions n'étaient jamais appuyées de données chiffrées. Tout dernièrement, on a commencé à proposer des proportions, des fréquences. Au Canada, par exemple, 10% des femmes qui vivent une relation de couple hétérosexuel seraient battues ; 16,000 personnes auraient reçu des soins médicaux suite à une agression physique (McLeod, 1980 ; Conseil de Développement Social, 1981). De tels calculs ont été effectués, leurs auteurs en conviennent, sur la base d'approximations ponctuelles et cumulatives, autrement dit, le nombre d'inconnues excédait largement celui des constantes.

En réalité, nous ignorons le nombre de victimes d'actes criminels durant une période de temps donnée et nous ne disposons que d'indicateurs très flous sur l'ensemble de personnes qui, au cours de leur vie, auront été victimes au moins une fois d'un acte sanctionné par le code pénal.

1. En gros plan : les crimes et les criminels

A la police, à la Cour, dans les agences correctionnelles, les dossiers sont ouverts au nom des infractions, suspects ou accusés. Ils sont classés par type de crimes, de criminels ou d'interventions. Les formulaires utilisés pour le traitement informatique contiennent peu ou pas de questions touchant les victimes. En conséquence, les statistiques policières, judiciaires et correctionnelles comptent le nombre de crimes dénoncés, jugés et punis ; elles dénombrent les quantités correspondantes d'infracteurs mais sont muettes sur les victimes. Cependant, autant un acte criminel peut être exécuté par plus d'un auteur, autant il peut léser directement de multiples personnes. Pensons à l'incendie criminel, aux prises d'otage, au vol à main armée dans les établissements financiers et commerciaux. Mais seules les victimes d'homicide sont dénombrées.

S'il est impossible de connaître, au moyen des statistiques officielles, les taux annuels de victimisation, il est tout à fait hors de question de tenter d'estimer, par ce moyen, le nombre de citoyens qui, au cours de leur vie, seront victimes à une ou à plusieurs reprises.

Avec une patience de bénédictins, quelques chercheurs ont eu recours au procédé artisanal d'examiner un par un les centaines ou les milliers de dossiers des agences pour procéder au fastidieux décompte d'un type de victimes ou de victimisations. Aux Etats-Unis, à Philadelphie notamment, durant les années '60 et '70, des monographies sur l'homicide, le viol, le vol qualifié ont été basées sur cette méthode. Plus récemment, à Montréal, on a utilisé cette technique pour savoir combien de femmes battues appellent la police et combien portent plainte en Cour ; la victimisation des personnes âgées est également à l'étude à partir d'un procédé analogue. Pour utiles qu'ils soient, ces chiffres sont bien partiels, bien incapables de mesurer l'ampleur des violations des droits des individus.

Un projet expérimental d'aide aux victimes réalisé dans un district de la Communauté Urbaine de Montréal de juillet à décembre 1982, permet une estimation très grossière des victimes d'actes violents. Chaque jour, les policiers du district communiquaient aux intervenants du projet les noms des personnes victimes de violence au cours des dernières vingt-quatre heures. Durant les six derniers mois de l'année 1982, 319 cas ont été référés. Cependant, il est arrivé que dans les situations de victimisations multiples, les policiers ne donnent pas la liste complète des victimes. Certains avaient tendance aussi à ne pas référer les femmes battues parce qu'ils considéraient ces agressions sans intérêt (Groupe AVI, 1983). Ne nous basant que sur ces 319 cas, on peut croire qu'au moins 638 personnes ont été victimes de violence en 1982 dans un des vingt-quatre districts policiers de la Communauté Urbaine de Montréal. En tenant compte des taux de criminalité de chacun des districts, on peut affirmer que, sur l'ensemble du territoire, plus de 12 000 personnes ont dénoncé à la police une violence dont elles ont été victimes en 1982.

Même si les données disponibles sont très pauvres, il ne fait pas de doute que le crime affecte les vies de milliers de personnes. Alors, pourquoi les agences du système de justice pénale ne sont-elles pas prévalu des moyens de connaître l'étendue du problème ?

2. Enregistrer les victimisations

Tout comme celles des agences du système pénal, les décisions des victimes d'officialiser les victimisations semblent basées principalement sur des considérations d'efficacité. Plus de la moitié des crimes ne sont pas déclarés à la police. Certains de ces crimes seront portés à l'attention d'organismes administratifs ou para-judiciaires alors que d'autres donneront lieu à des poursuites devant un tribunal civil. Les établissements commerciaux, les maisons d'enseignement, les Eglises, les organismes communautaires, disposent de moyens et de traditions pour régler bon nombre d'infractions. D'autres victimes encore s'adresseront à des centres d'aide ou à des services sociaux et plusieurs tairont leur infortune. Aucune des agences auxquelles s'adressent les victimes ne compile des statistiques de victimisation.

BIDERMAN (1981) a souligné l'importance particulière du chiffre noir dans les situations de violences physiques. Selon lui, les cas les plus « intéressants » seraient soustraits à l'analyse victimologique. En effet, il y a tout lieu de croire que certains types de victimes dénoncent beaucoup moins que d'autres les abus qu'elles ont endurés, par exemple :

- les personnes qui savent qu'elles n'ont rien à retirer d'une dénonciation : les gens qui ont déjà été victimisés ; certains types

de commerçants plus vulnérables, les membres d'une minorité mal vue de la police ;
- les personnes qui craignent les conséquences d'une dénonciation : les victimes d'oppression constante, les femmes battues ou violées, les déviants sexuels, les alcooliques, les victimes qui partagent la responsabilité de l'acte criminel ; celles qui sont menacées par une organisation criminelle ;
- les personnes inconscientes de l'origine criminelle de leur victimisation (actes frauduleux, par exemple) ou incapables de dénoncer : jeunes enfants, malades, vieillards.

En somme, la majorité silencieuse des victimes estime généralement qu'il est plus profitable de se taire parce que les coûts d'une plainte égalent ou dépassent les bénéfices escomptés. Elles suivent en ceci un raisonnement analogue à celui de la police.

En effet, même lorsque la victime appelle la police, il ne s'ensuit pas qu'un dossier sera automatiquement ouvert ou que la police répondra à l'appel. Avant de procéder à l'un ou à l'autre, la police estimera souvent la rentabilité de son action, c'est-à-dire les probabilités qu'une poursuite aboutisse à la condamnation d'un accusé, ces probabilités n'ayant parfois rien à voir avec l'existence réelle de victimisation. Dans l'étude de WALKER (1979), la très grande majorité des interventions de la police auprès des femmes battues passaient aux oubliettes : aucun rapport n'était rédigé. De 78 personnes victimes de menaces ou d'agressions et affirmant avoir appelé la police, un seul rapport a pu être retrouvé dans les dossiers de police, selon une recherche en pays scandinaves (SVERI, 1982).

Donc, même si les dossiers de police permettaient une compilation de statistiques de victimisation, plus de la moitié du phénomène échapperait encore à l'analyse parce que les victimes, en grande partie, n'appellent pas la police et parce que celle-ci filtre les plaintes reçues en raison de leurs probabilités de cheminer jusqu'au bout de l'appareil pénal.

3. Questionner les citoyens

Les premiers sondages de victimisation n'ont pas été conçus pour les victimes. Ils n'en ont pas moins révélé une facette jusque-là négligée du phénomène criminel : l'existence d'un grand bassin de victimes, désabusées pour une bonne part face au système de justice.

En 1967, ont paru aux Etats-Unis les rapports de BIDERMAN, ENNIS et REISS qui ont fait œuvre de pionniers en rodant l'appareil technologique des sondages et en démontrant l'utilité scientifique d'une approche basée sur la victimisation autorévélée. Un des résultats les plus choquant de leurs études fut que le chiffre noir excédait largement les estimations établies jusqu'alors.

Suite à ces initiatives, le gouvernement américain lança un gigantesque programme de recherche qui s'est poursuivi pendant près de quinze ans. De nombreux autres pays, dont le Canada, adaptèrent éventuellement l'approche américaine à leurs propres besoins. Il s'agissait essentiellement, du moins à l'origine, de connaître l'ampleur de la criminalité cachée. Le moyen : interroger les citoyens sur leurs expériences récentes de victimisations.

Les embûches techniques, économiques et méthodologiques à de telles aventures se sont avérées nombreuses (SKOGAN 1981a ; LEHNEN et SKOGAN 1981). Par exemple, les victimisations sérieuses étant relativement rares durant une période de temps limitée, il faut interroger des milliers de personnes pour obtenir des échantillons statistiquement fiables. Aux Etats-Unis, l'échantillon national de foyers comptait 60,000 familles alors que dans les sondages usuels sur d'autres sujets, un échantillon aléatoire de 1,500 à 3,000 foyers est considéré statistiquement fiable.

Actuellement, les sondages de victimisation livrent la meilleure information sur le nombre de victimes et leurs caractéristiques. Cependant, ils excluent généralement :
- des victimisations graves telles que des homicides, extorsions, prises d'otages, incendies d'origine criminelle ;

- beaucoup d'agressions sexuelles (le questionnaire-filtre américain ne pose pas directement la question) ;
- les victimisations qui se produisent dans l'exercice d'une occupation ;
- une bonne partie de la criminalité économique.

Certaines personnes, pourtant très vulnérables, sont éliminées plus ou moins systématiquement de l'échantillon :
- les enfants de moins de 12 ans ;
- les personnes détenues dans les institutions carcérales, les hôpitaux psychiatriques ;
- les migrants et vagabonds sans adresse.

D'autres victimes sont à ce point séquestrées qu'elles ne peuvent relater aux chercheurs les abus qu'elles endurent. Des enfants, des femmes, des vieillards, battus par des membres de leur famille sont inaccessibles à l'enquêteur. Répondre à un tel sondage augmenterait d'ailleurs leur vulnérabilité.

En somme, les sondages de victimisation donnent un aperçu de l'ampleur du problème mais, dans leur forme actuelle, ils ne peuvent en découvrir la totalité.

4. Estimer le nombre de victimes

Les résultats du sondage canadien de victimisation n'étant pas encore disponibles, nos observations s'appuieront sur les données recueillies aux Etats-Unis surtout et, à l'occasion, sur les sondages effectués aux Pays-Bas, en Angleterre, en Australie, en Allemagne et dans les pays scandinaves.

Selon les données du *National Crime Survey*, il se serait produit 41,5 millions de victimisations aux Etats-Unis en 1981 [7]. Cet estimé est un chiffre minimal puisqu'il ne tient pas compte de certains types de victimes ou de victimisations. Il n'en représente pas moins le triple des événements connus de la police et un taux de 35.3 victimisations violentes par 1,000 per-

---

7. U.S. Department of Justice, Bureau of Justice Statistics, Technical Report, Mars 1983, NCV-87577.

sonnes de 12 ans et plus. Les crimes contre les biens sont beaucoup plus fréquents. Par exemple, 88 foyers sur 1,000 ont été victimes de cambriolages. Le *National Crime Survey* a estimé qu'en 1981, 30% des foyers américains avaient été atteints par une victimisation criminelle, des vols dans la majorité des cas. Ce serait même l'infortune la plus commune qu'une famille éprouve. En ce qui concerne les crimes les plus craints (cambriolage, violence infligée par un inconnu), 11% des familles ou de leurs membres en ont subi les conséquences. La violence demeure l'événement le plus rare, touchant 3% des foyers américains.

Un parallèle avec les taux de victimisation calculés dans d'autres pays qui ont procédé à des sondages similaires confirme que le problème de la criminalité aux Etats-Unis est plus aigu que dans la plupart des pays comparables quant à leur développement socio-économico-technologique. Toutefois, d'un pays à l'autre, on observe des constantes dans les modèles de victimisation (voir BLOCK 1981, entre autres).

Nulle part, les données n'appuient les déclarations alarmistes d'une criminalité galopante. Aux Etats-Unis, depuis 1973, la criminalité de violence est demeurée stable, la seule augmentation constatée a été enregistrée pour les voies de fait et on peut se demander si elle n'est pas due à une conscientisation accrue des victimes qui, dès lors, communiqueraient davantage aux interviewers les abus subis. Les cambriolages dans les habitations privées auraient légèrement diminué de même que les vols personnels alors que les vols d'objets autour des résidences seraient en progression. Si la criminalité augmente en Amérique, ce serait donc à pas très lents. L'Europe, déjà moins sujette aux crimes de déprédation, ne témoigne pas non plus d'une criminalité accrue bien qu'on y observe une plus grande tendance à recourir à la violence.

Les sondages de victimisation appuient deux faits déjà bien connus : a) les victimes d'agression contre leurs biens sont beaucoup plus nombreuses que celles qui sont attaquées dans leur intégrité physique ; b) plus un type de victimisation est grave, moins il est fréquent. Ainsi, les victimes des agressions les plus sérieuses selon l'échelle de WOLFGANG (1982), les victimes d'homicide et de viol, représentent une infime proportion de l'ensemble des victimes.

D'un volume de 41 millions de victimisations, peut-on inférer un nombre équivalent de victimes ? Certaines personnes sont victimisées à plus d'une reprise au cours d'une même année, c'est le cas de 7 % des victimes américaines (HINDELANG et al., 1978). Mentionnons toutefois que les séries de victimisation (un ensemble de trois incidents ou plus que la victime a de la difficulté à distinguer les uns des autres) sont comptées comme une seule victimisation ; ces séries représentent 3% du total.

Enfin, les chercheurs ont essayé de savoir quelles sont les probabilités des citoyens d'être victimes à une ou plusieurs reprises au cours de leur vie. Les instruments de recherche élaborés jusqu'ici ne permettent pas de répondre à cette question. On sait toutefois que la victimisation par un acte criminel n'est qu'un des nombreux risques encourus par les humains. Si les vols sont très fréquents, les agressions violentes, selon SKOGAN (1981b), sont beaucoup plus rares que les accidents (du travail, de la circulation...).

L'analyse des statistiques officielles de la criminalité et des résultats des sondages de victimisation nous porte donc à croire que :
- même si le crime fait, chaque année, des millions de victimes, il demeure, dans ses formes les plus graves, un événement rare ;
- au cours de leur vie, les citoyens ont de faibles probabilités d'échapper à une victimisation d'origine criminelle, surtout s'ils habitent la ville ; mais c'est vraisemblablement de crimes mineurs contre leur propriété qu'ils seront victimes ;
- on peut obtenir une approximation grossière de la quantité de victimes en multipliant par trois les crimes contre les individus déclarés à la police ;
- la violence dans les familles échappe le plus souvent aux efforts pour la mesurer.

On ne peut plus ignorer, désormais, que le crime touche des individus, beaucoup d'individus. L'incapacité chez le système de justice et le réseau de services sociaux de dénombrer les victimes est-elle un indice d'indifférence à leur égard ?

B. Connaître les victimes

Le fardeau de la criminalité n'est pas partagé également par tous les membres d'une communauté. Le fait a été reconnu très tôt par les victimologues qui, dès lors, ont espéré trouver chez les victimes des explications au crime. La personnalité, le comportement, le milieu environnant, et même certaines tares innées, chez les victimes, pourraient peut-être rendre compte de la répartition inégale de la victimisation et ouvrir la voie à une meilleure compréhension du phénomène criminel.

Les premières typologies de victimes, basées tantôt sur les récits faits par les criminels, tantôt sur l'intuition, ont été construites autour de deux aspects de la vulnérabilité [8] : la faiblesse et la culpabilité. VON HENTIG (1948) a privilégié le premier aspect : faiblesse des femmes, des enfants et des vieillards, faiblesse des malades, des handicapés, des pauvres d'esprit et des déprimés, vulnérabilité sociale des personnes transplantées dans une autre culture, vulnérabilité engendrée par la cupidité. Cette dernière catégorie a été reprise par les auteurs qui ont adopté la culpabilité comme critère de classification. Le comportement, plus que les caractéristiques personnelles, permet de placer les victimes sur une échelle de culpabilité allant de l'innocence totale à la responsabilité entière (MENDELSOHN 1956 ; FATTAH 1967). Les croyances populaires ont fait écho à ces typologies ou peut-être les précédaient-elles.

Les données empiriques livrées par les monographies et surtout par les sondages de victimisation ont sonné le glas des typologies. S'il apparaît maintenant que personne n'est à l'abri de la victimisation, on reconnaît aussi que certains sous-groupes de la population sont particulièrement vulnérables et que ces sous-groupes ne sont pas ceux qui avaient été identifiés par la

---

8. Dans ce chapitre, le terme « vulnérabilité » désigne un risque relativement élevé d'être victime.

victimologie naissante. On ne peut plus affirmer comme le faisait DAVIDOVITCH (1976) en s'appuyant sur VON HENTIG que « certains groupes sociaux, certaines catégories d'individus, se trouvent plus exposés que d'autres : les migrants, les femmes, les personnes âgées, les handicapés physiques et psychiques, de même que tous les autres inadaptés ».

1. Une concentration spatiale

Les études victimologiques confirment que la criminalité est le fait des grands centres urbains. A l'intérieur des zones métropolitaines, certains secteurs sont plus vulnérables. Ainsi, un faible pourcentage de la population est exposé à des risques très élevés de victimisation, victimisation violente surtout. Les habitants de zones « dangereuses » sont très sur-représentés dans la population des victimes. C'est aussi la conclusion à laquelle arrivent WALLER et OKIHIRO (1978) dans leur étude du cambriolage à Toronto. Notamment, les vols dans les habitations privées étaient beaucoup plus nombreux à l'intérieur et autour des habitations à loyer modique.

De manière générale, les taux de victimisation affichent une relation linéaire positive significative avec la grosseur des villes (*National Crime Survey*, 1979 ; VAN DIJK et STEINMETZ, 1980). Les différences entre les zones urbaines, les banlieues, les villes moyennes et les secteurs ruraux sont plus marquées pour la criminalité de violence que pour les crimes contre les biens. Il semble toutefois, que les agressions entre personnes qui se connaissent se produisent presque aussi fréquemment en milieu rural qu'en milieu urbain.

Il arrive aussi qu'une ville particulière soit démesurément affectée par une forme spécifique de criminalité. Ainsi, la Communauté Urbaine de Montréal est le théâtre de la plupart des vols à main armée commis au Québec (Groupe de Travail sur le vol à main armée, 1980).

Cependant, les différences dans la répartition des victimisations à l'intérieur des villes sont plus prononcées que celles qui existent d'une ville à l'autre (SKOGAN, 1981a). Les gens à faibles revenus qui doivent passer une grande partie de leur vie dans les quartiers les plus fréquentés par les prédateurs seraient beaucoup plus exposés à la victimisation que ceux dont le revenu leur permet d'habiter et de fréquenter d'autres lieux (HINDELANG et al., 1978).

2. Les caractéristiques socio-démographiques des victimes

Parmi les caractéristiques les plus souvent analysées par les sondages de victimisation (âge, sexe, race, statut civil, revenus, occupation), l'âge s'avère le meilleur prédicteur de la victimisation. D'un pays à l'autre, d'un sondage à l'autre, les pratiques de classification varient mais il n'en demeure pas moins que les jeunes adultes (19-25 ans) et les adolescents (15-19 ans) sont beaucoup plus exposés que les autres groupes d'âge aussi bien à la violence qu'au vol. A compter de l'âge de vingt-cinq ans environ, les risques diminuent considérablement à mesure qu'une personne vieillit.

Les faits semblent donc aller à l'encontre de la notion de faiblesse physique jadis reconnue comme critère principal de vulnérabilité. En effet, les personnes âgées sont beaucoup moins souvent victimisées que les plus jeunes bien qu'elles soient sujettes à des formes particulières de criminalité : vols de sacs et autres vols qualifiés, fraudes, vol à la tire (TIGHE, 1977 ; BRILLON, 1983). Peut-être se protègent-elles davantage ?

Non seulement les jeunes sont plus souvent victimisés mais ils subissent aussi les pertes les plus lourdes physiquement et financièrement (HINDELANG et al., 1978). Remarquons cependant que les deux groupes d'âges extrêmes, les enfants et les vieillards, sont peu rejoints par les sondages. Les moins de 12 ans sont exclus pour des raisons méthodologiques et éthiques. Ils sont cependant vulnérables aux agressions physiques de la part des membres de leur entourage.

De plus, peut-être parce qu'elles ne sont pas dépistées à temps, les agressions contre les enfants ont plus tendance à résulter en homicides (FUJIMOTO, 1982 ; BARIL et LAFLAMME-CUSSON, 1983). D'un autre côté, les vieillards sont aussi susceptibles d'être agressés par leurs proches, par les personnes qui en prennent soin (OLSON, 1981) mais vu leur état de dépendance, ne peuvent dénoncer ces abus.

En somme, les résultats de tous les sondages concordent : les jeunes adultes et les adolescent(e)s sont les groupes les plus vulnérables et les risques de victimisation diminuent avec l'âge. Ces constatations doivent être tempérées par le fait que les catégories extrêmes de l'échelle d'âge sont peu ou pas rejointes par les sondages.

Second ou troisième meilleur prédicteur de la victimisation serait le sexe. Près de deux fois plus d'hommes que de femmes ont été victimes de violence aux Etats-Unis durant les années '70. Des proportions semblables ont été observées en Europe. Pour les vols, la différence entre les hommes et les femmes est cependant beaucoup moins marquée, surtout aux Etats-Unis.

Pour les personnes séparées ou divorcées et, surtout pour les gens de plus de 50 ans, le sexe a moins d'influence sur la vulnérabilité. A partir de l'âge de la retraite, les femmes sont plus souvent victimes que les hommes. Plus rare, la victimisation des femmes se distingue par le fait qu'elles sont surtout agressées par des personnes connues, les membres de leur famille même, et qu'elles subissent la majorité des agressions à caractère sexuel. De plus, leurs assaillants seraient presque tous des hommes.

Si on conjugue l'âge et le sexe, il appert que les jeunes hommes de 15 à 25 ans courent des risques beaucoup plus élevés d'être victimes de crimes que tous les autres sous-groupes de la population. KOOP (1982) remarque qu'ils sont aussi plus souvent victimes d'accidents de la circulation et de suicide.

Que les victimes soient surtout des jeunes suggère que les célibataires seront affectés de façon disproportionnée. Tel est le cas. Cependant, le *National Crime Survey* indique que les personnes séparées et divorcées sont encore plus vulnérables que les célibataires. Aux Etats-Unis, en 1979, les probabilités pour une personne divorcée ou séparée d'être victime de violence étaient de 74.7/1,000, pour les célibataires, elles étaient de 62.1

alors qu'elles faisaient une chute spectaculaire à 18.0 pour les gens mariés et 8.9 pour les veufs. Le statut marital joue beaucoup moins dans les crimes contre la propriété. L'échelle de vulnérabilité est sensiblement la même : des célibataires aux gens ayant rompu une union, aux personnes mariées, jusqu'aux gens en veuvage, mais les différences sont moins marquées. Les veufs sont victimisés par des inconnus alors que les personnes séparées et divorcées, les femmes surtout, sont agressées ou volées par des proches.

Selon HINDELANG et al. (1978), la relation entre le statut marital et la victimisation tient même lorsque la variable « âge » est contrôlée.

Quant au statut socio-économique des victimes, deux hypothèses prévalaient en criminologie : 1) les pauvres se victimisent entre eux ; 2) les plus démunis attaquent les plus favorisés (qui le leur rendent bien devant le tribunal). La première hypothèse est partiellement vérifiée par les sondages de victimisation : les personnes pauvres et moins scolarisées, habitant ou travaillant dans un environnement criminogène, sont beaucoup plus souvent victimes de violence.

Le taux de victimisation violente de la plus basse catégorie de revenus était de 61.3/1000 aux Etats-Unis en 1979 et de 30.1/1000 dans la catégorie des revenus les plus élevés (*National Crime Survey*). Selon SAMPSON et CASTELLANO (1982), cette relation entre le statut socio-économique et la victimisation violente n'est observée qu'en milieu urbain.

Les étudiants et les chômeurs sont plus exposés que les travailleurs selon les études américaines mais SMITH (1982), qui a procédé à un modeste sondage dans une ville d'Angleterre, soutient que la relation entre l'emploi et la victimisation disparaît si on contrôle les activités de loisirs. La manière dont les gens occupent leurs temps libres, la nature et la fréquence des activités dans lesquelles ils s'engagent importent plus que le fait d'avoir ou non une occupation.

Selon les sondages américains, il y aurait des catégories d'emploi plus victimogènes que d'autres : les ouvriers, de même que les employés d'entreprises de service ou de transport, sont plus souvent victimes de violence que les autres travailleurs.

Non seulement les pauvres sont plus souvent agressés mais ils courront aussi des risques plus élevés de subir des blessures lors de l'agression. Rappelons que les adolescents et les jeunes hommes sont sur-représentés parmi les victimes de violence gonflant ainsi la catégorie de personnes à faibles revenus et possiblement celle des blessés, car les jeunes sont plus enclins à se défendre lors d'une attaque.

Dans le cas des crimes contre les biens, la différence entre les classes de revenus est beaucoup moins prononcée. Les risques de subir un vol personnel (vols de sacs, de porte-feuilles...) sont à peu près identiques pour tous, indépendamment du revenu. Aux Etats-Unis, les Noirs qui ont des revenus élevés sont particulièrement vulnérables à ce type de crime. Par ailleurs, les probabilités de cambriolage décroissent légèrement avec le revenu alors qu'augmentent celles des vols sans effraction autour ou à l'intérieur des habitations. On constate aussi des taux de vols de véhicules plus élevés dans les classes à revenus moyens et supérieurs.

Revenus et occupation sont des mesures bien partielles du statut social. Certains chercheurs ont aussi tenu compte de l'environnement. SAMPSON, CASTELLANO et LAUB (1981) ont mis en relation les données de victimisation du *National Crime Survey* avec les caractéristiques de quartiers relativement homogènes obtenues des statistiques de recensement. Ils ont constaté une forte association négative entre les taux de victimisation et le statut socio-économique des quartiers, surtout pour la criminalité de déprédation à laquelle s'adonnent les mineurs. Les vols seraient beaucoup plus nombreux dans les quartiers à faible statut économique que dans les voisinages à statut moyen ou élevé.

Ainsi, si on tient compte des revenus des victimes, on arrive à la conclusion que les plus pauvres, dans l'ensemble, ne sont pas plus exposés au vol que les personnes fortunées. Si on étudie les taux de victimisation en relation avec le statut économique des quartiers où habitent les victimes, on constate, à l'inverse, que les milieux économiquement défavorisés sont particulièrement vulnérables. Comment réconcilier ces résultats divergents provenant d'une même source ? Premièrement, les bases de calcul ou dénominateurs ne sont pas les mêmes et ainsi on obtient deux éclairages d'une réalité unique. Dans le même ordre d'idée, le revenu d'une personne mesure mal son statut économique si on ne tient pas compte de ses obligations. C'est surtout la notion de prospérité relative qu'il importe d'examiner, toutefois. Ainsi, à l'intérieur des quartiers défavorisés, les cibles de choix seraient les personnes les plus à l'aise ; le même phénomène serait observé dans les quartiers de classe moyenne (SMITH, 1982).

BOWKER (1980) qui a étudié la victimisation en milieu carcéral avait peut-être raison de dire que plus un milieu est pauvre, plus les risques de victimisation y sont élevés. Cependant, on peut le mettre au défi de prouver sa proposition corollaire selon laquelle les probabilités de victimisation sont inversement proportionnelles au degré de disponibilité des biens matériels. La pauvreté est relative, comme la faiblesse.

Pour résumer, si les connaissances actuelles ne permettent pas d'affirmer catégoriquement que les pauvres se victimisent entre eux, on peut néanmoins constater que les couches privilégiées sont relativement à l'abri des victimisations les plus sérieuses.

3. Personnalité des victimes

Pourrait-on attribuer la victimisation, du moins partiellement, à certains traits de personnalité qui prédisposeraient les individus à subir des agressions ? On l'a cru. A la remorque de la criminologie, la victimologie s'est demandée, longtemps après elle, s'il existait des victimes nées, une personnalité victimale ou des prédispositions victimogènes.

En 1941, VON HENTIG écrivait : « S'il y a des criminels nés, il est évident qu'il y a des victimes nées qui s'auto-mutilent et se détruisent avec l'aide d'une personne complaisante »[9]. ELLENBERGER (1954) a repris la notion de victime née : « En résumé, nous admettons qu'il existe des individus, probablement très nombreux, que l'on peut considérer comme « victimes nées », en ce sens qu'ils attirent sur eux les criminels, non en raison de telle situation extérieure ou passagère, mais en raison d'une disposition permanente et inconsciente à jouer le rôle de victimes ». Il ne croit pas qu'on puisse expliquer le phénomène de la « victime prédestinée » par une seule et unique cause et il propose trois groupes de fait : l'auto-inimitié (une forme de masochisme), le spleen (une faiblesse du vouloir-vivre) et le syndrome d'Abel (le fait d'éprouver de la culpabilité d'avoir eu de la chance allié au sentiment d'être envié et à une auto-affirmation insuffisante).

D'autres auteurs ont décrit des traits semblables chez les victimes : dépression, tendances suicidaires, passivité, soumission, complexe d'infériorité. On a aussi dépeint les victimes comme naïves, crédules, négligentes. A l'opposé, elles sont décrites comme cupides, téméraires, agressives, tyranniques, fanfaronnes. De ces descriptions, on doit conclure qu'il n'existe pas un trait ou un ensemble de traits communs à toutes les victimes. Comme hypothèse alternative, on peut poser que certains attributs personnels des individus les prédisposent à subir certains types de victimisation.

Les recherches empiriques ont très peu éclairé la propension à la victimisation. Les rares études psychologiques et psychiatriques ont été réalisées après le fait et semblent mesurer davantage les conséquences d'une victimisation que des traits de personnalité l'ayant favorisée. La dépression, par exemple, est une séquelle fréquente de l'agression. On pourra toujours dire que l'événement criminel n'a fait que rendre manifestes des traits latents mais l'argument n'est pas convaincant en l'absence d'études longitudinales ou de groupes contrôles.

---

9. « *If there are born criminals, it is evident that there are born victims, self-harming and self-destroying through the medium of a pliable outsider* ».

Le grand obstacle à la connaissance de la personnalité des victimes (en supposant que leur personnalité puisse expliquer certains types de victimisation) est l'absence de statistiques sur la répartition des traits pertinents dans la population générale. Quel pourcentage de personnes déprimées subissent des actes criminels ? Parmi les personnes chroniquement négligentes, combien sont victimisées et combien ne le sont pas ? C'est ce qu'on doit savoir avant d'affirmer que la dépression ou la négligence sont associées à la victimisation.

Un second problème méthodologique est la mise en ordre séquentiel des éléments ou la difficulté d'établir la direction des relations observées. Par exemple, la dépression ou la perte d'appétit de vivre est une suite commune d'une agression mais elle serait également un facteur de victimisation. Si tel est le cas, dès qu'une personne est agressée, ses probabilités d'être à nouveau victime augmentent et l'examen des « victimes récidivistes » tourne en rond.

Les premiers penseurs de la victimologie, en particulier VON HENTIG, ELLENBERGER et FATTAH, espéraient que l'examen des « victimes récidivistes » dévoilerait les facteurs victimogènes de la personnalité et du comportement des individus. Cet examen est très difficile à réaliser puisque, au départ, à peine 6% des citoyens sont personnellement victimes chaque année et que, de ce nombre, seulement 7% sont attaqués plus d'une fois. Les études de « victimes récidivistes » seraient donc longues et coûteuses sauf peut-être dans les cas d'enfants et de femmes battus et de victimes d'incestes qui peuvent être identifiées autrement que par les sondages.

Même dans ces derniers cas se pose le problème de la séquence des événements et la ré-interprétation qu'en font les protagonistes et les chercheurs. Ainsi, l'inceste, l'utilisation d'un enfant à des fins sexuelles par un adulte de sa famille, a été maintes fois expliqué par la provocation ou la perversité précoce de l'enfant qui corrompt l'adulte. La Lolita de NABOKOV a peut-être été reproduite à un certain nombre d'exemplaires mais il serait étonnant de constater que les enfants, inexpérimentés aussi bien dans les relations sociales que dans le sexe, aient suffisamment de connaissances intuitives et de pouvoir pour induire en faute leurs aînés. Mais l'aîné maîtrise davantage l'art de la communication, il détient le pouvoir, les vivres et il est plus crédible. Lolita elle-même ne s'est pas exprimée, c'est son amant adulte, son beau-père, qui induit des comportements de la fillette le désir d'être séduite. On sait quel mal ils se donnent, elle, pour lui échapper, lui, pour la retrouver.

Tout comme Lolita, d'autres enfants qui ont connu une relation incestueuse précoce montrent beaucoup d'instabilité, des difficultés d'adaptation ou de communication et, en vieillissant, une propension à devenir victime des relations interpersonnelles dans lesquelles ils s'engagent (BRADY, 1979). Ces attitudes ont-elles provoqué l'inceste ou en sont-elles la conséquence ? Dans un cas comme dans l'autre, elles rendent une victime plus vulnérable à l'agression.

De la même façon, on constate que l'agression entre conjoints entraîne de part et autre une socialisation dans les rôles distribués, une accoutumance, une adaptation de la victime comme de l'agresseur. Une fois le premier geste de violence toléré ou pardonné, les agressions subséquentes prendront un caractère de normalité pour les parties impliquées, quelles que soient les souffrances qu'elles leur occasionnent. On a constaté ce même phénomène en prison, comme dans les victimisations de masse : discrimination, génocide. Pour les victimes, l'adaptation au rôle est vue, à tort ou à raison, comme une condition de survie. Etaient-elles également passives et soumises avant l'agression ?

Rappelons l'étude expérimentale de ZIMBARDO (1972). Des étudiants jugés sains ont été répartis de façon aléatoire dans le groupe de détenus et dans le groupe de gardiens, pour jouer à la prison. La simulation a pris place dans un local de l'Université. Au bout de quelques temps, la situation est devenue intolérable et l'expérience s'est terminée prématurément après six jours car les joueurs risquaient de s'auto-détruire et d'être détruits. Très rapidement, les étudiants qui jouaient les gardiens ont commencé à traiter leurs confrères détenus avec mépris et même cruauté pendant que les « prisonniers » adoptaient des attitudes serviles, se conduisaient comme des robots et ne pensaient qu'à leur survie, à l'évasion et à leur haine croissante pour leurs bourreaux.

Cette étude, et bien d'autres, suggèrent l'importance des rôles joués par les protagonistes et de la définition des situations dans lesquelles ils sont placés. Les positions de faiblesse et de force aussi bien que les attitudes personnelles sont souvent dictées par les circonstances et par le contexte social.

4. Les aléas des rôles sociaux

On sait, de façon plus intuitive que scientifique, que la position sociale d'une personne affecte sa vulnérabilité au crime soit en l'exposant davantage, soit en la rendant relativement plus faible ou en faisant d'elle une victime culturellement légitime.

En premier lieu, il y a des occupations dans lesquelles les risques d'être attaqué sont plus élevés. DODGE et LENTZNER (1978) ont analysé les caractéristiques des personnes qui disaient avoir subi plusieurs fois un type donné d'événements, dans les questionnaires administrés par le *National Crime Survey*. Ils ont classifié ces répondants en quatre types. Le groupe le plus nombreux était formé de personnes victimisées au cours ou à cause de leur travail. Il comprenait des agents de la paix, des employés de bars, des conducteurs de taxi et d'autobus.

Actuellement, les taux de victimisation selon l'occupation ne permettent pas d'identifier les métiers les plus dangereux car les données du recensement ne fournissent pas de dénominateurs valables, suffisamment détaillés. On sait, par exemple, que les employés des entreprises de service ont les taux de victimisation les plus élevés après les ouvriers. Mais ces employés ne sont pas tous également exposés. Il faut s'attendre à ce que ceux qui travaillent le soir ou qui manipulent de l'argent courent de plus grands risques. Dans une banque ou dans une épicerie, les préposé(e)s aux caisses sont plus vulnérables au vol qualifié que les commis de bureau ou les manutentionnaires. Par ailleurs, ce sont les gérants qui sont plus susceptibles de devenir victimes d'extorsion.

Les risques de subir une agression varient donc selon la profession ou le métier. Dans le cas du viol, cette relation est moins apparente sauf que les étudiantes sont particulièrement vulnérables ; ce fait est lié à l'âge des victimes plus qu'à leur occupation. Pour les cambriolages, l'occupation ne joue qu'indirectement, par l'intermédiaire du statut socio-économique et des périodes de temps où la maison est laissée sans surveillance.

Les second et troisième groupes identifiés par DODGE et LENTZNER (1978), étaient respectivement les victimes de violence domestique et les écoliers agressés ou volés par leurs pairs. Les relations interpersonnelles suivies, intimes, sont sources de conflits qu'une des parties essaie souvent de résoudre par la violence. Une particularité de ce type d'agressions est sa continuité dans le temps. Plutôt que d'assauts ponctuels, il s'agit d'un mode d'interaction dans lequel un agresseur persécute systématiquement une victime. Il arrive, bien sûr, que les rôles s'interchangent, que la victime devienne l'agresseur mais ceci ne se produit qu'au tout début de la relation abusive ou après une longue histoire d'abus et la solution sera alors assez radicale.

Dans le milieu familial, les victimes sont les jeunes enfants, les femmes et, semble-t-il, les personnes âgées. Pour ce dernier groupe, la littérature est beaucoup moins abondante. Les enfants sont battus par leurs parents, les femmes par leurs maris, les vieillards par leurs enfants adultes. Le modèle est clair : le plus fort physiquement et socialement abuse du plus faible.

Dans le milieu scolaire, autre lieu de violences fréquentes, on observe un modèle semblable. Jadis les enseignants pouvaient châtier les élèves, le recours à la force physique est maintenant réprouvé entre adulte et jeune. Les écoliers continuent à s'agresser et à se voler entre eux. Des sept groupes d'âges formés par le *National Crime Survey*, les 12-15 ans se situent au troisième rang en terme de fréquence de victimisation, immédiatement après leurs aînés contigus, les 16-19 ans et les 20-24 ans. Le plus souvent, ils sont victimisés par leurs pairs. Généralement, ils sont victimes maintes fois d'un même agresseur ou d'un même groupe d'agresseurs, les plus vieux ou les plus forts, ou les plus futés.

BOWKER (1980) a observé le même type d'interaction en milieu carcéral, dans les prisons d'hommes surtout. Les victimes sont jeunes, physiquement faibles, peu expérimentées, criminels amateurs et ont terriblement peur. Autrement dit, elles possèdent, selon BOWKER, des caractéristiques féminines, d'autant plus qu'elles n'ont pas de protecteur et ne se défendent pas. Le détenu qui se laisse faire une première fois devient une victime légitime. Son seul espoir d'échapper au sort de bouc émissaire du groupe est d'accepter un protecteur, un maître, qui le dominera à volonté mais le gardera des assauts de la part du reste du milieu.

Même à l'extérieur du milieu carcéral, la proximité avec les délinquants et, à plus forte raison, le fait d'être soi-même engagé dans des activités illégales, augmentent les risques de victimisation. Un bon pourcentage d'hommes victimes de voies de fait, tentatives d'homicides et homicides avaient déjà un casier judiciaire. Par exemple, 47% des victimes d'homicides étudiées par WOLFGANG (1957) avaient déjà été arrêtées par la police avant ; cette proportion est de 62% dans les cas où la victime a provoqué le crime, c'est-à-dire qu'elle a posé le premier geste de violence. JOHNSON et al. (1973) ont trouvé que, chez les hommes, 75% des victimes de voies de fait graves avaient un dossier à la police et que 34% avaient déjà été condamnés à la détention. Cette vulnérabilité peut s'expliquer par les attitudes de la victime, l'agressivité par exemple, mais aussi par les lieux et les personnes qu'elle fréquente.

On observe le même phénomène chez les mineurs. SINGER (1981) a analysé la victimisation des délinquants à partir des études de cohortes faites par WOLFGANG, FIGLIO et SELLIN. Il a relevé une relation fortement significative entre le fait d'avoir été poignardé ou blessé par une arme à feu et celui d'avoir commis une agression sérieuse. Le plus souvent, les jeunes sont victimes avant de faire des victimes. Le plus souvent, les agressés agresseurs appartiennent à des gangs.

Au-delà du fait que victimes et auteurs de violence sont souvent les mêmes personnes, un facteur plus général explique certaines vulnérabilités : la façon dont une personne occupe ses temps libres, c'est-à-dire la fréquence de ses sorties, la nature de ses activités et les individus côtoyés. Selon SMITH (1982), ce facteur serait même le meilleur prédicteur de la victimisation quand on contrôle l'âge. Si les jeunes sont plus victimisés, c'est que, généralement, ils sortent davantage, fréquentent des lieux plus dangereux et se tiennent avec des agresseurs potentiels.

5. Pour comprendre la victimisation

Ce qu'on connaît des victimes suggère une homogénéité des populations criminelle et victime surtout dans les phénomènes de violence, plus que dans la criminalité contre les biens. Y avait-il lieu de rajeunir la théorie de la sous-culture de violence ? Peut-être, pour certains types de violence. Il ne semble pas, toutefois, qu'on puisse expliquer toutes les violences de la même façon.

Avec leur théorie des « occasions et modes de vie », HINDELANG et al. (1978) ont fait un grand pas vers l'avant. Ils ont été complétés par des chercheurs comme WALLER, SMITH, STEINMETZ et VAN DIJK. Essentiellement, on pose que les individus, de par leur âge, sexe ou occupation, sont appelés à jouer des rôles sociaux différents qui les exposent au crime à des degrés variés, à cause de leur proximité voulue ou imposée avec les prédateurs, ou parce qu'ils représentent des cibles attrayantes.

Après avoir examiné les résultats des études publiées et analysé nos propres données, cette voie, bien que très prometteuse, ne semblait pas rendre compte suffisamment de la réalité. Et l'inventaire bibliographique et l'analyse de nos entrevues indiquaient qu'il fallait faire une première distinction, selon que la violence se produit dans le cadre d'oppression permanente ou continue ou selon qu'elle se produit entre étrangers et ne dure qu'un moment.

Dans le premier cas, la victimisation chronique, la dynamique des interactions entre sujet passif et sujet actif sera teintée des couleurs que la société a peintes en toile de fond : essentiellement, de la domination par les plus forts. Cette forme de victimisation se produit entre personnes qui se connaissent bien. Elle nous semble essentiellement différente de la victimisation que nous appellerons « aiguë », victimisation momentanée et ponctuelle, dont l'agent actif est généralement peu ou pas connu de la victime. Dans ce dernier cas, les traits de personnalité des victimes auront peu d'importance alors que leur mode de vie sera plus déterminant.

Avant de retourner à l'analyse de la victimisation, il serait utile de décrire plus concrètement chacune de ses formes ainsi identifiées : celle qui se produit entre proches et que nous nommons « chronique » ; celle qui se produit entre étrangers ou simples connaissances, ici appelée « aiguë ».

Chapitre 3

Qui aime bien châtie bien

Ce chapitre traite de la violence entre les proches. Les gens qui s'aiment se font bien du mal. Sans le vouloir, en recherchant à travers l'autre des plaisirs convoités, la réalisation de soi, le bonheur. Volontairement, pour le plus grand bien de l'autre, dans son meilleur intérêt. Méchamment, en tirant satisfaction des souffrances infligées. L'être aimé devient un être possédé.

Plus le monde apparaît menaçant, plus on compte sur l'amitié ou la relation amoureuse pour s'en protéger. Et pourtant, c'est de ces relations que proviennent les plus grands dangers. Le foyer n'est pas le sanctuaire qu'on souhaite.

Bien sûr, bon nombre des abus auxquels une personne peut être sujette de la part de ses proches sont de nature psychologique : retrait d'affection, raillerie, critique, humiliation. Nous ne considérons ici, comme au chapitre précédent, que les conduites sanctionnées par le code criminel. Dans ce sens, les torts subis aux mains des proches sont surtout des lésions corporelles (incluant l'agression sexuelle), des menaces et, dans une plus faible mesure, des vols et dommages à la propriété.

Selon les sondages de victimisation, le tiers des agressions physiques seraient infligées par des membres de l'entourage. On croit que cette proportion est, en réalité, beaucoup plus élevée.

Elle est déjà effarante. Elle signifie, en fait, que, si une personne est attaquée, dans le tiers des cas, ce sera par quelqu'un appartenant à la petite poignée d'individus qu'elle côtoie régulièrement et, le plus vraisemblablement, par quelqu'un de très proche.

Ces personnes très proches peuvent être distinguées selon qu'elles appartiennent à la famille immédiate de la victime ou que, sans être apparentées, elles sont en contact quotidien ou très fréquent. Dans le premier cas, les victimes sont les femmes, les enfants et les personnes âgées, comme la situation de ces dernières est plus ambiguë et moins étudiée, l'analyse ne portera que sur les relations de couple et les interactions parents-enfants. Le second type d'échanges réguliers regroupe les relations au travail, avec les voisins, avec des co-pensionnaires... Seront privilégiés les milieux étudiant et carcéral.

Puisque le principal objectif est de comparer entre elles des formes d'abus qui nous apparaissent différentes dans leur essence selon qu'elles ont lieu entre personnes qui se connaissent ou non, seuls les traits essentiels des phénomènes seront dégagés.

A. Punir les femmes et les enfants

La victimisation des femmes et celle des enfants à l'intérieur du noyau familial semble relever d'une même dynamique. Avant de l'analyser, regardons quelques histoires.

1. Quelques histoires

a) Louise [10]

Au moment du premier contact avec Louise, elle se rétablissait d'une agression sérieuse par son concubin à la suite de laquelle elle avait été hospitalisée durant deux semaines.

---

10. Cette histoire a été bâtie à partir d'une entrevue de deux heures et de plusieurs conversations téléphoniques.

Louise correspond en tous points à l'image clinique et populaire de la femme battue. Quand sa mère se retrouva enceinte d'elle à 17 ans, elle fut chassée de la maison. Louise rencontra ses grands-parents pour la première fois à l'âge de 10 ans. Entre-temps, sa mère s'était mariée à un homme autre que son père et avait eu une deuxième fille. Selon Louise, son beau-père était un homme autoritaire qui exigeait une obéissance prompte et totale des femmes de la maison. Il s'attendait à ce qu'on s'occupe de lui, qu'on le serve.

« C'était le roi du foyer et nous, on était ses dévouées».

Il aurait été beaucoup plus dur pour Louise que pour sa propre fille.

Un jour que Louise était entrée après le couvre-feu, il lui fit baisser sa culotte et lui administra une fessée avec sa ceinture. Elle avait 15 ans.

« J'ai jamais pardonné ça. Je m'en souviens comme si c'était hier, ce que je me souviens, ça faisait mal c'est sûr, mais c'était quelque chose, l'humiliation de la chose surtout m'a révoltée. Etre battue comme un enfant de deux ans et même pas par mon vrai père. Puis ma mère l'a laissé faire. Et c'était devant ma sœur aussi qui trouvait ça drôle. Elle était bien contente elle. Je t'assure, j'aurais voulu le tuer si j'avais pu. Après, je me suis couchée et j'ai pensé : je ne serai jamais capable de les regarder dans la face demain matin, j'ai bien trop honte. Ça fait que j'ai attendu que tout le monde dorme et je me suis poussée".

C'était en novembre. Il faisait froid. Elle n'avait que quelques sous et nulle part où aller. Transie, épuisée, elle retourne à la maison le lendemain midi et elle est bien accueillie par sa mère.

Quelques mois plus tard, son beau-père la surprend en train de prendre congé de son petit ami, devant la maison, de façon un peu trop amoureuse à son goût. Il la gifle devant l'ami, la traite de « putain comme ta mère » et la traîne à l'intérieur.

« Là, je lui ai dit : si tu me bats, je te tue. Ça l'a arrêté, il a fessé dans une chaise au lieu de sur moi ».

De nouveau, elle fugue mais mieux préparée cette fois. Elle a amassé un peu d'argent et s'est fait des amis. Quand la police la retrouve deux mois plus tard, elle habite avec un homme dont elle est enceinte. Elle est placée en centre d'accueil, ou plutôt à l'école de réforme.

« Mon beau-père ne voulait plus rien savoir de moi et je me suis dit tant mieux. L'école de réforme, c'était des sœurs qui tenaient ça, sur Sherbrooke, une sorte de couvent si on veut, mais une sorte de prison aussi avec des barreaux. On était assez bien traité, pas battu ni rien comme ça. C'était d'être encagée qui était le pire. Mais moi, je n'avais pas commis de crime ».

Quand on découvrit qu'elle était enceinte, elle fut envoyée dans une autre institution pour terminer sa grossesse et accoucher. Elle refusa de donner l'enfant pour adoption et fut libérée avec sa fille vers le milieu de sa dix-septième année. Ses études avaient été interrompues pendant plus d'un an.

Elle revécut presque parfaitement l'expérience de sa mère. Seule avec un bébé, assistée sociale, des cours du soir pour apprendre le métier de coiffeuse. Elle aussi se marie quand l'enfant a trois ans parce que trop seule, épuisée, insécure, se sentant menacée.

Son mari avait quinze ans de plus qu'elle. C'était « un homme instruit, un comptable », qui avait « des manières de monsieur ». Louise croit qu'elle a réussi à décrocher un tel parti seulement parce qu'elle était très jolie et puis que, à bien y penser,
« ...il a dû se dire que je serais sa dévouée parce que je serais tellement contente qu'il me marie, moi, une fille dans la rue comme j'étais, sans famille ».

Deux autres filles sont nées de cette union finalement dissoute après quatorze ans de vie commune. Selon Louise, son mari était très jaloux mais ne la molestait pas physiquement. Il exigeait qu'elle travaille à l'extérieur pour arrondir les revenus de la famille mais soupçonnait toutes les personnes avec lesquelles elle était en contact. De plus, il exigeait que la maison soit impeccablement tenue. Malgré tous ses efforts, elle n'était jamais à la hauteur. Il avait honte d'elle devant ses collègues et, les rares fois qu'il l'a sortie, il l'a humiliée publiquement à cause de son manque d'éducation. Il ne la molestait pas, dit-elle, mais

« des fois, il me traitait un peu rough mais c'est surtout quand il prenait de la boisson. C'est un homme qui ne portait pas la boisson. Il prenait du fort, pas pour se rouler à terre, des quantités pas très grosses, ça le rendait méchant. Dans le fond, c'était pas un mauvais homme. Mais c'est les hommes, qu'est ce que vous voulez, ils sont comme ça. Ça leur prend leur soupe tout de suite, puis pas trop salée, puis assez salée, puis pas trop chaude, puis assez chaud. Puis dans le lit, vous savez ce que je veux dire... Mais, pas chaud, il n'était pas méchant avec moi ».

Cependant, il était très exigeant à l'égard de ses filles. C'est pourquoi elle l'a quitté éventuellement. Elle refusait que ses enfants soient physiquement punies comme elle l'avait été. Pendant la durée de cette union, elle a fait trois dépressions dont une a nécessité des soins en milieu hospitalier. Chaque fois, elle a songé à se séparer mais les personnes qu'elle avait consultées l'en avaient dissuadée. Catholique, elle ne demanda qu'une séparation de corps. L'ex-mari devait payer une pension alimentaire, ce qu'il ne fit qu'à trois reprises. Il a déménagé, changé d'emplois et son adresse est inconnue.

Après que ses filles eurent quitté la maison, Louise prit un amant. Il est deux fois divorcé, chômeur chronique, connu de la police et violent. Cette nouvelle union dure depuis cinq ans. Elle devient de plus en plus violente. Au début, les agressions étaient espacées et suivies de périodes de repentir durant lesquels l'amant était charmant, attentionné, amoureux. Louise n'avait jamais été aussi aimée de toute sa vie. La première fois qu'elle a appelé la police, elle avait eu peur d'être tuée car les coups étaient plus brutaux, plus vicieux qu'avant, mais elle endurait depuis déjà plus d'un an.

« Quand la police est partie, j'en ai mangé toute une ».

Depuis les quatre dernières années, Louise ne sait plus très bien ce qui se passe. Elle continue d'être battue très souvent à coups de pieds et de poings. Lorsque c'est trop grave, elle ou les voisins appellent la police. A quelques reprises, elle s'est enfuie, entreprise difficile puisqu'elle est signataire du bail. Son amant l'a retrouvée, s'introduisant de force chez elle pour la battre et la forcer à reprendre vie commune. Deux fois, elle a porté plainte en Cour municipale et a retiré sa plainte sous la force des pressions de l'amant, de sa famille et de ses amis.

La dernière fois, elle a failli y laisser sa vie. Des voisins ont appelé la police. Quand elle est sortie de l'hôpital , elle n'avait nulle place où aller. Les policiers ont refusé de l'accompagner chez elle pour prendre ses effets personnels. Elle a trouvé refuge chez des voisins d'où elle guetta le départ du concubin. Présentement, elle se cache dans un petit meublé et vit dans la terreur d'être retrouvée.

b) Nicole [11]

Nicole était mariée depuis trois ans lorsque son mari l'a frappée. Elle ne s'est pas attardée davantage et le lendemain, dès que son mari fut sorti, elle ramassait ses affaires, quittait la maison et peu après fit une requête en divorce.

Environ deux ans plus tard, les ex-conjoints se retrouvent par hasard dans une fête à laquelle des amis communs les ont invités. La situation est tendue et Nicole part dès que la politesse le lui permet. Elle habite tout près et se dirige donc chez elle à pied. Tout à coup, elle est assaillie par derrière. Quelqu'un tente de l'égorger avec le foulard qu'elle porte. Elle se débat, est projetée sur un banc de neige et s'aperçoit que son agresseur est son ex-mari.

« J'étouffais. Du sang-froid, du calme! Tu sais, la première fois, on se laisse mourir. Mais là, je savais qu'il fallait que je défende ma vie et que je pouvais le faire. Ces idées-là, ça se déroule très vite dans ta tête. C'est fantastique comme on pense vite. On pense en images. Si j'avais pris le temps de dire mes pensées en mots, je serais morte. Toujours est-il que je me suis dit : ou bien je fais la morte ou je l'amadoue. Puis je n'ai fait ni l'un ni l'autre. Je lui ai tiré la barbe de toute mes forces. Là, il m'a lâchée ».

Nicole ne sait trop comment elle a été traînée à la maison. Rendue là, plus ou moins consciente, elle a essayé avec succès la tactique de « l'amadouer ». Elle l'a écouté, plaint, caressé,

11. Nicole a été rencontrée à deux reprises.

bercé, consolé, durant deux ou trois heures. Ayant reçu ces soins, l'ex-mari s'est rendu compte qu'elle était blessée et l'a amenée en clinique d'urgence.

Cet événement avait été précédé des signes avant-coureurs même si, en autant qu'on sache, aucun des conjoints n'avait un passé de violence infligée ou subie. Ils se sont mariés alors qu'ils étaient tous deux étudiants à l'Université. Les études de Nicole étant moins exigeantes et le mari devant éventuellement assumer la plus grande part du fardeau financier, il avait été convenu de deux choses : ils n'auraient pas d'enfants immédiatement et Nicole travaillerait les soirs et les fins de semaine pour boucler un budget dépendant des prêts-bourses.

En rétrospective, il semble que même les premiers temps de l'union aient été vécus sous le signe de la violence. Christian ne manquait pas d'occasions pour rappeler à sa femme sa position relativement subalterne sur le marché du travail professionnel. Les contacts amoureux étaient teintés d'une touche de sadisme s'accentuant subtilement au fil du temps. Les ébats commençaient dans la joie et la tendresse pour se terminer dans une certaine brutalité.

« C'était comme s'il perdait tout contrôle. Il ne se rendait même pas compte de ce qu'il faisait ou disait. Après, quand je pleurais, il était tout surpris et même, il m'a déjà dit, c'est pour ça que je doute qu'il ne savait pas ce qu'il faisait, il m'a dit deux ou trois fois que je ne savais pas ce que je voulais, ni plus ni moins que j'aimais ça ».

La violence verbale était sporadique. Pendant des semaines, Christian était attentionné et charmant. Tout à coup, plus rien de ce que faisait sa femme ne lui plaisait et il l'injuriait continuellement pendant quelques jours. Les périodes de colère coïncidaient avec les fins de mois quand l'argent se faisait rare de même qu'avec les dates d'examens ou de remises de travaux.

Nicole décrit son ex-mari en termes très élogieux. En particulier, c'est un homme aimé de tous. Elle explique son comportement par le fait qu'il ait été privé d'affection dans son enfance.

« Je pensais que je serais capable de l'aider en lui donnant beaucoup d'amour. J'ai essayé. C'est un instable pathologique qui avait besoin

de beaucoup, beaucoup d'attention et, je ne sais pas, peut-être si j'avais laissé l'Université... Avant que ça, ça arrive, tu ne t'imagines surtout pas que toi, toi, tu vas devenir une femme battue ».

Un bon soir, en rentrant à la maison après le travail, elle avait à peine fermé la porte qu'elle reçut un coup de poing en plein visage, puis un autre.

« Ça s'est passé tellement vite. Je me suis retrouvée par terre. J'ai frappé le cadrage de la porte. Je voyais des étoiles. J'ai pensé peut-être, un cambrioleur, puis je ne sais pas si j'ai pensé. En tous cas, le plus drôle, c'est que j'ai crié au secours à Christian. Quand le coup de pied est arrivé, c'est arrivé simultanément avec le visage de Christian. Je le vois encore, ça m'arrive encore d'avoir des cauchemars de ça, la nuit. C'est un genre de..., je ne sais plus le mot, il y a une technique au cinéma : deux images en même temps, superposées ».

Sans dire un seul mot, Christian la roua de coups de pieds jusqu'à ce qu'elle perde connaissance. Elle se réveilla dans l'ambulance de la police que des voisins avaient appelée.

« Il m'a envoyé des fleurs à l'hôpital, il m'a téléphoné. Quand il est venu me voir, il a pleuré. J'avais envie de pleurer, moi aussi. Je le comprenais parce que, moi aussi, mon amour était brisé. C'était le monde à l'envers, c'est pas facile, parce que c'est lui qui pleure et c'est moi qui ai la gueule cassée. J'aurais voulu pleurer, que mon amour me prenne dans ses bras, mais c'est lui qui m'avait fait ça ».

Selon Nicole, si l'agression n'avait pas été précédée de menaces et d'insultes, elle aurait peut-être donné à son mari une autre chance.

« Je l'aimais encore, j'aimais un Christian mais il y avait deux Christian. Des fois, il fallait que je me surveille, j'avais le goût de l'appeler. Tu sais, je m'imaginais comment on était heureux et c'était difficile de réaliser qu'il m'avait fait ça et que ce gars-là, mon amour, une autre fois, il me tuerait ».

Entre les deux agressions, Nicole a changé d'emploi, pris un appartement, refait un milieu social, demandé un divorce, résisté à toutes les pressions pour « le reprendre ». Suite au deuxième assaut, elle était totalement bouleversée mais n'a pas porté plainte. Elle a déménagé encore. Six mois plus tard, elle reprenait le goût de vivre mais jurait qu'elle ne cohabiterait plus jamais avec un homme.

c) Jacques [12]

La mère de Jacques est morte d'un cancer à l'âge de 28 ans. Il avait alors un peu plus de trois ans. Avec son jeune frère, il fut placé chez ses grand-parents jusqu'à ce que son père se remarie deux ans plus tard. Chacun des nouveaux conjoints s'est engagé un peu à contrecœur dans cette union pourtant jugée nécessaire pour les enfants et financièrement avantageuse. La belle-mère avait une fille d'un mariage antérieur.

Le nouveau ménage s'organise sous le signe de la violence. Systématiquement, la belle-mère privilégie sa fille, persécutant les garçons, les harcelant, les privant, les tyrannisant. Elle les fait parfois punir par le père : des fessées, aucun abus physique grave. Et c'est vers le père, un peu dépassé par la situation et dominé par sa femme, que la haine se dirigera et non vers la méchante belle-mère.

« J'avais peur de mon père et je le haïssais. Je me souviens d'avoir juré de le tuer. J'avais entre 8 et 9 ans. Une autre fois, je m'étais fait à l'idée que chaque fois que je devrais penser à une situation où mon père était présent, que son visage serait caché par un gros X noir. J'ai pris quelques années avant de me chasser cette image de mon père avec un X lui couvrant le visage ».

Chaque écart à la conduite prescrite était passible de sanctions : rester au froid dehors durant des heures, être privé de nourriture, etc. Jacques avait l'impression d'être seul au monde. La famille de son père s'inquiétait mais ne faisait rien. Ses instituteurs se posaient des questions mais ne faisaient rien.

« Et c'est le quotidien qui mine. Il mine tranquillement jusqu'à ce que l'on craque ».

Lui et son frère se privèrent de soutiens dont ils avaient bien besoin, parce qu'ils étaient devenus trop méfiants, apprirent des

---

12. Témoignage recueilli auprès d'un étudiant qui a ensuite relaté son histoire par écrit.

tas de stratagèmes pour éviter d'être agressés, des ruses, des techniques de prévention. Dans le monde des adultes, seule l'apparence de culpabilité ou d'innocence compte. Il ne sert à rien d'être honnête. Les adultes sont présumés innocents.

« Quand les gens démontraient de la gentillesse envers moi, j'étais pris de bégaiement. Je me sentais très mal à l'aise. J'étais méfiant et j'acceptais drôlement que les gens soient gentils avec moi, car presque automatiquement, j'avais comme une boule dans la gorge et il me manquait des sons pour parler ».

La relation violente ne s'est terminée qu'au moment où, adolescent, il a pris conscience de sa force physique. Un jour que sa belle-mère le molestait de nouveau, il l'a brutalement et efficacement repoussée.

« La cruauté physique a cessé le jour où j'ai pu m'affirmer dans des épreuves de forces ».

Maintenant adulte, Jacques n'est pas rétabli encore. Il a appris à comprendre et à contrôler son excès de colère, il a en quelque sorte pardonné (« j'ai passé l'éponge »). Après six ans d'efforts pour se rebâtir, il est encore tiraillé par l'autodestruction. Comment vivre seul dans un monde aussi menaçant ?

2. La violence s'inscrit dans un rapport conflictuel

Contrairement à Nicole, la plupart des femmes et des enfants dont les membres de la famille ont abusé, ne peuvent parler d'incidents uniques, ponctuels. Ils racontent dans leurs moindres détails les événements les plus graves, qui les ont le plus marqués. Les autres abus sont imprimés en filigrane. Même pour Nicole, il y avait en toile de fond de sa relation une menace latente. L'agression physique n'est que l'éruption d'une violence déjà présente.

a) La fréquence de la violence

Il est difficile dans un tel contexte d'évaluer la fréquence de la violence, la notion de durée est plus pertinente. Les femmes battues rencontrées en entrevues avaient vécu, ou vivaient encore, dans un climat de violence sporadique ou continuel durant des années. Pour qu'une telle relation ne dure pas indéfiniment, il faut que les tous premiers assauts soient très brutaux. La femme alors est suffisamment choquée, a encore assez d'énergie, pour rompre l'union immédiatement après sa sortie de clinique. Elle est plus susceptible aussi de recevoir de la compréhension et de l'aide. Autrement dit, il vaut mieux être victime d'une tentative de meurtre que de voies de fait simples.

Plus la relation se prolonge, plus les abus se produisent souvent et plus ils sont graves. On a longtemps expliqué ce fait par le masochisme et la passivité des femmes sans réaliser que ces traits étaient acquis à travers la culture et l'expérience. Chaque victimisation est une défaite qui diminue l'estime de soi et les capacités de se défendre. Chaque agression est une victoire qui renforce l'*ego*, donne le sentiment de contrôler une situation où une personne agit un peu à la manière d'une drogue à l'égard de laquelle l'agresseur développe une dépendance.

On voit donc la victime adopter graduellement des attitudes et des comportements de soumission gratifiant le persécuteur et lui facilitant la tâche. La soumission ne sera pas immédiate et ne se fera pas sans soubresauts. Lors de la première ou des premières agressions, les victimes interviewées ont généralement résisté. Leonore WALKER (1979) a aussi remarqué chez les femmes qu'elle a rencontrées, une tendance à se défendre, les premières fois, par la fuite ou la force. Mais la résistance physique n'est pas très efficace quand les adversaires sont de taille inégale.

« Il y a eu bien des batailles mais c'est jamais moi qui ai commencé. La première fois qu'il m'a touchée, j'ai été trop surprise pour me défendre, je tombais des nues. Après, j'ai essayé de le frapper moi aussi, de porter des coups, en me disant que, si vraiment je me défendais, ça le replacerait. Mais ça a été pire. Il voyait rouge dans ce temps-là. C'était mieux d'attendre qu'il ait fini » (A-9) [13].

13. La numérotation réfère aux cas décrits en Annexe.

Dans une situation sur laquelle on n'a aucun contrôle, l'acceptation devient un moyen d'adaptation, de survie. Les parties s'adaptant au rôle de persécuteur et de persécuté, une victimisation en appelle une autre. La violence devient un style de vie qu'on n'essaie même plus de changer. D'ailleurs, la cible est si facilement accessible et l'agresseur si difficile à éviter : on vit avec lui, on dort avec lui, il a les clés de la maison.

Pour les enfants, la situation est encore plus désespérée. Ce sont surtout les très jeunes enfants qui sont maltraités par leurs parents. Au Québec, les moins de huit ans sont sur-représentés dans les cas rapportés au Comité de Protection de la Jeunesse comparativement à leur proportion réelle dans l'ensemble des enfants québécois (MARTIN et MESSIER, 1981). Pourtant, avant l'âge scolaire, les probabilités de détection sont plus faibles, à moins que l'enfant ne nécessite des soins médicaux à plusieurs reprises. On peut donc penser que les tout-petits sont encore plus brimés qu'il n'apparaît dans les statistiques officielles. Deux études de cohortes appuient cette hypothèse, on y a trouvé que le tiers des victimes avaient moins de trois ans (GIL, 1970).

L'impuissance totale des petites victimes à terminer d'elles-mêmes la relation abusive signifie que leur seul espoir de s'en tirer est la gravité des sévices. Par ailleurs, leur vulnérabilité est telle qu'ils risquent davantage que les autres catégories d'âge d'en mourir (WESTON, 1968). Si la violence commence tôt et qu'elle est modérée, elle tend à persister durant des années. Comme dans le phénomène des femmes battues, on constate une accoutumance au rôle. De plus, l'enfant brimé tend à développer des traits et des comportements qui l'exposent davantage à la fureur du parent : pleurs, irritabilité, incontinence, retards de développement, agressivité, etc.

L'inceste est différent. L'abus commence plus tard dans la vie des victimes, des filles surtout et, comme il est rarement accompagné de sévices corporels, il peut se prolonger durant quelques années avant que la situation ne se termine par une dénonciation, par le départ de la fille ou encore quand le père jette son dévolu sur la cadette.

b) Le rôle des acteurs

Dans le couple, c'est la femme qui est victime. Il y a, certes, des hommes battus, mais ni les chercheurs ni le système de justice ne réussissent à les trouver. A Montréal, en 1980, un examen de toutes les plaintes pour voies de fait enregistrées par la police a révélé que 12% d'entre elles, ou 777, s'étaient produites entre conjoints et, dans un seul cas, c'était l'homme qui était victime (étude B-4) [14].

Les rôles sont fixes, non interchangeables. Il y a bien les cas extrêmes et rares où la victime agresse son bourreau et alors elle doit réussir, elle doit le tuer. Le plus souvent, les rôles sont irréversibles. La littérature, tout comme les intervenants consultés, suggère que la femme battue qui rompt une union violente tend à s'engager dans une nouvelle relation abusive. C'est le cas de Louise. Mais notons que son concubin qui n'en était pas non plus à sa première union, avait battu son ex-femme. Dans les quelques cas qui ont été portés à notre connaissance, il y avait aussi des femmes remariées qui n'ont été agressées que par leur nouveau mari qui, lui, avait battu son ex-conjointe (Voir aussi les cas décrits par WALKER, 1979). Probablement que les maris, autant que les femmes, tendent à rejouer les rôles exercés dans une première union, lorsqu'ils en contractent une nouvelle. Cette hypothèse ne semble pas avoir été vérifiée.

Le plus souvent, la victime est unique, irremplaçable en ce sens que, si elle n'est pas là, l'agresseur ne déversera pas sa colère sur quelqu'un d'autre. Bien que quelques maris aient des dossiers judiciaires (10% des abus rapportés à la police selon l'étude B-4), beaucoup mènent une vie parfaitement en règle, sont doux et pacifiques avec le reste de leur entourage. Seule la partenaire dans la relation de couple est exposée.

La situation est un peu moins claire pour les enfants. Dans une même famille, les enfants sont-ils tous également exposés ou y a-t-il des souffre-douleurs ? La littérature ne permet pas de se faire une idée précise. Au Québec, dans 38% des cas rapportés aux autorités, deux enfants ou plus étaient maltraités au sein

---

14. Voir Annexe B.

de la famille (MARTIN et MESSIER, 1981). Il faudrait pouvoir établir des taux selon la taille de la famille, la légitimité (voir le cas de Jacques) et l'ordre de naissance des enfants. Néanmoins, il semble que le statut d'enfant soit, dans un nombre indéterminé de cas, le critère du choix de la victime. Chez les jeunes, l'âge paraît jouer un grand rôle. Il peut arriver que tous les rejetons d'une famille soient objets d'abus à un moment ou l'autre mais ils ne le sont généralement pas durant la même période de temps. Ceci est particulièrement vrai des victimes d'inceste (GEISER, 1979).

c) Les attentes réciproques

Dans les relations parents-enfants, il ne peut y avoir, à proprement parler, de réciprocité ou d'équité entre ce qui est reçu et ce qui est donné. Mais les parents abusifs s'attendent, pour une bonne part, à un tel partage. Ils interagissent avec l'enfant comme s'il était un adulte capable de les comprendre et de satisfaire leurs besoins (STEELE et POLLOCK, 1968 ; GIL, 1970). Lorsque l'enfant ne se montre pas à la hauteur, ils perçoivent son attitude comme un rejet, sont frustrés et furieux.

De même l'adulte incestueux ne voit pas la différence d'âge entre lui-même et l'objet de son désir. Il ne voit pas la disparité de pouvoir entre eux. Il s'imagine que l'enfant a volontairement choisi cette relation et qu'elle en éprouve du plaisir.

Le père : - « "Mais je ne t'ai jamais forcée ».
Sa fille : - « Tu l'as fait, papa, pas avec violence mais de façon plus subtile, par la manipulation ».
Le père : - « Je pense toujours que tu es responsable, toi aussi ».
Sa fille : - « Mais je ne suis pas responsable pour le commencement, je n'étais qu'une enfant » [15].

Nous avons déjà mentionné un cas bien connu dans la littérature : celui de la Lolita de NABOKOV (p. 69 et 70). Victimologues, criminologues, travailleurs sociaux, psychiatres ont très

15. Tiré et traduit de BRADY (1979), p. 188 et s., *L'autobiographie d'une victime d'inceste.*

fréquemment endossé la thèse de la fillette séductrice et de l'adulte victime. Par exemple, se fondant sur la version donnée par les parents incestueux, VON HENTIG (1948) attire l'attention sur la provocation exercée par les enfants. De même, WATMAN (1974), comme d'ailleurs grand nombre d'auteurs, dénonce le nombre considérable d'agressions sexuelles contre des mineures qui ont consenti tacitement, ont participé, conspiré ou provoqué.

Des études plus récentes tiennent compte du point de vue de la victime et du fait que, comme le mentionne GEISER (1978), la soumission de l'enfant à l'autorité du parent implique que la relation incestueuse relève du contrôle de l'adulte. GEISER ajoute d'ailleurs que l'élément de domination peut jouer un rôle aussi important que la motivation sexuelle dans de telles relations [16]. L'enfant, d'un autre côté, peut se sentir gratifié de l'attention accordée par le parent.

Dans le couple, la disparité entre les attentes de chacun des conjoints et les possibilités de rencontrer ces attentes n'est pas aussi démesurée. L'immaturité relative n'est pas aussi unilatérale non plus. Chacun attend mer et monde de l'autre, compte sur l'autre pour mettre fin à sa solitude, pour lui donner une raison de vivre, une valeur, un statut social.

En fin de compte, une fois de plus, victimes et agresseurs partagent des caractéristiques communes dont l'immaturité et le besoin d'une satisfaction immédiate.

La différence entre les deux, c'est que, face à un besoin commun, l'un trouve une échappatoire et l'autre pas. Ainsi, la violence au sein de la famille touche surtout les pauvres. L'insécurité est source additionnelle de tensions comme le fait de devoir travailler durant de longues heures ou l'incapacité de payer à soi ou à sa famille des activités de loisirs.

Le plus souvent, les jeunes ménages sont aux prises avec ces problèmes (voir l'histoire de Nicole), indépendamment de leur statut social. La famille entière souffre de privations mais tous

16. GEISER, p. 52.

ne seront pas induits à se justifier et à être justifiés pour autant des abus commis.

Même s'il arrive qu'un événement particulier déclenche la violence, envers les enfants surtout, elle se produit très souvent inopinément, comme ce fut le cas pour Nicole. Et l'événement déclencheur, s'il y en a un, ne permet pas de prédire qui sera la cible de l'attaque quand l'homme est l'agresseur.

« Elle était encore un bébé, elle ne faisait pas ses nuits encore. Je suis venue très fatiguée, j'ai fait une dépression. Je ne pouvais pas dormir parce que, si elle se mettait à pleurer, s'il se réveillait, il devenait très méchant » (A-9).

La femme violente, elle, n'aurait eu que l'enfant sur qui épuiser sa frustration.

d) Un rapport de forces

Finalement, c'est la disparité des forces qui explique le mieux la nature et la direction de la violence dans la famille. Même lorsque cette violence est due à une pathologie chez l'un ou l'autre ou les deux partenaires (ELLENBERGER 1954, DE GREEFF, 1973), elle est dirigée vers le plus faible. Et ici, c'est surtout la force physique qui compte.

Une fois la relation établie sous le mode de la domination, il est extrêmement difficile de l'altérer car le propre de l'oppression est de creuser l'écart entre oppresseur et opprimé et, en même temps, d'accroître la dépendance mutuelle. Parfois, cette situation ne peut se dénouer que par la mort de l'un ou de l'autre. Il semble extrêmement rare que les homicides entre membres d'une famille soient des manifestations uniques de violence. Ils ont été précédés d'autres agressions. Quand, dans la relation de pouvoir, c'est la personne la plus faible qui tue l'autre, l'acte est l'aboutissement d'un passé de victimisation. Il est le seul moyen que pouvait envisager la personne opprimée pour se libérer de l'emprise du tyran. Ou de libérer autrui. Ainsi, dans un cas pour lequel notre intervention a été demandée, un adolescent a tué le concubin de sa mère menacée une fois de trop avec un couteau.

Parfois, la disparité des forces peut s'amoindrir et même disparaître quand la victime acquiert un pouvoir physique ou social. L'histoire de Jacques en est un excellent exemple. Les abus dont lui et son frère avaient été victimes n'avaient pas commencé dans la petite enfance et n'avaient pas été suffisamment graves pour les priver de tout moyen de défense. De plus, ils n'étaient pas totalement isolés et pouvaient au moins compter l'un sur l'autre. Jacques, adolescent, s'est rendu compte qu'il pouvait utiliser avec succès la force contre sa belle-mère. Il était devenu suffisamment robuste pour menacer et neutraliser ; il n'avait plus à subir ; il n'avait pas non plus à tuer.

Et la résistance pacifique, est-elle possible ? Quels sont les moyens efficaces utilisés par les victimes qui n'ont aucun espoir d'altérer la disparité de forces physiques ? La soumission, la ruse et la fuite. Dans aucun cas, le succès n'est garanti. Ces moyens ne font parfois qu'enflammer la colère.

Dans les deux premiers cas, la relation de subordination se maintient, seuls les coups sont peut-être évités. La fuite, pour sa part, ne rétablit pas une relation égalitaire, elle rompt la relation sans nécessairement protéger de la violence. Ainsi, dans une étude des causes de voies de fait entendues à la Cour municipale de Montréal, en 1980, on a trouvé que 60 % des femmes ne vivaient plus avec leur conjoint au moment où elles ont été agressées (étude B-5). L'agresseur ne peut lâcher sa proie ; il ne peut accepter qu'elle lui échappe. Toutes les femmes battues rencontrées qui avaient laissé leurs conjoints vivaient dans l'angoisse que l'agresseur ne découvre leur adresse. S'il connaît l'adresse parce qu'il a obtenu le droit de visiter ses enfants, une attaque est probable.

Il est impossible, semble-t-il, de faire cesser le despotisme dans une relation de couple. Cet état de chose peut toutefois être prévenu si la victime réagit fermement dès le premier abus. Généralement, elle ne le fait pas parce que son agresseur est aussi traumatisé qu'elle par le geste violent porté. Il est contrit, pénitent, il fait amende honorable. Le premier geste porté et subi, il semble ensuite que toutes les digues soient levées. Le second geste sera beaucoup plus facile à poser et à endurer. La relation s'inscrira dans un modèle de domination et plus la victime résistera, plus elle sera subordonnée. L'écart sera désormais trop grand pour être corrigé.

Un effet tragique de cette situation est la perpétuation, d'une génération à l'autre, de modèles violents de relations interpersonnelles. Les parents abusifs ont souvent été, eux-mêmes, victimes de cruauté. Souvent, les délinquants et les criminels ont d'abord été victimisés (SINGER, 1981).

Les victimes chroniques, de par leurs expériences antérieures, n'ont aucune confiance en leur capacité de se défendre.

On pourrait même avancer que chaque victimisation réussie, chaque domination, multiplie le potentiel violent d'une société, accroissant simultanément le nombre de « proies » et de « prédateurs ». Les proies seront les victimes subjuguées, qui ne croient pas avoir les moyens de se défendre, qui ne les ont plus, qui ont appris que la soumission est la façon de survivre à un monde violent. Les prédateurs sont de deux types : ou bien ils ont toujours su qu'ils étaient les plus forts ; ou bien ils ont appris, suite à une victimisation, qu'il faut répondre à la force par la force.

3. La violence est socialement tolérée

Dans la famille, tant que l'agresseur ne dépasse pas certaines bornes, une grande dose de violence est tolérée, légitimée, même approuvée. Le chef de famille mâle s'est toujours vu reconnaître une autorité sur sa conjointe et sur leur progéniture.

a) La violence légitimée

Jusqu'au dix-neuvième siècle, il était entendu que l'enfant appartenait à ses parents ou à ses tuteurs qui pouvaient en disposer à leur gré [17]. Ils pouvaient user de l'enfant aussi bien pour

---

17. Cette disposition légale varie selon l'état de maturité du droit ; voir MAINE (1972) entre autres.

leurs propres intérêts que pour ceux de la société ou du bien ultime de cet enfant. En Amérique, il a fallu recourir à la Société de Protection contre la Cruauté envers les Animaux pour protéger les enfants brimés, avant que la première loi de protection ne soit promulguée, en 1889 (HELFER et KEMPE, 1968).

De même, le mari avait non seulement la permission mais le devoir de corriger son épouse. On l'exhortait de la chaire, au Moyen-Age, à punir chez sa femme des comportements que lui pouvait se permettre : l'adultère, la violence verbale, etc. Il devait réagir en toute magnanimité, ne pas se laisser emporter par la colère, mais sans oublier que son rôle est de punir de tels écarts (GOULD DAVIS, 1972). Un bon moine exhortait alors (15e siècle) les maris à battre leur femme mais sans excès, et pour leur bien :

« Réprimandez-la sérieusement, harassez-la, terrifiez-la. Et si ces procédés n'ont pas d'effets, prenez un bâton et battez-la sérieusement. Il est mieux de châtier le corps et d'amender l'esprit que d'altérer l'esprit en épargnant le corps. Alors, battez-la, non pas dans un sentiment de rage, mais dans l'esprit de charité chrétienne et par souci pour son salut, de sorte que la discipline que vous lui aurez infligée contribuera à votre bien-être et à son salut » [18] (DAVIDSON, 1978).

Peu à peu, les lois tout comme les exhortations du haut de la chaire ecclésiastique prirent en considération les données de la vie quotidienne et d'une jurisprudence naissante. On en vint à prescrire les modes d'exécution des peines. Ainsi, selon la « règle du pouce », la baguette utilisée par le mari ne devait pas être plus épaisse que son pouce (DAVIDSON, 1978). Le droit de punir était fondé sur le fait que le mari devait répondre du comportement de sa femme puisque celle-ci était sa propriété. Jusqu'à la fin du 19è siècle, en Amérique, les Tribunaux ont entériné ce droit de recourir à la force pourvu que les châtiments ne soient pas indûment cruels et ne résultent pas en dommages permanents.

---

18. « *Scold her sharply, bully and terrify her. And if this still doesn't work, take up a stick and beat her soundly, for it is better to punish the body and correct the soul than to damage the soul and spare the body. (...) Then, readily beat her, not in rage but out of charity and concern for her soul, so that the beating will rebound to your merit and her good* ».

Dans les sociétés américaines et européennes du moins, la loi ne permet plus à l'homme de frapper sa conjointe. Au Canada, les enfants peuvent encore être battus par leurs parents :

« Tout instituteur, père ou mère, ou toute personne qui remplace le père ou la mère, est fondé à employer la force pour corriger un élève ou un enfant, selon le cas, confié à ses soins, pourvu que la force ne dépasse pas la mesure raisonnable dans les circonstances » (Code criminel, art. 43).

La victimisation des femmes et des enfants à l'intérieur des familles se distingue des violences à l'égard d'autres personnes par le fait qu'elle a longtemps été, ou est encore, légalement permise.

b) La violence tolérée

Afin de protéger les enfants, Etats après Etats ont légiféré pour rendre le signalement des abus obligatoire. On discute de plus en plus de la pertinence d'adopter une telle législation pour protéger aussi les femmes battues. Qu'il faille obliger les intervenants professionnels et les citoyens à dénoncer les violences dont ils sont témoins, indique bien le climat social dans lequel prennent place les abus de pouvoir.

Il ne faut pas s'immiscer dans les affaires personnelles des gens même lorsqu'une vie est en danger. Kitty Genovese, assassinée devant trente-huit témoins, ses voisins, n'a reçu aucune réponse à ses appels à l'aide ; plusieurs d'entre eux n'ont pas bougé car ils croyaient que c'était son mari qui l'attaquait (ROSENTHAL, 1964).

Plus récemment, au Québec, une femme fut agressée par un parfait inconnu juste au moment où elle allait entrer dans un lieu public. Plusieurs personnes ont regardé, immobiles, la scène de violence et les efforts de la victime pour y échapper. Quand elle est revenue à elle,

« Je baignais dans une marre de sang, je pensais avoir une fracture du crâne(...) Quand tu reviens à toi, tu entends des réflexions. Tu viens en colère. Tu viens furieuse. Il y avait un bonhomme...Tu ne vois pas les visages, tu vois les jambes, tu vois les pieds.

Puis là, il dit : « Moi, je n'ai pas voulu m'en mêler, je pensais que c'était une querelle d'amoureux ». C'est pas plus compliqué que ça. Une querelle d'amoureux (...) Comme si un homme avait tous les droits, se jeter sur sa femme ou son amie. Comme si ça avait amoindri la chose » (IVAC).

Une autre femme victime d'un inconnu, agressée devant plusieurs personnes, disait :
« Le monde ne réagit pas. Est-ce qu'on est un couple ? Ils se disent qu'on est peut-être un couple et ils ne veulent pas être mêlés à ça » (C-9).

Les femmes battues connaissent bien cette indifférence sociale à leur endroit. La solitude qu'elles éprouvent renforce leur sentiment d'impuissance. Aussi bien dans leur entourage que chez les agences sociales et les institutions du système de justice, elles ne seront pas prises au sérieux, elles seront même, parfois, blâmées ou stigmatisées.

« Une femme battue, pour eux autres, c'est normal, c'est pas plus grave que ça » (A-10).
« Quand ça arrive, ils te donnent le blâme. Elle a-tu couru après ? C'est comme pour les viols. Puis, il y a rien là, c'est normal. Si t'aimes pas ça te faire casser la gueule, on est dans un monde libre, la femme a rien qu'à partir. Oui, allons-y voir, rien qu'à partir. C'est ta maison, t'as ton p'tit, tes affaires. On dirait qu'on est toute seule » (A-9).

Lorsque, enfant, il était battu, Jacques a aussi ressenti ce sentiment d'être abandonné de tous :
« J'avais vraiment l'impression que j'étais tout seul au monde. La famille de mon père se doutait de quelque chose mais ils n'ont jamais posé de questions ».

c) La violence entérinée

Nous y reviendrons plus loin mais soulignons dès maintenant que les politiques sociales et criminelles en rapport avec la violence dans la famille sont basées sur des principes de non-intervention et de maintien de la cellule familiale. La littérature abonde dans ce sens et nos propres observations l'appuient.

Tant les policiers que les intervenants sociaux répugnent à agir dans ces situations problématiques qui ne sont pas qualifiées de criminelles. Aussi longtemps qu'elle n'aboutit pas au meurtre, à une cruauté transparente, ou une mutilation sérieuse, la violence dans la famille sera traitée comme un fait trivial.

« Une femme battue, ça n'intéresse personne tant qu'elle n'est pas tuée mais il me semble que c'est un peu tard » (C-12).

La profession médicale n'est intéressée qu'aux symptômes des « maladies » d'origine sociale. Selon HELFER (1968), bien que les mauvais traitements soient la maladie infantile la plus connue, la pédiatrie a été la dernière profession à s'intéresser aux enfants battus. Pourtant, le médecin est souvent la seule personne qui connaisse l'abus auquel est soumis le jeune enfant. Il sait aussi que la récidive peut être fatale.

Bien sûr, l'attitude des victimes en état de s'exprimer ne facilite pas la tâche des intervenants. La loi du silence est impérative dans la famille nord-américaine, comme dans la *Cosa nostra*. On ne dit pas qu'on a été agressé. On dit qu'on a fait une chute.

Les femmes victimes que nous avons rencontrées ont été très insatisfaites du traitement médical. Au bureau, elles ont reçu des sédatifs. En urgence, elles ont été accueillies sans égards à leur condition. Par exemple, une opération terminée ou les pansements appliqués, on retourne la femme chez elle sans même vérifier si elle a un endroit où aller. Une femme a été renvoyée à la maison, immédiatement après l'intervention chirurgicale, pour y trouver sa fille de neuf ans en train d'essuyer le sang sur les murs. Dans un autre cas, la victime était remise, dans un état d'incapacité totale, aux mains de son agresseur chargé de voir à son bien-être et à sa convalescence ! STARK, FLITCRAFT et FRAZIER (1979) ont trouvé qu'une large proportion des femmes vues en clinique d'urgence avaient été battues. Leur victimisation n'était à peu près jamais prise en considération au moment de poser le diagnostic. Plutôt, on étiquetait le problème comme hystérie, hypocondrie, alcoolisme, dépression.

Les services sociaux non plus ne prennent pas très au sérieux la violence domestique. Selon plusieurs chercheurs, un grand nombre de décès ou de mutilations graves d'enfants pourraient être prévenus car les familles abusives sont souvent connues des agences comme ayant une histoire de mauvais traitements. L'objectif du maintien de l'enfant dans sa famille (reconnu aussi par la loi québécoise) va peut-être à l'encontre de celui de sa protection.

Les femmes que nous avons connues reprochent aux agences sociales surtout leur non-disponibilité au moment où elles sont en danger, leur refus de reconnaître la réalité de la menace, et leur scepticisme à leur endroit.

« D'après eux autres, je ne suis pas une victime. Je dois avoir fait quelque chose pour que ça arrive » (A-13).

Bien après que la victime ait compris à son corps défendant le danger permanent que le maintien de la relation alimente, les intervenants sociaux insisteront sur la désirabilité d'une réconciliation.

« La travailleuse sociale qui s'est occupée de mon cas, c'était la même chose (que le policier). Elle voulait que je le prenne en pitié. Mais lui, est-ce qu'il en a eu de la pitié pour moi ? Il a essayé de me tuer. J'ai passé l'éponge mais de là à me remettre dans la gueule du loup... » (C-12).

D'ailleurs, si elle avait repris vie commune et avait été de nouveau agressée, on lui aurait reproché de s'être exposée de nouveau.

La Justice n'offre pas plus de portes de sortie. Les policiers sont formés à considérer la violence dans la famille comme un problème social ou culturel et non comme un crime. Ils disent qu'ils n'ont pas de moyens de faire cesser les abus.

« Quand on arrive sur les lieux, le plus souvent, notre type s'est poussé. En tous cas, s'il sait que la Police s'en vient. Mais même s'il est là, à la maison, on ne peut pas l'arrêter parce qu'on n'est pas témoins. Si on procédait à une arrestation, ça pourrait se retourner contre nous autres » (policier).

Le policier essaie de temporiser, le plus souvent.

« Quand la police est venue, elle a essayé de raisonner mon mari (...) Ils m'ont dit que j'étais trop bonne avec lui puis qu'il faudrait qu'on décide qui est le boss dans la maison » (C-19).

Malgré les nombreuses incitations ou directives émises par les autorités depuis deux ou trois ans, les policiers (du moins, à Montréal) continuent à s'abstenir d'acheminer vers le tribunal les plaintes de voies de fait entre conjoints, quelle que soit la gravité de la violence subie. Ils se contentent d'informer les victimes qu'elles peuvent porter plainte à la Cour municipale, si elles le désirent. Autrement dit, l'agression subie relève du domaine privé ; elle n'est pas un crime (BARIL, COUSINEAU et GRAVEL, 1983). Les victimes ne l'entendent pas toutes ainsi :
« Si le détective avait été intéressé, mais il n'est jamais venu me rencontrer. Il m'a dit : « Votre dossier est fermé, madame ». Alors, si mon dossier était fermé, quand même j'aurais crié, j'avais rien à dire. Ils prétendent avoir d'autres préoccupations. Ils ont des crimes graves à solver. Une femme que son mari veut tuer, c'est pas un crime, c'est une dispute de ménage que le détective a dit » (IVAC).

Mais la police n'est qu'un maillon de la chaîne. En l'absence d'une action concertée, son intervention risque d'envenimer les choses. Par exemple, nous avons vu que Louise avait été bien punie d'avoir osé appeler la police.

Ainsi, on décourage de poursuivre un conjoint abusif. Les plaintes sont acheminées à la « petite Cour » (la Cour municipale) et les victimes peuvent les retirer à leur gré ou plutôt, à celui de leur persécuteur. Des avocats de la défense nous ont dit qu'ils recommandent à leurs clients de plaider non coupables, quelle que soit la preuve. Le plaidoyer enregistré, ils retardent le plus possible les dates d'audition de sorte que l'agresseur ait, dans l'intervalle, tout le temps requis pour terroriser sa victime et l'inciter à retirer sa plainte. Dans les cas de violence entre conjoints, la poursuite accepte allègrement les retraits de plaintes alors qu'une telle pratique serait inacceptable pour d'autres crimes. Mais la police demeure vigilante et protège ses droits sinon ceux des victimes. Nous avons observé deux cas où un mari ayant agressé sa partenaire qui sortait d'un poste de police a été accusé, condamné et puni pour « entrave à la justice ».

Dans la majorité des cas de poursuites pour violence entre conjoints, il y a arrêt des procédures. Les rares agresseurs sentencés reçoivent des peines très légères, une petite amende pour la majorité ou une ordonnance de garder la paix (ZOOMER 1979 ; BARIL, en préparation).

En règle générale, la violence perpétrée contre les femmes, à l'exception de l'homicide, est traitée avec beaucoup plus de clémence que celle qui est dirigée contre les hommes (ZOOMER 1979).

La crédibilité des femmes, et celle des enfants encore plus, est faible devant le tribunal, surtout quand ils accusent des agresseurs masculins (MYERS et HAGAN, 1979). Notamment, il semble exister une sorte de paranoïa de la femme vengeresse. Tous les intervenants consultés ont exprimé un certain degré de crainte que les femmes n'utilisent le système de justice pour se venger d'un homme, pour le punir.

« C'est bien sûr qu'il ne faut pas trop ouvrir le système, parce qu'il y aurait des abus. Notre législation est ainsi faite qu'elle essaie de prévenir les excès de la vengeance privée. Par exemple, il ne faut pas que les femmes qui veulent se venger d'un mari, d'un ami, d'un amant, aient accès au Tribunal criminel. Dans bien des cas, les femmes fabulent, elles se servent de la justice pour intimider leur homme » (Un juge).

Ce discours est tenu, semble-t-il, depuis des millénaires. Chose curieuse, seules les femmes utiliseraient la justice par dépit, et non pas toutes les femmes, mais celles qui sont brutalisées par un conjoint ou victimes d'inceste et autres formes de viol. Autrement dit, les femmes attaquées dans leur féminité. Mais alors comment expliquer cette crainte de dénonciations abusives alors que les victimes réelles répugnent tellement à faire appel à la Justice ? Pourquoi les femmes se donneraient-elles tant de mal pour aboutir à de si piètres résultats ? Et pourquoi le souci de protéger un homme contre de fausses accusations n'entraîne-t-il pas, en contre-partie, la préoccupation de protéger également les femmes et les enfants de la violence ?

La clémence des Tribunaux est vécue par les victimes comme une nouvelle perte de pouvoir qui renforcit la domination de l'agresseur en la justifiant, en isolant davantage l'opprimé, en communiquant le message que mieux vaut tolérer la violence que prendre le risque d'une condamnation injuste.

Ainsi, puisque toute intervention coercitive auprès de l'agresseur risque de brimer ses droits et de donner lieu à une poursuite civile démesurément redoutée, la prévention de nouvelles violences se fera surtout en retirant la victime de son milieu de vie. La femme doit quitter sa maison ; la plupart des enfants maltraités sont placés en familles ou foyers d'accueil (MAROIS et PERREAULT, 1981). Et quand les filles fuguent pour se protéger de la violence parentale, elles sont traitées comme des délinquantes. L'histoire de Louise n'est pas unique. Elle n'est pas révolue non plus ; la loi québécoise de protection de la jeunesse (Loi 24) traite sur un pied d'égalité les enfants qui victimisent et ceux qui sont victimisés.

d) La violence perpétuée

La famille étant le premier lieu d'apprentissage social, les enfants y apprennent le jeu des rapports de force. C'est ainsi que se transmettent les images d'une virilité agressive et d'une féminité soumise. La petite fille batailleuse est un garçon manqué tandis que le petit garçon sensible est humilié par des remarques telles : « il pleure comme une fille ». Car le mythe de la supériorité masculine n'est peut-être pas plus facile à assumer que celui de l'infériorité féminine.

Nous avons, une fois de plus, assimilé les femmes et les enfants car leur victimisation s'apparente ; violence répétitive et qui va s'accroissant, infligée dans le milieu familial, par un agresseur qui a un statut d'autorité, dans une société qui tolère et même encourage de tels abus. Aussi longtemps qu'on enseignera aux femmes et aux enfants qu'ils doivent se soumettre à l'autorité, on créera les conditions de l'abus.

PAGELOW (1981) suggère que, dans le couple, plus chacun des conjoints a fait sienne l'idéologie sexiste de la distribution des rôles, plus les risques d'un rapport violent de subordination sont élevés. La socialisation au rôle agirait ainsi un peu à la manière d'une cause nécessaire mais non suffisante.

Le passage à l'acte, dans un tel climat, dépend des caractéristiques personnelles des individus en interrelation (la femme qui nargue, l'enfant qui pleure, le mari alcoolique, etc.), de leurs circonstances socio-économiques porteuses de frustrations et surtout, peut-être, du fait que les inhibitions à la violence initiale aient ou non été levées par des expériences antérieures comme témoins, victimes ou auteurs de violences.

B. La mise à sac des faibles

Jean GENET expliquait les viols homosexuels qu'il a commis comme des résultats de « l'inévitable mise à sac des faibles par les plus forts » dans la jungle du milieu. Nous avons vu une forme d'exploitation par les plus forts, celle qui se produit dans la famille. Il serait intéressant de savoir si, dans d'autres milieux où les gens se côtoient quotidiennement, la victimisation peut être expliquée de la même façon ou si elle relève d'une problématique différente.

Notre échantillon, malheureusement, n'a pas été formé de façon à pouvoir répondre à cette question qui n'a surgi qu'en cours d'analyse. Nous tenterons cependant, à l'aide de la littérature, de poser quelques hypothèses. Les milieux de vie dans lesquels on observe des taux élevés de victimisation sont, en particulier, l'école et les institutions carcérales. Pour le premier cas, la littérature est peu abondante ; une seule recherche sera utilisée, celle d'OLWEUS (1978) sur les écoliers qui tyrannisent des pairs utilisés comme boucs émissaires. Pour la victimisation en milieu carcéral, nous nous baserons surtout sur BARTOLLAS et al. (1976), FELD (1977) et BOWKER (1980) qui ont étudié comment les détenus se victimisent entre eux ou sont agressés par les surveillants.

Les études qui ont porté sur les prisonniers de guerre et les survivants de camps de concentration ou d'extermination sont très nombreuses et éclairent certaines facettes du phénomène. Ce n'est que pour une durée limitée que les otages partagent un milieu de vie avec leurs ravisseurs ; néanmoins, les interactions entre les deux parties sont alors généralement très intenses et très révélatrices.

Il faudra, éventuellement, examiner d'autres situations, telles que la discrimination ou le harcèlement sexuel dans le milieu de travail ; et diverses autres formes de terrorisme entre pairs, collègues, amis, co-pensionnaires. Ici, nous ne proposons que des avenues de réflexion. Après avoir décrit les éléments qui semblent prédominants dans la victimisation entre personnes qui partagent un milieu de vie autre que la famille, nous la comparerons avec la violence domestique.

1. Victimes et persécuteurs

Presque tous les persécuteurs sont des hommes qui victimisent surtout des hommes. C'est dans les milieux où l'on retrouve seulement des hommes que la violence est plus sérieuse et plus fréquente. Elle diminue dans les milieux mixtes et est relativement rare dans les communautés de femmes (écoles ou prisons).

Chez les adultes masculins, la violence prend très souvent une connotation sexuelle. Elle est le moyen de prouver une virilité définie en termes de domination et menacée lorsqu'elle ne peut s'affirmer vis-à-vis les femmes. Ainsi vue, la masculinité ne s'affirme qu'aux dépens de quelqu'un et si elle ne trouve pas d'objet féminin, elle s'exercera sur des hommes qui possèdent des caractéristiques « féminines » : fragilité physique, jeunesse, beauté, délicatesse, dépendance...

Chez les femmes, la violence serait utilisée pour maintenir et acquérir le pouvoir seulement quand les techniques de manipulation ont été épuisées. La menace, le contrôle psychologique et la création d'une relation de dépendance seraient les principales armes employées (BOWKER, 1980).

Ainsi, la principale différence entre les despotes masculins et féminins, c'est que les premiers peuvent établir leur domination sur la base de leur seule force physique alors que les seconds doivent compter sur la ruse et certaines habiletés intellectuelles. Muscles et cerveau forment une alliance parfaite dans la lutte pour le pouvoir. A l'école, le frêle garçon, victime désignée, peut renverser le jeu de la domination si son intelligence lui attire le respect et la loyauté de quelques brutes.

Quant aux victimes, certains stigmates les différencient de leurs pairs et les rendent visibles. A l'école, ce sont les enfants fragiles, timides, solitaires, souffrant d'un handicap physique, intellectuel ou social. Ils sont différents des autres, leur sont supérieurs ou inférieurs.

Le portrait de la victime en milieu carcéral n'est pas très dissemblable : jeune, faible, sans expérience de détention, sans protecteur ; il a été condamné pour un délit contre la propriété et n'a pas encore vaincu ses inhibitions contre la violence. Il est terrifié et le laisse savoir dans toutes ses expressions corporelles et ses comportements.

Indépendamment des caractéristiques des personnes impliquées, le simple fait d'être placé en position d'autorité ou de subordination peut faire de l'un, un bourreau, et de l'autre, une victime. L'étude expérimentale de ZIMBARDO (1972) en est une preuve assez éloquente. Ainsi, maîtres, bourreaux, institutions, gardiens, responsables de discipline, etc… seront touchés par la tentation du pouvoir. Ils n'y étaient pas plus prédestinés qu'à la vocation d'esclaves, de suppliciés, d'élèves, de détenus, d'assistants.

Une fois qu'une relation est inscrite sous le signe du pouvoir, il y a peu d'espoir de renverser ou de neutraliser le rapport de forces. Le gagnant est intoxiqué par le pouvoir et ses avantages : prestige social, estime de soi, gains matériels. A l'inverse, le perdant est annihilé. Il faut répondre à la violence par la violence et ce, dès le début. L'offensive demeure le meilleur moyen de protection. Une fois les rôles définis, ils étreignent les individus à la manière d'un piège.

La victime ne peut pas compter sur une aide extérieure. Gardiens, parents, professeurs détournent la tête. Combien de parents n'ont offert à leur fils qui entre à la maison en pleurs après une bagarre que le conseil de mieux se défendre la prochaine fois. Certains, en prison surtout, accepteront la protection d'un co-détenu qui les préservera des autres agresseurs en retour de faveurs sexuelles ou d'autres modes de soumission. A l'école, le prix de la protection sera quelques sous, un devoir. Lorsque suffisamment de violence a été utilisée au début, le vainqueur n'a plus besoin d'y recourir pour maintenir son autorité. La menace suffit. Victimes et bourreaux ont d'ailleurs sous leurs yeux de fréquents exemples du châtiment des insubordinations. Même les surveillants chercheront chez les détenus des alliés qui pourraient les protéger en cas d'émeutes.

Les agressions, particulièrement les viols, s'accompagnent de beaucoup d'injures et d'humiliation. L'objectif premier semble être le contrôle et non le gain financier ou le plaisir sexuel. C'est en dégradant la victime à ses propres yeux et aux yeux d'autrui qu'on y parvient. Le processus de déshumanisation de la victime n'est pas aussi élaboré et sophistiqué qu'on l'a observé dans le phénomène de génocide et terrorisme politique (SCHNEIDER, 1982 ; DAWIDOWICZ, 1975), les victimes à subjuguer y étant captives et moins nombreuses. Il comporte néanmoins une définition de la victime comme inférieure et menaçante.

En milieu carcéral, les détenus condamnés pour certains types de délits sont si harassés et menacés qu'on doit les isoler. Ils sont particulièrement en danger lorsqu'une émeute éclate (DESROCHES, 1981). Autres indésirables, les délateurs sont aussi méprisés par les écoliers, que par les détenus. La violence à l'égard de ceux qui ont enfreint les lois du milieu prend un caractère ici de châtiment et, parmi les détenus, la justice est expéditive et très cruelle.

2. Institutions violentes

Comme dans la famille, la violence à l'intérieur d'autres milieux dans lesquels les individus ont des contacts prolongés entre eux, relève d'une disparité dans les rapports de forces. La domination y est plus oppressive, plus primitive, dans un milieu carcéral qui n'offre d'issues ni aux agresseurs ni aux victimes. Il n'y a pas non plus, entre les deux, de liens d'amour comme ceux qui existent ou ont existé à l'intérieur de la famille.

Il peut sembler étrange qu'on ait comparé l'école au milieu carcéral. La fréquence et la gravité de la violence n'y sont sans doute pas semblables. Ce qui est semblable, c'est la dynamique des relations de pouvoir, c'est aussi le mode violent de répression des délits entre pairs encore davantage, semble-t-il, que de la part des personnes qui détiennent l'autorité légitime. Tout se passe comme si la violence était, dans le contrôle des individus, un substitut au droit de commander.

Encore ici, nous observons un phénomène de perpétuation de la violence à travers la socialisation aux rôles. Toutefois, les rôles de chacun sont moins irréversibles que dans la famille parce qu'il y a plus de possibilités à l'école et en prison de trouver plus petit que soi ou d'être trouvé par plus fort. Ce n'est pas tant contre leurs bourreaux que les victimes se retournent que vers de nouveaux partenaires. Elles n'ont rien de plus pressé que de prendre exemple sur leur persécuteur et de rivaliser de tyrannie avec lui.

Si elle n'est pas ou n'a pas déjà été légitime, sauf entre maîtres et élèves ou gardiens et prisonniers, elle est toutefois socialement tolérée à l'intérieur des institutions, par les mass médias et par le public ; du moins, tant qu'elle ne dépasse pas certaines bornes et tant que ce ne sont pas les personnes en autorité qui sont attaquées.

Que des milieux d'éducation ou de rééducation soient aussi tolérants sur ce chapitre nous semble inconcevable. En effet, si on n'y enseigne pas précisément la violence, on en donne des exemples et on démontre qu'elle est un moyen efficace, de régler des conflits, de contrôler les personnes et les situations, d'obtenir du prestige ou, tout simplement de se défouler. Plus que l'impunité de l'agresseur, c'est peut-être le mépris dont est entourée la victime qui contribue le plus à donner du poids à la loi de la jungle.

Chapitre 4

L'espace d'un éclair

Les relations humaines réservent bien des surprises mais, avec le temps, elles s'établissent sous un mode relativement stable et prévisible. Ainsi, nous avons vu, au chapitre précédent, que même si la première manifestation de violence arrivait comme un choc pour les deux partenaires, un observateur aurait pu en déceler les signes avant-coureurs.

Par la suite, la relation aura tendance à se poursuivre sous le signe de l'oppression même si le moment précis des éruptions sera difficile à prévoir. Voilà pourquoi nous avons parlé de victimisation chronique.

La violence de la part des étrangers ou de simples connaissances, au contraire, est généralement inattendue même quand on se sait exposé. Il s'agit de la forme que nous avons appelée « aiguë ». Les événements criminels sont isolés, momentanés et se déroulent rapidement, la plupart du temps.

Les signes distinctifs de ce type de victimisation, outre l'absence de relations durables entre les parties expliquées sont : son caractère fortuit, la rapidité et l'impersonnalité de l'interaction, l'attribution de caractéristiques spéciales à l'agresseur et la diversité des situations. Ces quatre points sont les principaux objets de discussion de ce chapitre.

Très peu d'études ont décrit le déroulement d'un crime. On s'attache surtout à l'avant et à l'après-victimisation. BEN-DAVID (1982) déplore cette lacune dans la recherche sur le viol car, dit-elle, si on connaissait le type d'interactions qui a lieu pendant l'événement, on pourrait isoler les facteurs qui contribuent à sauver ou à perdre la victime.

On doit voir que de telles études ne sont pas faciles pour deux principales raisons. D'une part, le dynamisme des événements peut difficilement être capté par l'approche quantitative qui, pourtant, permet seule de généraliser. D'autre part, tout se passe très vite, la victime est en état de choc et, très souvent, elle ne peut faire une narration claire et complète de ce qui s'est passé.

Les situations varient énormément. Sauf pour les cambriolages qui ne sont d'ailleurs constatés qu'après, chaque victimisation est non seulement unique mais comporte des faits cocasses ou dramatiques qui permettent de l'identifier facilement, surtout si elle a fait la une des journaux. Pour ces raisons et parce que l'histoire de vie des victimes est rarement pertinente pour comprendre la victimisation par des inconnus, nous ne présenterons pas d'histoires de cas. Nous tenterons toutefois de dégager les constantes ou les traits particuliers qui contribuent à expliquer la victimisation ou la réaction des victimes.

A. L'impact

La violence infligée par des inconnus est soudaine et imprévisible. Sous son impact, la victime ne peut pas toujours évaluer adéquatement le danger et réagir de façon efficace.

1. La surprise

« Ça vient tellement à l'improviste. Et là, c'est comme le plus grand des malheurs » (A-2).

Le malheur arrive quand on s'y attend le moins. Peu importe jusqu'à quel point une personne avait déjà pensé à la possibilité d'être agressée, elle ne peut croire que ça lui arrive. Les employés de banque travaillaient avec cette crainte dans l'esprit ; une femme qui avait un emploi de nuit redoutait cette possibilité, chaque soir. Néanmoins, quand l'événement se produit, on tend à nier sa réalité, sous l'effet du choc, parce qu'il arrive sans avertissement, au moment où on n'y pensait pas. Les gens sont à leur petite affaire, font leur boulot, et tout à coup, leur monde est bouleversé. Une femme revient du supermarché et est attaquée : une autre s'endort paisiblement chez elle et est réveillée par un violeur ; un couple revient de vacances et trouve les portes de la maison grandes ouvertes ; un homme ouvre la porte à un visiteur et reçoit un coup de poing en plein visage.

Bon nombre d'agressions, en effet, se produisent pendant qu'une personne vaque à ses occupations habituelles. Les sondages de victimisation, malheureusement, n'ont livré aucune information statistique sur cette question. On sait que la violence se produit surtout sur la rue et dans les endroits publics mais on ignore les motifs de la présence des victimes en ces lieux.

Dans notre échantillon, non représentatif, les gens ont surtout été agressés au travail, à la maison, en faisant leurs courses, en se déplaçant d'un endroit à l'autre. La violence était d'autant plus inattendue qu'elle survenait dans la routine quotidienne.

« Si j'avais été attaquée dans un bar ou un disco, il me semble que j'aurais mieux pris ça, au moins, il me semble que je m'y serait attendue un peu » (A-27).

Plus choquantes et plus dévastatrices sont les attaques par des inconnus au domicile même de la victime qui, dès lors, est privée de tout moyen de défense et, à long terme, du sentiment de sécurité associé au foyer. Parmi les victimes rencontrées, une femme avait été agressée alors qu'elle venait de se mettre au lit, par un individu qu'elle n'a jamais vu et qui lui a fait subir une longue séance de tortures. Un couple âgé a enduré les sévices de deux jeunes hommes surgis à l'improviste. La femme raconte l'intrusion :

« On venait juste de se coucher et puis ça a frappé. C'était tellement fort que j'ai dit : « Va répondre », à mon mari. Il s'est levé vite et a mis sa robe de chambre. Il ne s'est pas rendu à la porte qu'ils avaient

défoncée. Là, je n'ai pas perdu connaissance mais, une minute ou une seconde, j'ai arrêté de voir et d'entendre » (A-53).

Dans l'étude évaluative de l'IVAC (B-6), comme dans la recherche ici décrite, d'autres cas d'agressions fortuites à la maison ont été rapportés. Ces situations sont-elles fréquentes ? Un examen des données des sondages américains de victimisation nous porte à croire qu'elles comptent pour 5 à 10 % des crimes violents et que, le plus souvent, c'est de viol qu'il s'agit.

Généralement, les cambrioleurs choisissent des moments où les occupants des lieux sont absents mais il arrive parfois qu'un voleur s'introduise en présence de la victime (WALLER et OKIHIRO, 1976 ; MAGUIRE, 1980). Chez un de nos sujets, une fillette, terrifiée, était présente lors du vol et s'est cachée sous un lit jusqu'au retour de ses parents (A-60). Dans deux autres cas, des adultes étaient sur les lieux et ont été très effrayés, en entendant du bruit dans la maison.

L'élément de surprise est moins troublant quand le comportement de la victime a facilité l'acte criminel (voir A-5 et A-7, par exemple), mais, même là, la perte de contrôle était inattendue. Ainsi, une personne qui essaie de faire cesser une altercation ou un échange de coups n'est peut-être pas aussi prise au dépourvu que celle qui est frappée à l'improviste. Néanmoins, comme nous le faisait remarquer un interlocuteur (A-5), le bon samaritain n'a pas nécessairement le temps et la présence d'esprit d'évaluer les risques de son intervention. Les réactions passionnelles ne sont pas, non plus, assumées en toute connaissance de cause.

Enfin, les événements se déclenchent parfois si rapidement que certaines victimes n'ont connaissance de rien. Elles se réveillent dans une chambre d'hôpital en se demandant ce qui a bien pu se passer. D'autres ont de vagues souvenirs. Ainsi, une victime atteinte par une balle perdue lors d'un hold-up se souvient :

« J'ai vu un type tomber, c'est tout ce que j'ai vu. Puis la valise qui a r'volé. C'est tout ce que j'ai vu. Après ça, j'avais la balle. Puis après ça, j'ai entendu des coups de feu. Mais moi, la minute que j'ai crié :

« qu'est-ce que c'est ça », je l'avais dans la cuisse. C'est moi qui l'avais dans la cuisse » (B-6).

Bien sûr, parfois, les victimes ont pressenti l'événement ou elles ont perçu quelques indices de son imminence mais, le plus souvent, ce ne sont que des impressions rétrospectives. On peut penser que les projets d'agression détectés à temps par les cibles visées ont pu être déjoués. Comme ils sont rarement rapportés à la police et aux chercheurs, on ne peut spéculer à leur sujet.

2. Le choix des cibles

Si la violence infligée par des inconnus est largement imprévisible par ses victimes, est-elle planifiée par ses auteurs ? Les connaissances sur ce sujet sont assez pauvres. Cependant, aussi bien la revue de la littérature que nos propres recherches suggèrent une distinction entre la préméditation de l'acte et le choix des victimes spécifiques.

Le dessein criminel peut prendre naissance dans un esprit dément comme dans un esprit sain. Dans le premier cas, le choix des cibles, selon notre échantillon, relève grandement de l'aléatoire, même lorsque l'acte est prémédité. Par exemple, deux individus souffrant de troubles mentaux graves ont soigneusement préparé l'assassinat d'une jeune femme blonde, commandé par « des voix » (C-1). Toute jeune femme blonde devenait une cible potentielle, il suffisait d'en trouver une. Dans un autre cas, la personne démente s'attaquait, sans préparation et, indifféremment, à tout citoyen de sexe féminin (B-6). On connaît, par ailleurs, des personnages en vue qui ont été la cible spécifique d'individus considérés aliénés mentaux et qui avaient prémédité leur crime.

Beaucoup plus nombreuses, les agressions par des personnes relativement saines indiquent une grande complexité dans le choix des cibles. Cette question a été peu étudiée jusqu'à maintenant même si elle est d'une grande importance pour la compréhension et la prévention de la criminalité. Les recherches écologiques et les entretiens avec les victimes permettent d'inférer une gamme de motifs de sélection qui doit nécessairement être complétée et vérifiée avec les propos des délinquants.

Comme la passion est souvent la source de l'agression interpersonnelle, on peut s'attendre à ce que ces victimes soient choisies très précisément en raison de ce qu'elles sont ou de ce qu'elles ont fait et donc, qu'elles soient irremplaçables. A l'exception de deux agressions apparemment gratuites (A-6 et C-10), les voies de fait subies par les personnes rencontrées étaient motivées par la colère ou le désir d'imposer sa volonté ; d'une certaine manière, justifiées ou non, elles ont été infligées en guise de représailles. Dans les cas extrêmes, lorsque l'entreprise échoue ou se termine en homicide, il est difficile de savoir ce qui a motivé le choix des victimes puisque ces dernières, ou bien l'ignorent, ou bien ne sont plus là pour présenter leur version des faits. Enfin, une vengeance peut être longuement mûrie (A-15) comme elle peut être la réaction impulsive à un geste perçu comme agressif (A-7.)

La violence instrumentale, par ailleurs, semble bien souvent impersonnelle. Pour obtenir de l'argent, pour s'évader, l'agresseur choisit un type de cibles, défini plus ou moins étroitement ; par exemple, tout endroit où il y a échange d'argent ou toute banque ou telle banque précise. Sur le choix d'établissements spécifiques, nous ne pouvons inférer des propos des victimes et des intervenants que trois critères.

a) Les lieux sont connus, notamment parce qu'une attaque antérieure a porté fruit :
« Pas encore vous autres? Ils ont dit : « Oui, on est revenu parce que ça a été payant » (vol à main armée dans un petit commerce, B-2).

Dans ce cas, chacun des trois vols impliquant les mêmes parties avait rapporté moins de 100 $. Une intervenante dans une institution financière nous a raconté qu'un voleur s'est présenté à huit reprises dans une même succursale avant d'être arrêté. Il aurait dit que son choix initial s'était fait au hasard mais que, comme l'entreprise avait été fructueuse, il avait décidé de la répéter. Une autre personne, victime de cambriolage à trois reprises, est convaincu que les voleurs sont toujours les mêmes.

« Ils connaissent la maison, nos habitudes, ils savent où sont nos affaires, ça fait qu'ils vont revenir encore » (A-58).

b) Les victimes sont connues comme des personnes qui se soumettent facilement à la menace.

« Dans le monde des voleurs, ça se parle beaucoup. Un tel, tu peux y aller, il va se laisser faire. Mais, un tel, touche lui pas parce qu'il ne se laisse pas faire » (B-2).

De même, il faudrait très vite et très catégoriquement contrer les menaces du syndicat du crime qui extorque des primes en retour d'une relative immunité.

« Moi, ils m'ont demandé 25 $ par semaine. J'ai dit : « Je vais te tuer avant de te donner 25 $ par semaine ». Ils appellent ça la protection. Quand vous commencez ça, vous devenez plus propriétaire, vous être co-propriétaire » (B-2).

Cet interlocuteur n'a peut-être pas tort si l'on considère le sort qui a été réservé à un commerçant qui a tenté, trop tard, de se révolter contre le crime organisé (A-14).

c) Les victimes sont vulnérables parce que seules et exposées à cause de leur visibilité, parce qu'elles manipulent de l'argent, parce qu'elles doivent se rendre à des endroits dangereux et inconnus. Comme le disait un livreur,
« Dans mon métier, il faut s'attendre à n'importe quoi. Tu ne sais pas, quand tu vas livrer, où tu vas. Moi, je garde juste 20 $ de change quand je peux mais si je fais trois commandes, j'ai peut-être 80 $ sur moi. Il y en a qui tuent pour 10 $. Les clients, on les connaît, mais quand tu as une nouvelle adresse, tu n'as pas l'idée de ce qui t'attend, tout seul. Il y a des voleurs qui se spécialisent dans les livreurs » (A-38).

Dans tous ces cas, un type de victimes a été choisi mais non une victime bien précise, avec une identité connue. Pour l'agresseur, cette dernière n'a pas de visage.

« Il en voulait à la caisse, pas à moi » (A-47).

Cible et victime ne sont donc pas synonymes.

De la même façon, le terroriste et l'incendiaire n'entretiennent aucune intention de léser la plupart des personnes qui, finalement, subiront les contrecoups de leurs actes ; leurs victimes n'ont pas été choisies. Il semble, par exemple, qu'un incendiaire à gages ait mis le feu à quelques édifices afin que leur propriétaire puisse réaliser un profit (B-6.) La cible visée par cet acte était la compagnie d'assurances, les victimes primaires ont été les locataires des immeubles incendiés. Lorsqu'un terroriste place une bombe dans un endroit public, il vise un adversaire politique qu'il n'atteint que de façon indirecte alors que l'impact premier de l'acte est ressenti par des victimes totalement étrangères à la cause défendue. Dans ce dernier cas, l'agression prend un caractère plus symbolique qu'instrumental.

L'agression sexuelle aussi semble revêtir ce caractère impersonnel et dépersonnalisant. A travers une victime spécifique, c'est tout un groupe qu'on cherche à humilier ou à dompter. BROWNMILLER (1975) a bien fait ressortir cet aspect en attirant l'attention sur les viols des conquis par les conquérants. Historiquement et vu l'orientation hétérosexuelle prédominante socialement, la femme est l'objet principal d'agression sexuelle et ce, même quand la cible visée est son conjoint ou le groupe social (ethnique, racial...) auquel elle appartient. Ainsi, elle est à la fois, mais pour des motifs différents, cible et victime.

A l'opposé, la valeur symbolique du cambriolage apparaît bien minime relativement à sa fonction instrumentale. Les victimes semblent choisies en raison d'une relative facilité d'accès aux lieux et de faibles probabilités de détection. Tant les victimes que les intervenants rencontrés suggèrent la possibilité d'épidémies ou d'explorations systématiques de secteurs géographiques, comme si les voleurs, au lieu de choisir un domicile particulier, décidaient de mettre à sac une région déterminée. De la même manière, cambriolages et vols avec violence s'adressent parfois à un type de proies en des lieux et moments précis : les assistés sociaux, par exemple, sont très exposés durant les premiers jours du mois.

Le choix des cibles pourrait faire l'objet de plusieurs recherches d'envergure. Nous avons voulu souligner l'importance de la question : attirer l'attention sur le fait que cibles et victimes ne coïncident pas nécessairement, non plus que préméditation soit synonyme du choix délibéré d'une victime précise. Les victimes sont choisies autant pour ce qu'elles représentent que pour ce qu'elles sont ou ce qu'elles possèdent. Dans la criminalité de déprédation, et le choix des cibles et la préparation de l'acte, sont bien improvisés très souvent. Les agresseurs semblent peu préparés et font un travail bâclé. Dans un cas, après avoir tué accidentellement leur otage, ils n'ont pas été cueillir l'argent extorqué. Parfois, ils se laissent attraper par la personne qu'ils essaient de voler ; ou encore, ils s'enfuient avec un mince butin alors qu'il y avait des sommes plus considérables à portée de la main. Les vols chez les petits commerçants, notamment, semblent passablement improvisés (B-2.)

Pour comprendre comment se fait le choix des cibles, il faudra conjuguer plusieurs variables : le type d'agresseur, la nature de l'acte, le degré de préparation, le lien entre perpétrateurs et victimes…

3. Le danger perçu

Presque toutes les victimes interviewées ont ressenti, à un moment ou l'autre, que leur intégrité physique était menacée, même les victimes de crimes contre la propriété. Plusieurs ont cru qu'elles allaient mourir. Pourtant, les agresseurs n'avaient aucune intention de les blesser, le plus souvent, encore moins de les tuer. L'intention criminelle ou la *mens rea* est un très pauvre indicateur de la gravité des répercussions d'un acte. Le contrôle de la situation est dans les mains d'un agresseur dont on ne connaît pas les visées.

Dans les voies de fait et les tentatives de meurtres, le passage de la menace à l'acte est si rapide que la victime ne prend pleinement conscience du danger qu'après avoir été assaillie, pendant qu'elle est battue ou poignardée. Dans le vol à main armée, l'arme, c'est-à-dire la menace, tient lieu de coups, comme dans plusieurs viols, enlèvements, extorsions, et les victimes ont le temps de percevoir et d'amplifier le danger :
« J'ai senti une arme sur ma nuque ; non, pour dire franchement, je ne savais pas que c'était une arme, mais c'était froid et le gars a dit

« bouge pas ou ta cervelle saute ». Alors, j'ai eu peur, comme jamais dans ma vie, je me suis vu dans mon tombeau même » (C-19).

Les événements se déroulent rapidement et de façon inattendue, de sorte que la victime n'a pas le temps de se faire une idée juste du danger réel. Citons une autre victime de vol avec violence :

« J'étais à ma caisse. C'était bien « rushé ». On n'avait pas tellement le temps de voir ce qui se passait mais du coin de l'œil j'ai comme vu quelque chose d'anormal. Mais ça se fait tellement vite, le temps de le dire, j'ai levé la tête ; au lieu de ma cliente, j'avais un masque, puis un fusil au lieu de ma cliente, devant moi. Puis il y avait des cris, pas tout à fait des cris. .. le masque, le fusil, j'ai pensé que j'avais fini ma vie et que j'étais trop jeune » (A-34).

Et une victime d'enlèvement :

« Quand j'ai entendu les pas, j'ai eu comme un pressentiment et j'ai pris la main de Daniel. J'aurais dû courir. En tout cas, la première nouvelle que j'ai su, j'ai eu comme un coup de karaté sur l'épaule qui m'a coupée de Daniel, ça ne s'est pas passé aussi clair que ça mais c'est comme ça que je reconstitue la scène. Ils m'ont bandée, puis là, il fallait que je sauve ma vie, puis surtout mon fils. Alors, toutes les questions qu'ils me demandaient, moi tout le temps, je pensais à lui, à me sauver puis à le sauver » (A-55).

Quant aux personnes dont la maison a été dévalisée, leur première crainte, en découvrant le crime est que le voleur soit encore présent sur les lieux. Après quelques instants ou quelques jours, elles se laissent à imaginer des conjectures auxquelles elles associent des dangers ; le thème central qui suscite tous leurs effrois est l'hypothétique confrontation avec le brigand. Les victimes d'autres crimes aussi s'imaginent le pire en rétrospective. Toujours, sur le coup ou plus tard, c'est pour son intégrité physique qu'on craint.

Soulignons que nous avons rencontré très peu de jeunes hommes et qu'aucun de ceux qui ont été vus n'appartenaient à des bandes délinquantes. Il est possible que les jeunes, surtout s'ils sont familiers avec la violence, n'éprouvent pas les réactions de crainte décrites dans cette partie ou même, qu'ils sous-estiment les dangers.

B. L'interaction

Durant la perpétration de l'acte, l'échange entre agresseur et victime est réduit à une forme très primitive. On peut difficilement parler d'action réciproque, d'ailleurs, tant le partage des initiatives est unilatéral. Pour cette même raison, le choix du terme « conflit » par des criminologues contemporains, pour remplacer le mot « crime », ne semble pas très heureux.

Comme l'a observé BALLE (1976), le langage de la menace est peu élaboré ; le vocabulaire est pauvre, stéréotypé et consiste surtout en jurons. Il est bien rare que les voleurs soient aussi polis que ceux décrits dans la citation suivante :
« Ça fait que là, ils arrivent, ils me présentent un papier sur le comptoir. C'était écrit : « c'est un hold-up ». Moi, je riais de ça. Je pensais que c'était une comédie. Ils sont bien trop bien habillés, deux gentils monsieurs, ce ne sont pas des voleurs. Mais quand il a vu que je ne bougeais pas, il a sorti son gun. Je ne l'ai pas touché pour voir s'il était en caoutchouc. Il met son revolver sur le comptoir, « ça presse ». Là, les nerfs m'ont pognée puis je tire le tiroir-caisse. Je le mets sur le comptoir. Là, ils ont pris l'argent de papier. Ils n'ont pas pris l'argent de monnaie. Voyez comment on peut devenir nerveux ; j'ai dit : « Vous ne prenez pas la monnaie ? ». Dans le fond, je sais qu'un voleur, ça ne prend jamais la petite monnaie. Ils ont dit : « Gardez la monnaie, mademoiselle » (C-19).

Dans bien des cas (voies de fait, vol de sac) aucune parole n'a été prononcée. Dans d'autres, les ordres et les menaces sont ponctués de grossièretés et d'incitations à se presser. L'agresseur n'a aucun intérêt à prolonger la rencontre ou à connaître la victime. Toutefois, s'il prenait le temps d'étudier le tempérament de ses proies, il saurait la juste mesure de force à utiliser pour réussir son forfait. Il est bien inutile que des adolescents frappent une vieille femme pour lui prendre son sac mais, par contre, comme le disaient les voleurs interviewés par LETKEMAN (1973), si quelques bandits veulent maîtriser rapidement tout le personnel et les clients d'une banque, il est stratégiquement désirable, peut- être, d'user de brutalité. L'ordre bien discret de livrer le contenu de la caisse n'en demeure pas moins très efficace bien que moins ambitieux que le projet de rafler un établissement entier (A-34).

Puisque les principales interactions entre agresseurs et agressés s'établissent sous le signe de la résistance, de la soumission ou de la contre-résistance, nous nous limiterons ici à ces aspects et nous discuterons de leur utilité relative.

1. La résistance

La plupart des victimes ne se soumettent pas facilement. Selon les données du *National Crime Survey* de 1979, 61% des victimes de vols qualifiés ont essayé de résister. Ce pourcentage est de 69% pour l'ensemble des crimes violents. Les gens résistent un peu plus lorsqu'ils sont attaqués par des étrangers que lorsqu'ils le sont par des personnes connues. Assez naturellement, la soumission augmente avec l'âge. Contrairement à ce qu'on serait porté à croire, les femmes se défendent autant que les hommes. Elles n'utilisent pas les mêmes moyens, cependant. Plutôt que de contre-attaquer par la force physique, elles tendent à appeler à l'aide ou à raisonner l'agresseur. Dans près du tiers des cas, la fuite a été le moyen de défense choisi.

Les fins et les modalités de résistance semblent varier, d'après notre propre recherche, selon le type d'agression subie. Ainsi, les attaques physiques de la part d'étrangers (voies de fait, tentatives de meurtre) provoquent une réaction de défense axée totalement sur la survie. Si la victime est immédiatement mise hors d'état de riposter, elle n'en utilisera pas moins certaines stratégies pour sauver sa vie ou minimiser les blessures. Une jeune femme, simultanément poignardée et étranglée par deux individus, nous disait avoir été incitée à s'évanouir par une sorte d'instinct de préservation qui lui a valu d'avoir la vie sauve, ses agresseurs la croyant morte. Une autre femme, dans une situation semblable, a, au contraire, lutté pour demeurer consciente pensant que c'était là le meilleur moyen de ne pas être tirée. Que le succès de la résistance soit imputable ou non aux tactiques utilisées, il témoigne d'une volonté de survie très forte.

Les réactions au vol qualifié sont plus ambiguës peut-être parce que le crime même l'est : l'agression est-elle dirigée vers soi ou vers ses biens ? La seule différence entre certains vols qualifiés et les voies de fait est l'objectif visé par leurs auteurs : assommer une personne pour lui dérober quelque chose, torturer des vieillards pour leur faire avouer où est leur bas de laine, assommer un travailleur de nuit pour lui prendre son portefeuille. La réaction de ces victimes ressemblera donc à celle des victimes de voies de fait.

On peut distinguer cinq manières différentes de réagir.

a) L'absence de réponse. La victime est physiquement ou émotivement terrassée :
« Je suis restée figée là, pas capable de bouger, pas capable de penser » (A-3l).

La paralysie, si elle est interprétée par le voleur comme un refus d'obéir, est dangereuse.

b) La soumission totale. La victime remet l'argent et suit les directives du voleur à la lettre. Elle le fait, soit par automatisme, soit qu'elle est incapable de penser à une autre conduite, soit que son geste soit calculé pour assurer son intégrité physique :
« On aime mieux leur donner notre argent que notre vie » (A-41).

Quel choix a-t-on lorsque le bandit braque un revolver sur la tête de sa fillette ? Comme disait la mère de l'enfant, tout ce qu'on espère c'est que rien ne vienne contrarier le voleur : le tiroir qui refuse de s'ouvrir, des clients qui entrent ou l'enfant qui panique.

Dans les banques et les commerces, les employés ont généralement reçu la consigne de donner l'argent de la caisse sans hésiter et ils semblent habituellement s'y conformer.

c) La ruse. La victime s'arrange pour ne pas donner tout son avoir ; elle réagit lentement en espérant qu'un secours va arriver ; à l'aide d'un code pré-établi, elle donne l'alerte ou :
« Je lui parlais, pour gagner du temps ».

Les personnes qui réagissent ainsi n'en sont pas à leur premier hold-up. Elles donnent deux explications à leur conduite :
« On travaille assez fort pour gagner notre argent, ça nous prend deux jours, nous autres, pour faire ce que ça leur prend deux minutes à voler » (B -2).

« Tu te dis que tu vas au moins essayer quelque chose, ne pas te faire avoir comme un agneau » (A-43).

Essentiellement donc, on ne veut pas tout perdre. Il faut sauver la face ou un peu d'argent. La soumission ici, n'est donc que partielle.

d) La résistance verbale. La victime refuse d'obtempérer ou même, elle donne des contre-ordres :
« Je lui ai dit : « fais pas le fou. C'est dangereux ça. donne-moi ça ». Il n'a pas fait de troubles, il l'a donné. Moi, j'ai pris le gun, je l'ai mis dans le cash et je lui ai dit : « Cette fois-ci, je vais te laisser partir, mais si tu reviens je n'aurai pas de pitié. Moi, des guns j'endure pas ça » (A-47).

Dans ce cas-ci, la victime était en pleine possession de ses moyens mais ça peut être la panique, autant que le sang-froid, qui dicte le refus verbal d'obéir, refus qui n'est pas nécessairement efficace.

e) La résistance physique. Froidement, dans un état de rage ou dans une sorte d'automatisme, la victime se débat, elle contre-attaque, elle neutralise l'agresseur.

« Mais, à ce moment même, le voleur m'a dépassée en me bousculant et il a attrapé ma bourse par une des poignées. J'ai serré ma bourse dans la main sans la laisser partir. Donc, j'ai dû courir derrière le voleur. Il en tenait une poignée, moi l'autre, et nous courions un derrière l'autre. J'étais en rage. Il voulait la bourse à tout prix. Je rageais tellement, j'ai dit : « je vais crever, je vais mourir, il l'aura pas mon sac ». Je l'ai engueulé, je me suis jetée par terre » (A-26).

Rien n'y fit : le voleur s'enfuit avec le sac ! Parfois chez les gens qui ont déjà été victimisés ou qui connaissent des personnes qui l'ont été, la résistance est planifiée et ainsi motivée :
« Si tu te laisses avoir une fois, ça se sait dans le monde des voleurs, et ils vont revenir. Ils se disent entre eux : « Là, va pas là, le gars se laisse pas avoir » (B-2).

Il arrive que la réaction violente soit automatique, spontanée, sans justification.

« J'étais descendu pour répondre à un client. Mon employé était en bas. Je lui ai dit : « Qu'est-ce que tu fais là ? ». Il était attaché sur le banc. Là, j'ai entendu partir un coup. Alors lui, Denis, mon employé, il dit : « Je me suis fait tirer ». J'ai dit : « Bien non, ça ne se peut pas. Es-tu fou ? ». Là, j'ai vu du sang sur le comptoir. Je ne sais pas si c'est ça, mais j'ai sauté sur le type et on s'est battu. Je l'ai désarmé puis on se tiraillait. Il y a une autre balle qui est partie et je l'ai eue dans le bras » (C-19).

Lors de son deuxième hold-up dans la même journée, un commerçant fut si exaspéré qu'il se jeta sur le voleur et, après l'avoir désarmé, le roua de coups. Le métier de bandit a ses risques !

Ces cinq formes de réponse au vol qualifié sont nécessairement stylisées. Un grand nombre de facteurs se conjuguent pour contribuer à l'issue, heureuse ou fatale, de la rencontre. Les événements se déroulent si rapidement et dans un tel climat de tension qu'on ne saurait en prévoir l'aboutissement. L'arrivée de témoins peut faire fuir le voleur tout comme elle peut le rendre plus nerveux ou agressif. Une même réaction de la part de la victime peut désamorcer l'agression comme elle peut l'alimenter. Il serait intéressant de savoir si la résistance passive ou active des victimes a un effet dissuasif sur les délinquants.

Par ailleurs, la présence d'une arme à feu agit à la fois comme un frein à l'agressivité des victimes et comme une mesure de protection de leur intégrité physique. La résistance est plus rare de même que les blessures (HINDELANG et al., 1978 ; BLOCK, 1981).

Rappelons, finalement, que toute la bonne volonté d'une victime sans le sou ne saurait apaiser des agresseurs forts et bien résolus. Un couple âgé était soupçonné de garder à la maison un bas de laine. Il n'en était rien et lorsque les bandits sont arrivés, les vieillards n'avaient que 16 $ à leur remettre, ce qui n'eut pas l'heur de leur plaire.

« Prenez tout ce qu'on a mais ne nous faites pas de mal » (A-53).

Les voleurs prirent tout, 16 $, et leur firent beaucoup de mal. A tort ou à raison, bien des personnes redoutent la colère de prédateurs frustrés et s'assurent de toujours avoir disponible une certaine somme, « l'argent des voleurs », à offrir un peu à la manière d'un rite d'apaisement. Les commerçants évitent d'avoir une caisse dégarnie ou trop pleine. Des particuliers nous ont dit garder à la maison, bien en vue, quelques dollars pour éviter le vandalisme de cambrioleurs en colère.

Contrairement à des opinions persistantes, ce sont les victimes d'agressions sexuelles [19] qui offriraient le plus de résistance (*National Crime Survey*, 1979). Depuis longtemps, le viol fascine les chercheurs ; plus récemment, il a commencé à mobiliser l'intérêt des femmes tant militantes que théoriciennes. En conséquence, on connaît les réactions des victimes de viol beaucoup mieux que celles des autres victimes. De l'ensemble des travaux consultés, on peut conclure que de 60 à 90% des victimes essaient de résister à l'agresseur [20]. A Montréal, LAMONTAGNE et al. (1980) estiment que 70% des femmes de la population étudiée ont tenté de se défendre, en criant surtout, et aussi en utilisant leurs pieds et leurs poings, en mordant et en giflant et, pour les plus braves, en frappant en bas de la ceinture.

Les femmes [21] ont intérêt à se défendre non seulement pour contrer l'agression mais aussi parce que leur résistance active sera interprétée comme une preuve de non consentement si l'affaire est portée devant le Tribunal. Cependant, la lutte qu'elles mèneront ou pas devra être examinée en regard du contexte dans lequel elle se produit. La première caractéristique de ce contexte est l'isolement. Au moins la moitié des agressions ont lieu au domicile de la victime ou de l'agresseur durant la nuit. Dans la plupart des autres cas, l'agresseur a pris soin d'amener sa proie dans un endroit où elle peut difficilement être secourue ou encore, il l'a abordée dans un temps et lieu où elle était coupée des ressources extérieures. Comme seconde caractéristique,

---

19. L'inceste ne sera pas considéré ici.

20. L'importance de la variation est surtout due au fait que le terme « résistance » n'a pas été défini de la même façon dans toutes les études.

21. A part un jeune garçon, les victimes d'agressions sexuelles que nous avons connues étaient des femmes. Voilà pourquoi nous ne parlerons que de femmes mais sans ignorer que les hommes ne sont pas nécessairement immunisés.

considérons la disparité des forces. Les victimes sont surtout des femmes, surtout des jeunes, peu fortunées, sans protecteurs, alors que les agresseurs sont des homme plus forts, plus âgés et parfois armés (environ le quart des cas) et assistés par d'autres hommes (15%), et qui, toujours, ont l'avantage de la surprise. La résistance s'inscrit dans ce contexte.

De plus, comme dans les autres types de voies de fait, la victime est parfois très vite maîtrisée de sorte qu'elle n'a aucune issue. Selon LAMONTAGNE et al. (1980), 69% des victimes de viol dont la cause a été entendue au district judiciaire de Montréal avaient été physiquement malmenées. Cependant, les cas des personnes blessées sont plus souvent connus de la police et donnent plus fréquemment lieu à une poursuite que ceux où la victime n'a aucune plaie à exhiber.

En se fondant sur le témoignage des auteurs consultés et de nos entrevues, il semble que les victimes d'agressions sexuelles réagissent selon l'une ou l'autre des modalités suivantes.

a) L'absence de réponse. La victime a été réduite à une impuissance totale. Ce genre de situation a déjà été discuté.

b) La soumission. La victime ne connaît pas d'autres réponses à cause d'une histoire de victimisation (A-23) ou parce qu'on lui a toujours dit que la résistance intensifie le désir du violeur ou encore, en examinant la situation, elle estime n'avoir aucun autre moyen de s'en tirer relativement indemne.

« Je n'avais pas le choix, il avait un couteau. Si tu te bats, te défends, ça peut être pire, alors il va être vraiment violent. Tu dois te laisser faire » (A-20).

« Il était tellement furieux, tellement fou. Puis, moi, je n'étais pas tellement en mesure de me défendre, tu sais, en jaquette, tu sais. J'ai essayé de me protéger le visage comme j'ai pu mais sa boucle de ceinture m'a accroché un œil, cet œil-là. (...) Je me suis forcée à faire tout ce qu'il voulait, j'essayais de ne pas crier pour ne pas l'exciter plus. Je me disais : « Il va s'épuiser, il va se tanner ». Si, ah mon Dieu, en tous cas, faut pas trop se débattre si on veut pas être tuée » (A-22).

c) Le pacte. Ici, la victime essaie activement de composer avec le violeur, de distraire son attention, de l'apitoyer, l'effrayer ou l'amadouer, de lui donner un semblant de tendresse, de négocier.

« Serre ton couteau, on va se parler. J'ai essayé de négocier : c'est pas la place, on va le faire ailleurs, ça va être plus confortable. Je l'ai eu très bien, manière de parler, je ne suis pas morte. J'ai essayé toutes sortes de choses : « Je suis menstruée » etc. Il dit : « Crosse-moi ». Ça n'allait pas très bien parce que j'avais une grosse guenille sur le doigt où il avait coupé (...) Il dit : « Suce-moi ». Et il n'a pas pris de chances : il m'a fait enlever mon dentier. Ça marchait pas non plus. Alors, il dit : « Lèche-moi le cul ». Moi, je n'avais jamais entendu parler de ça ; je ne savais pas ce qu'il voulait. Il s'est impatienté : « Je t'ai dit le cul, ma tabarnacle ». Le nez dans la merde, qu'il voulait. Ça ne marchait pas encore. Je pleurais, j'avais mal au cœur. J'ai essayé de négocier encore. Il a dit : « mets toi à poil, je vais te planter » (C-2).

Que nos lecteurs pardonnent cette absence de ménagements à leur égard [22]. Cet extrait d'entrevue avait l'avantage d'illustrer un élément de dégradation dans le viol tout en donnant un exemple des genres de négociations possibles.

Dans d'autres cas, la femme a flatté l'image de soi de l'agresseur l'a encouragé à lui faire le récit de ses déboires, a trouvé toutes sortes d'excuses pour retarder, se défiler.

d) La résistance physique. La victime se débat, gifle, griffe, crie, rue, surtout dans les premières secondes de l'agression et en l'absence d'armes. Elle se heurte à une force physique supérieure, cependant et à un adversaire qui avait, au départ, l'avantage du jeu. Sa détermination et sa confiance en elle-même joueront plus que le degré de violence qu'elle essaiera de mobiliser.

D'ailleurs, il semble que plusieurs violeurs aient laissé s'échapper leur proie quand ils ont été convaincus qu'elle ne voulait « réellement pas ». « Si elle avait résisté un peu plus, je n'aurais pas insisté » (BEN-DAVID, 1982).

---

22. Le plus possible, dans ce rapport, nous évitons d'utiliser des citations choquantes, du moins lorsque d'autres propos plus sobres, rendent aussi bien compte d'une situation.

« Elle s'est débattue au commencement, elle m'ôtait la main, elle se trémoussait et elle disait : « Non, non ! ». Mais quand je l'ai pinée sur le tapis, elle s'est laissée faire et a joui au septième ciel » (Extrait du rapport de police, Cas C-16).

Les femmes agressées sexuellement font face à deux handicaps sociaux majeurs (ou ne sont-ils que deux facettes d'une même réalité ?). Elles ont appris à ne pas riposter de crainte de n'éveiller les instincts sadiques du violeur. Elles ont aussi appris à dire « non » aux amants civilisés et sincères de crainte de ne passer pour des femmes faciles. Par contre, les hommes « savent » qu'ils doivent forcer les femmes, courtiser, proposer, vaincre leurs résistances. Où est la frontière entre le désirable et l'interdit ? Les femmes le savent, les hommes, pas.

2. De l'utilité de la résistance

Doit-on prêcher la résistance ou non ? Les victimes qui se sont rebellées ont parfois réussi à déjouer l'agresseur. Elles ont pu diminuer leurs pertes dans certains cas et surtout, elles ont gardé une certaine mesure d'estime de soi. Par ailleurs, d'autres qui l'ont fait ont été blessées.

Dans leurs dépliants sur la prévention et dans leurs conseils verbaux, les services de police recommandent généralement la non-résistance.

« Le policier m'a dit que c'est ce qu'il y avait de mieux à faire. Même si je m'étais débattue, il l'aurait fait de toute façon et j'aurais pu être blessée » (A-20).

Cependant, si cette victime de viol avait été appelée à témoigner devant le Tribunal, elle aurait eu du mal à prouver l'absence de consentement à cause de sa passivité.

L'usage de la violence en réponse à la violence a un effet paradoxal. Il inhibe parfois l'agresseur qui se déclare vaincu ; les rôles sont alors renversés. Parfois, il ne fait qu'attiser l'agressivité. Le résultat n'est pas seulement lié à la résistance mais aussi au type de résistance, à la personnalité de l'agresseur, à l'objectif de l'agression et à la présence d'armes.

BLOCK (1981) a jeté la lumière sur cette question. Il a d'abord examiné les dossiers de vols qualifiés rapportés à la police, puis les incidents déclarés dans les sondages de victimisation. Il a trouvé que dans les deux populations la résistance tendait à diminuer les probabilités que le vol qualifié soit complété. Cette tendance était beaucoup plus marquée dans les données du sondage que dans celles de la police, probablement parce que les victimes dénoncent moins les tentatives. D'un autre côté, il a également observé que les personnes qui résistent, toujours selon les deux populations, seront plus probablement blessées. Il se pose alors la question de l'œuf et de la poule : la résistance est-elle la cause de la blessure ou son effet ? Dans notre échantillon, nous avons des exemples des deux. Enfin, l'usage d'une arme à feu diminue la résistance de la victime et ses probabilités d'être blessée mais il augmente les risques de décès.

En ce qui concerne les voies de fait, BLOCK (1981) estime que les données recueillies dans les deux populations ne sont pas assez fiables pour en tirer des conclusions fermes. Pour l'agression sexuelle, les résultats ressemblent à ceux qui ont été décrits concernant les vols qualifiés. Lorsque la victime résiste, le viol est moins souvent complété mais le danger d'être blessé augmente.

Opposer la violence à la violence est donc un pari dont on connaît mal les enjeux à court terme. On en ignore totalement la portée à plus long terme. Est-ce que, comme le prétendaient les dirigeants du mouvement « Légitime Défense » en France, les délinquants seraient intimidés par la résistance systématique de leurs proies ? Ou ne ferait-on que produire une escalade sans bornes de la violence ?

La résistance est-elle utile ou non ? Peut-on prévoir les réactions tant de l'agresseur que de la victime et, de là, concevoir un scénario, un « guide à suivre en cas d'attaque » ? Il apparaît, à la lumière de tous les points soulevés ici, qu'il est plutôt illusoire de tenter une telle entreprise. Tant de facteurs entrent en ligne de compte que, même si l'on savait quoi conseiller, il faudrait se demander dans quelle mesure cela serait utile.

En effet, une expérience de victimisation arrive relativement peu souvent dans une vie. Essentiellement, on a donc pu s'y « préparer » et on ne sait pas ce que l'agresseur a en tête. Il faut penser et réagir très vite, sous l'effet d'un choc. Se souvient-on alors des conseils ?

« Des fois, les gens savent tout ce qu'ils doivent faire mais ils ne savent pas comment ils vont réagir quand ça va arriver. La nervosité. Pareil que quand il y a un accident d'auto. Quand les réflexes sont bons, c'est pas pire. Mais, des fois, il y en a qui paniquent, ils perdent les nerfs. L'accident est dix fois plus grave » (A-35).

On ne sait pas comment la victime réagira. A froid, la plupart des gens estiment qu'il vaut mieux ne pas résister à un groupe d'agresseurs ou à un bandit armé. Commerçants et banquiers recommandent souvent à leurs employés de rendre l'argent. Mais l'effet de surprise peut amener les gens à réagir autrement :

« Mais ça, vous savez, quand vous êtes nerveux, il y a bien des gens qui savent qu'il faut donner l'argent, mais ça dépend des réflexes que vous avez » (A-51).

Ainsi, il arrive que certaines victimes se mettent à la poursuite de leurs agresseurs, sans réfléchir aux conséquences :

« Je ne comprends pas pourquoi j'ai couru après. C'était même pas mon argent. C'est une réaction que j'ai eue. La compagnie a des assurances pour ça ; puis on nous a avertis : donnez l'argent, donnez-la toute. J'aurais pu me faire tuer » (A-42).

On ne sait pas non plus comment et à quoi réagiront les agresseurs. Encore là, même si on mettait en application les conseils prodigués, il y a tellement de variétés dans les situations qu'on ne peut toutes les prévoir.

L'utilité ou l'inutilité de la résistance ne se mesure qu'après coup. Et encore ! C'est un concept qui, selon nous, ne s'envisage que de façon globale, c'est-à-dire que seuls de grands paramètres peuvent être développés à partir de plusieurs situations semblables. L'analogie avec l'accident de voiture faite par un de nos interlocuteurs est, selon nous, fort à propos dans ce domaine. En effet, des principes généraux peuvent être énoncés, comme dans la conduite automobile, mais lorsqu'on veut éviter un accident ou amoindrir le choc, réflexes, sang-froid, nervosité et expérience sont autant de facteurs qui en détermineront l'issue.

Dans une étude antérieure (B-2), le sentiment d'impuissance vécu par les victimes ressortait comme un des principaux résultats. La poursuite de l'investigation et l'élargissement des objets d'étude nous portent à nuancer cette conclusion. La plupart des victimes ont fait allusion à l'impuissance vécue, à un moment ou l'autre de leur récit. Certaines d'entre elles l'ont vécue comme l'élément primordial de leur expérience :
« J'ai vécu un état d'impuissance indescriptible » (B-6).

Cet homme avait été maîtrisé, jeté par terre, ligoté et tenu en respect à la pointe d'une arme. Il a donc vécu une sorte de paroxysme de l'impuissance. Point n'est besoin de tels extrêmes pour se sentir entièrement dominé. Comme disait une victime de viol :
« Le fait qu'il te prend comme ça, à l'imprévu et de force, tu n'as pas le choix, tu dois être vraiment soumise. Tu es prise au piège, tu n'a pas le choix »(B-6).

Cependant, nous avons vu que la résistance, sous toutes ses formes, avait pour effet de préserver une marge de pouvoir et d'estime de soi.

Il n'en demeure pas moins que, dans l'ensemble et vu sous la perspective des victimes, le crime est un acte de domination momentanée, c'est une perte de pouvoir ou de contrôle sur sa vie, sa propriété. L'impuissance alors ressentie a un impact considérable sur la capacité de se réadapter et de rencontrer les diverses agences des réseaux de services sociaux et de la justice. Si la perte de pouvoir a été trop considérable, trop traumatisante, la victime aura de la difficulté à s'affirmer et à faire valoir ses droits dans ces réseaux et, en conséquence, fera de nouveau l'expérience de son impuissance.

C. La perception de l'agresseur

Notre étude des commerçants victimes de vol à main armée (B-2) nous avait amenée à conclure que l'expérience de victimisation rendait les citoyens plus tolérants. Les victimes interviewées distinguaient entre gros crime et petit crime, entre bandits et malfaiteurs et, dans l'ensemble, elles estimaient avoir été agressées par des petits voyous et non par des criminels.

La démarche dont nous rendons compte ici englobe une plus grande variété d'agressions et de victimes. Dans l'ensemble, il apparaît toujours que les gens sont plus tolérants, moins extrémistes, lorsqu'ils considèrent les situations dans lesquelles ils sont personnellement impliqués que lorsqu'ils réagissent à des cas hypothétiques ou rapportés par les médias. SHAPLAND et al. (1981), et d'autres chercheurs, sont arrivés aux mêmes conclusions à partir de méthodes d'enquête différentes.

Dans le premier type d'agression dont il a été question au chapitre 3, la domination par des proches, l'agresseur n'est jamais qualifié de criminel, quels que soient les attributs négatifs dont on l'accable. L'agression même, aussi sérieuse qu'elle soit, n'est pas définie comme un crime. La plupart des victimes y ont fait référence en termes de « mon accident », même lorsqu'elles ont failli perdre la vie à cause d'un geste délibéré de leur agresseur.

Les victimes de crimes commis par des étrangers ou de simples connaissances expriment trois principaux types d'opinions sur leurs agresseurs : il est malade, c'est un criminel, c'est un être pitoyable. Lorsque l'agresseur était et est demeuré totalement anonyme, les victimes ont beaucoup plus tendance à le voir comme un être dépravé, une sorte de monstre, le prototype du criminel.

1. C'est un malade

Ce diagnostic porté par les victimes a souvent été confirmé par les Tribunaux, dans des cas de voies de fait et de tentatives de meurtres. La plupart des adultes victimes d'agressions sexuelles estiment également avoir eu affaire à un malade mental.

Ils ne peuvent trouver d'autres explications à l'assaut que le déficit psychologique de leur agresseur. Le mépris et la pitié, beaucoup plus que la colère ou la tolérance, ressortent de leurs propos.

« Il faut être vraiment malade, tu sais, pour prendre une femme comme ça. Ce qu'il m'a fait, c'est un malade mental. Je ne peux pas lui pardonner, c'est impossible, mais je le plains » (A-24).

Lorsque l'agresseur n'a pas été retrouvé, les victimes se perdent en conjectures sur son compte. Des actes aussi violents et incompréhensibles que le meurtre d'enfants ou le viol ne peuvent venir que de personnes dont l'esprit est dérangé.

« Quelqu'un qui aurait sa raison n'aurait jamais fait ça. C'est un malade. Il a juste trop de haine. L'homme qui fait ça, il n'a pas tout son esprit. Pour lui, rien ne compte. C'est frustrer ou humilier les femmes qu'il prend. Ou peut-être qu'il en veut à une femme et qu'il se défoule sur toutes les autres. On ne sait pas réellement ce qu'ils ont dans la tête » (C-9).

Par ailleurs, quand l'auteur de l'acte est identifié, c'est de sa feuille de route qu'on tend à parler : il a été interné à tel endroit, traité durant telle période. Il arrive aussi qu'on discute son cas en termes plus cliniques. Aux victimes (comme au reste de la population ?), la maladie mentale pose un problème insolvable.

« Il était en soins psychiatriques depuis 1968. On n'attend pas qu'une personne pose un tel geste. Parce qu'il n'avait jamais montré un signe de violence. C'est la première fois qu'il a failli me tuer aussi. Par contre, les laisser dans des institutions, un fou qui n'est pas trop dangereux avec un autre qui l'est... Il devient peut-être plus fou? » (B-6).

2. C'est un criminel

Les personnes rencontrées n'ont pas souvent exprimé cette opinion. Elles le font surtout lorsque les agresseurs sont arrêtés et jugés. La récidive et l'âge semblent leurs principaux critères pour évaluer le caractère criminel d'un individu. En particulier, la récidive durant la mise à l'essai témoignerait de façon manifeste de la méchanceté et de l'incorrigibilité.

« C'est officiel. C'est des criminels, ça se voit. Ils sont entrés dans la vie du crime et c'est trop tard. Il y en a qui avait fait la même chose, puis deux causes de séquestration, et il était en liberté sous promesse. Ils rient de nous autres » (A-30).

Et voilà sans doute une des raisons pour lesquelles si peu de victimes qualifient leur agresseur de criminel : elles ne connaissent pas leurs antécédents. Au départ, les individus auxquels elles sont confrontées ne correspondent pas à l'image populaire d'un criminel : ils sont trop bien habillés, trop jeunes, pas assez sûrs d'eux-mêmes, ils manquent de préparation, ils font des erreurs. Parfois, ce sont des individus connus de la victime, un voisin, un client, et donc pas des criminels. Mais lorsque les suspects sont arrêtés, accusés et qu'on apprend de la police ou du Tribunal leur passé délictueux, on les perçoit différemment. Donc, l'âge, la compétence dans l'exécution du délit, la façon de s'habiller, la récidive et le bris de conditions de libération seraient les marques du criminel. Le crime doit aussi être exempt de cruauté délibérée et servir une fin manifeste, sinon on dira qu'il est l'œuvre d'un malade.

Les employés de banque ont plus souvent recours au terme « criminel » que les autres victimes, peut-être parce que les voleurs qui se présentent à leurs établissements ressemblent davantage à l'image du criminel ou peut-être parce qu'ils ont plus de contacts avec les policiers et les agents de sécurité. D'ailleurs, ils éprouvent un peu de respect pour les voleurs professionnels qui réussissent à s'enfuir avec un bon magot sans avoir fait de dégâts et sans avoir mis leur vie en danger.

« Ils savaient exactement ce qu'ils voulaient. Eux, ils s'étaient pas déplacés pour des peanuts. C'était la voûte, rien d'autre, pas deux, trois caisses. Ils savaient exactement la routine de la banque, ça fait qu'ils ont fait ça très vite, sans crier, bien froidement. Un hold-up comme ça, c'est peut-être drôle à dire, mais je trouve ça intelligent. En tous cas, c'est bien moins dangereux pour nous autres » (A-35).

Les victimes de cambriolage, n'ayant pas vu les voleurs, peuvent s'abandonner à leur imagination et, selon MAGUIRE (1980), plusieurs s'imaginent avoir été dévalisées par de méchants bandits.

3. C'est un être pitoyable

Dans les discours analysés, l'agresseur est le plus souvent dépeint comme un individu pitoyable, c'est-à-dire ou bien digne de pitié ou bien lamentable et méprisable.

Les jeunes attirent la compassion, compassion des femmes surtout. Peu importe les pertes et traumatismes subis lors d'un vol avec violence, d'un cambriolage ou d'un enlèvement. Le jeune est vu comme réhabilitable, malléable. Il suffirait de contrer les mauvaises influences qu'il a subies. Le jeune ne réalise pas complètement la portée de ses gestes.

« Je ne crois pas que le jeune, il réalisait ce qu'il faisait. Il a réalisé après. Il n'est pas un criminel. Il a dit qu'il avait fait ça pour aider ses parents qui avaient des troubles financiers » (Extorsion, B-6).

Et voilà aussi le mythe du vol par nécessité !

Les jeunes ne portent pas l'entière responsabilité de leurs actions ; leurs parents doivent en assumer une part.

« Moi, j'aurais vu les choses comme ça. D'abord, le jeune homme, faut le mettre en face et lui dire : « regarde ce que tu as fait, le mal que tu as fait juste pour une poignée d'argent ». Et puis, il faut dire la même chose à ses parents, parce que s'il a des bons parents et que c'est une erreur de jeunesse, ils vont prendre leur part de responsabilité. Mais s'il renouvelle son geste, là, il devra payer d'une façon ou d'une autre » (A-40).

La colère, la réprobation et la souffrance, n'empêchent pas les victimes de plaindre leurs jeunes agresseurs mal élevés ou privés d'affection. Leur compassion est toutefois accompagnée d'un certain mépris puisque les adolescents sont alors considérés comme irresponsables.

Parfois, le mépris est clairement exprimé, et ce, surtout par les hommes victimes. Les agressions gratuites et le travail bâclé, les jurons et les humiliations et particulièrement le fait d'avoir été dominé par un individu plus faible que soi, ne sont pas facilement pardonnés. Ainsi, il nous semble que le fait de ne pas reconnaître ses agresseurs comme des criminels est parfois l'expression d'un énorme mépris car, pour les hommes du moins, le criminel exprime une forme de virilité ou de force qui a un côté aussi attrayant que romantique.

En somme, la perception que se font les victimes de leur agresseur varie en raison du type de crime subi. Les commerçants victimes de hold-up (étude B-2) avaient tendance à voir les voleurs comme des petits délinquants. En écoutant les victimes de tentatives de meurtres, la famille des victimes d'homicides, les personnes agressées sexuellement, le thème de la maladie mentale prend une ampleur considérable. Par ailleurs, les autres victimes de vols qualifiés comme les personnes qui ont subi des voies de fait voient souvent leur agresseur comme une personne pitoyable. Le terme « criminel » semble réservé à l'exécution compétente de délits et il commande une certaine mesure de respect.

Il nous semble aussi que les hommes et les femmes diffèrent grandement dans leurs perceptions des criminels. Les femmes sont plus sévères face aux cas hypothétiques (étude B-1, par exemple) mais très compatissantes lorsqu'elles sont personnellement impliquées. La relation inverse est constatée chez les hommes. Tout se passe comme si le crime était une affaire de virilité qui se juge entre hommes.

D. La diversité des situations

L'analyse exposée dans les pages qui précèdent est réductionniste car, même après avoir distingué entre les agressions par des proches ou par des étrangers, ces dernières présentent une variété de situations dont il est difficile de rendre compte sous un même titre. Ainsi, les crimes entre étrangers devront encore être subdivisés selon qu'il y a eu rencontre ou non entre les parties et selon l'objectif visé par le crime. Par exemple, nous n'avons pu rendre compte entièrement du point de vue des victimes de cambriolage, d'homicides et de viols.

1. Le cambriolage

La différence essentielle consiste dans le fait que les parties ne sont généralement pas entrées en contact. Contrairement à notre hypothèse de départ, l'introduction par effraction est considérée par ses victimes comme une violence. MAGUIRE (1980) a fait la même constatation ; WALLER et OKIHIRO (1978) y font aussi allusion. D'après les propos de nos interlocuteurs, c'est le droit à la vie privée encore plus que le droit à la propriété qui est violé par le cambriolage.

« Que quelqu'un soit entré chez-nous, qu'il ait touché à toutes nos affaires... » (A-58).

C'est en découvrant le vol que se produit le choc et la nature de ce choc ressemble fort à celui qui est éprouvé par les victimes de violence.

« La porte de dehors était pleine de glace, la double porte était ouverte. Ça ne se peut pas. Le cœur te serre un peu. En hiver, on n'oublie pas de fermer la porte de son logis. Là, j'ai tout de suite pensé : ils nous ont fait. J'ai gardé mon calme pour ne pas énerver les enfants. Ça choque, ça, pour être sûr, ça choque, le premier coup d'œil. Je pense que, jamais de ma vie, je vais partir encore en vacances » (A-64).

« J'ai remarqué d'abord que les lumières étaient allumées et les portes ouvertes. J'ai eu un peu peur, j'ai pensé qu'il y avait peut-être quelqu'un et je suis allée chercher le concierge mais il n'était pas là. J'ai débarré ma porte et le choc ! Tout était en désordre partout. C'est un sentiment terrible » (A-63).

C'est que les victimes, les femmes surtout, craignent que le voleur ne soit, en surcroît, demeuré sur place.

Bien que le cambriolage suscite beaucoup de colère immédiatement après sa découverte, à long terme, il ne produit pas d'effets aussi profonds que la violence physique ou la menace. Comme, le plus souvent, les voleurs demeurent anonymes, les victimes peuvent se les représenter à leur guise mais le mode de perpétration est souvent un indice :

« C'était sûrement des jeunes ou, en tout cas, pas des professionnels. Ils ont pris la pacotille, remarque que j 'y tenais, puis ils ont laissé ce qui avait de la valeur » (A-57).

Des chercheurs ont constaté que, dans le tiers des cas environ, l'effraction n'avait nécessité aucune force car les voleurs avaient pénétré par des portes ou fenêtres ouvertes ou non fermées à clé. Il semble que, après un premier vol, les gens soient plus prudents. Mais rien n'y fait ! Ainsi, un couple victime à trois reprises a, chaque fois, renforcé sans succès les mesures de sécurité : *« La seule chose qu'on n'a pas encore, c'est le système d'alarme » (A-58).*

Voilà ce qui peut expliquer le défaitisme de certaines victimes de cambriolage.

2. L'homicide

La particularité de cette agression, pour le chercheur, est que ses victimes immédiates ne peuvent donner leurs versions des faits. Si on considère que les proches ou les dépendants des personnes assassinées sont les victimes, on réalise que toutes les perceptions et les émotions des victimes sont centrées sur des faits postérieurs au crime. La nouvelle du décès cause un choc amplifié par son origine criminelle.

« La police nous a d'abord posé des questions sur les heures, l'habillement, toutes ces questions. Toi (sa femme), je me souviens tu n'arrêtais pas de lui demander : « C'est un accident hein ? » Finalement, ils ont dit : « Oui, il va falloir que vous soyez très courageux. C'est grave ». Nous, on a pensé : « Il est en danger de mort. Notre bébé va mourir. Faut aller à l'hôpital tout de suite, monsieur l'agent, monsieur le détective ». Tu vois, on aurait pu y penser vu que c'était un détective, mais on n'y a pas pensé. Bien là, on a appris que c'était trop tard. (...) Le policier était vraiment pas à l'aise mais nous on insistait. « C'est-tu un accident d'auto, des gars saouls ? ». Il ne voulait pas le dire mais, finalement, il l'a dit. Heureusement, il n'a pas prononcé le mot « meurtre » comme tel. (...) Disons, je ne me souviens pas des mots, mais c'était pas « meurtre » au moins. Ça, nos chocs absorbeurs n'auraient pas pu le prendre. Ça faisait trois chocs coup sur coup à prendre : notre enfant est blessé, c'est un accident, il est mort. Puis qu'il ait été tué méchamment en plus, puis souffert... ? » (A-2).

Parfois, les survivants ont un peu de temps pour se préparer à la nouvelle qui n'en arrive pas moins comme une surprise pénible après une attente anxieuse (A-2 et A-3, par exemple).

Les proches des victimes d'homicide n'ont pas rencontré l'agresseur, sinon parfois lors du procès. Ils ressentent un très grand sentiment d'impuissance ; il ne leur a jamais été donné l'occasion d'altérer le cours des choses.

Voilà peut-être la raison pour laquelle ils expriment si peu de ressentiment à l'égard des meurtriers.

3. Les agressions sexuelles

L'agression sexuelle demande un contact plus intime et plus prolongé entre agresseurs et victimes que les autres crimes étudiés. Elle se produit assez fréquemment aussi entre personnes qui se connaissent. Enfin, elle relève d'une dynamique particulière dans laquelle la relation de subordination est primordiale, à la manière des agressions entre proches.

Sauf pour les deux faits qu'elle n'est pas chronique et qu'elle ne se produit pas nécessairement à l'intérieur d'une relation durable, l'agression sexuelle s'apparente plus aux crimes décrits dans le chapitre précédent qu'aux victimisations par des étrangers analysées ici.

Chapitre 5

Expliquer

ELLENBERGER (1954) a été un des premiers penseurs à reconnaître l'utilité pratique d'une « science » des victimes pour la prophylaxie du crime. L'engouement actuel pour la prévention n'est sans doute pas étranger au développement de la victimologie même s'il ne peut lui être entièrement attribué. Avec un peu de cynisme, on peut penser que les programmes de prévention axés sur les victimes latentes ne sont qu'un reflet de la constatation de l'échec des mesures de réhabilitation des délinquants. Comme on ne réussit pas à changer le comportement de ces derniers, il reviendra aux cibles virtuelles de se protéger. C'est la « responsabilité fonctionnelle » des victimes (SCHAFER, 1977).

La réalité est un peu plus complexe. Puisque la victimisation ne répond pas aux règles de probabilité [23], elle n'est donc pas un phénomène complètement aléatoire. Les individus ont des probabilités inégales d'être victimisés une ou plusieurs fois. Il a été vu, au chapitre 2, que certains sous-groupes de la population étaient plus exposés au crime que d'autres. En conséquence, on

23. Sa répartition ne correspond pas aux attentes statistiques qu'on peut développer selon le modèle de Poisson.

peut supposer que ces individus possèdent des caractéristiques personnelles ou de situation qui pourraient rendre compte de leur plus grande vulnérabilité. Autrement dit, il serait possible d'expliquer la victimisation, l'envers du crime, et donc, de la prévenir.

Le développement scientifique de la victimologie a été fortement influencé par des considérations de prévention, comme l'a d'ailleurs été celui de la criminologie.

La question que nous poserons ici est celle de savoir pourquoi des personnes sont plus susceptibles que d'autres de devenir victimes. Nous verrons, en premier lieu, les explications déjà proposées par la victimologie ou d'autres disciplines. Ensuite, nous confronterons ces modèles à chacun des deux grands types de victimisation déjà identifiés.

La distinction que nous avons établie entre victimisation chronique et victimisation aiguë était déjà une première explication. Nous essaierons d'aller plus loin.

A. Quelques modèles explicatifs

Les victimologues ont proposé trois principaux modèles explicatifs ; les féministes en ont ajouté un quatrième.

1. la provocation de la part de la victime

C'est la toute première explication qui a été offerte par les pionniers de la victimologie. Avec le temps, les concepts se sont raffinés et des données empiriques ont appuyé ou infirmé ce modèle. WOLFGANG (1958) a développé le concept de « *victim precipitation* ». Dans son étude sur l'homicide, il l'a défini comme le fait d'avoir posé le premier geste violent. D'autres chercheurs ont adapté cette définition, avec plus ou moins de bonheur, à des types différents de délits (par exemple, AMIR, 1971). Pour sa part, Ezzat A.FATTAH a proposé le concept de « victime catalyseuse » qui, tout en englobant la notion de « *victim precipitation* » la dépasse pour y adjoindre « l'attitude et le comportement de la victime, mais aussi, bien entendu, l'étude de la perception, de l'interprétation que peut en avoir le criminel, et de sa réaction en fonction de cette perception et de cette interprétation » (FATTAH, 1981).

De l'ensemble des élaborations théoriques et des études empiriques, on peut retenir deux éléments : la provocation active et la négligence. La provocation active correspond à la définition de WOLFGANG ; en quelque sorte, la victime est l'agent direct de son malheur, elle est même, à l'origine, l'infracteur contre qui la chance s'est retournée. La meilleure illustration d'une telle provocation : la bagarre dans les débits de boissons. Les connaissances à l'appui de la thèse de la provocation de la part de la victime sont plus intuitives que fondées sur des faits vérifiés car les recherches sont surtout basées sur des interprétations rétrospectives des faits.

Selon les études empiriques, la provocation aurait un pouvoir explicatif important dans les délits de voies de fait et d'homicides. C'est très plausible. Cependant, comme la plupart des voies de fait ne sont jamais rapportées, les conclusions demeurent hypothétiques. Tous les chercheurs s'accordent à dire qu'une proportion très élevée des homicides (de 25 à 60%) est due à la provocation. Mais, la personne décédée n'est plus là pour présenter sa version des faits. De plus, dans les situations où le meurtrier a agi pour se libérer d'une relation opprimante, il n'y a pas lieu, à notre avis, de parler de provocation, terme qui doit être réservé à une action circonscrite dans le temps. Le parricide, pour reprendre un exemple utilisé par ELLENBERGER (1954), ne répond pas à un geste isolé de la part du père ; il réagit à une situation durable qui menace de le détruire entièrement.

La négligence a été définie de façon beaucoup plus lâche et a rarement fait l'objet d'investigations systématiques. On sait qu'au moins le tiers des « introductions par effraction » n'ont requis, en fait, aucune effraction réelle, portes ou fenêtres étant déjà ouvertes (WALLER et OKIHIRO, 1978 ; MAGUIRE, 1980). Peut-on, de ce fait, conclure à une incitation au crime ? Peut-on, de surcroît, expliquer le cambriolage par la négligence des victimes ? Pour ce faire, il faudrait connaître la proportion des « victimes prudentes » qui n'en ont pas moins été dévalisées et la comparer aux « victimes négligentes » qui ont subi le même acte. A notre connaissance, un tel parallèle n'a pas encore été fait.

De plus, les gens ne sont pas nécessairement prudents ou négligents de façon consistante. Telle personne est victime d'un cambriolage, l'unique fois où elle a oublié de fermer les fenêtres et telle autre l'a été précisément le jour où tout était sous verrous. L'instrumentation de la recherche n'a pu, à ce jour, tenir compte de ce genre de considérations.

Enfin, les criminologues savent très bien que des situations criminogènes n'incitent pas tous les individus qui y sont exposés à commettre des délits. La pauvreté est un facteur de criminalité mais la majorité des pauvres ne deviennent pas des criminels. Ainsi, les gens ne battent pas nécessairement les personnes qui les ennuient ou qui les violentent.

De même, devant une fenêtre ouverte, tous ne sont pas également tentés de pénétrer à l'intérieur du domicile. Il ne vient pas à l'idée de tous les citoyens de vérifier si les portes d'un logis ou d'un véhicule sont fermées à clé.

Pour intéressante que soit l'idée de provocation active ou passive de la part de la victime, elle demeure une hypothèse sujette à vérification. Elle fait appel également à une philosophie des interactions humaines. Il semble qu'on ait considéré comme déterminante une incitation à la violence ou à la déprédation. A la vue d'une proie tentante, d'un gain facile, un individu n'aurait pas d'autre choix que de céder. Il serait déterminé, inéluctablement condamné, à succomber à la tentation. Cependant, ce déterminisme ne s'appliquerait pas à la victime. Le délinquant est déterminé. La victime, elle, serait libre de provoquer ou non.

2. Un lien malsain unissant les personnes impliquées

Il s'agit ici de la « maladie du lien » décrite par plusieurs auteurs européens, en particulier par l'école de Lyon. Ce diagnostic implique que la maladie n'est pas imputable à l'un ou à l'autre des protagonistes mais plutôt à une relation qu'ils ont développée sur un mode pathogène. Déjà, en 1954, ELLENBERGER avait illustré certaines formes de pathologies des liens. Et, bien avant, la littérature classique avait reconnu l'existence de tels phénomènes (RACINE, SHAKESPEARE).

Ce mode malsain d'entrer en relation est largement repris plus loin car il englobe des modalités d'intégration des rôles sociaux aussi bien que des attitudes et fonctions pathogènes assumées par les individus.

3. Un mode de vie

Les explications les plus contemporaines intègrent à des degrés divers les concepts suivants : opportunités, style de vie, attrait des cibles, proximité, impunité. HINDELANG et al. (1978) ont proposé le modèle « *opportunity-lifestyle* ». Selon eux, à des caractéristiques socio-démographiques différentes correspondent des rôles particuliers. Ainsi, les jeunes hommes célibataires doivent se conformer à des attentes différentes de celles auxquelles sont confrontées des femmes mariées d'âge mûr. Les exigences du rôle à jouer amènent les gens à fréquenter des personnes et des endroits particuliers, à des moments variés. Et c'est ainsi qu'on pourrait expliquer des taux de victimisation différents selon les caractéristiques socio-démographiques des personnes.

A notre avis, cette explication a véritablement ouvert la voie à de nouvelles approches. Depuis, d'autres chercheurs l'ont complétée, critiquée, raffinée. VAN DIJK et STEINMETZ (1980), par exemple, travaillent avec un modèle qui comporte trois composantes :

- l'attrait de la cible : le fait de posséder des biens, d'être sexuellement attrayant, d'être un rival, ou d'incarner des caractéristiques reprochées à un groupe de personnes ;

- sa proximité : vivre, travailler ou se récréer dans des endroits fréquentés par les criminels ;
- son degré d'exposition au crime : l'absence de moyens techniques de prévention ; l'isolement physique ou social de la victime.

Alors que le modèle de HINDELANG et al. (1978) reposait entièrement sur les caractéristiques socio-démographiques des victimes qui, elles, déterminaient le genre de relations sociales entretenues, celui de VAN DIJK et STEINMETZ fait référence aussi à l'intérêt que peut représenter une cible pour le criminel, de même qu'au milieu social et physique environnant.

Selon SPARKS (1981), il faudrait compter avec six facteurs :
a) la provocation (précipitation) : des gestes ou des paroles qui agissent fortement sur l'infracteur éventuel et le poussent inéluctablement à agresser la victime ;
b) la facilitation : la victime, ici, est passive mais sa négligence ou sa témérité en font une proie facile. La facilitation, nous dit SPARKS, est fonction d'un contexte social. En campagne, point n'est besoin de fermer à clé alors que dans certaines zones urbaines ne pas verrouiller les portes équivaut à une provocation ;
c) la vulnérabilité : certaines personnes sont particulièrement exposées au crime en raison de leurs caractéristiques personnelles ou de leur position sociale ou, encore, elles sont moins capables de s'en défendre : femmes, enfants, vieillards ;
d) les occasions (opportunités) : l'occasion est vue comme une condition logique nécessaire de l'acte criminel. Une personne qui ne possède rien ne peut être volée ; celle qui ne sort pas ne peut être agressée dans la rue ;
e) l'attrait : SPARKS admet que l'appât est subjectivement perçu mais que les cibles ont des degrés différents d'attraits pour qui les contemple. Si le voleur a le choix entre une Lamborghini et une Ford, la première l'attirera davantage. De plus, certaines personnes sont attrayantes par nécessité (vulnérables ?), comme les pauvres qui doivent transiger en argent comptant ;
f) l'impunité : certaines victimes sont choisies parce qu'elles ont un accès limité au système de justice et qu'on peut donc les agresser impunément : les homosexuels, les criminels, les membres de groupes minoritaires.

Les concepts exposés par SPARKS sont tous intéressants. Sa nomenclature pose cependant deux problèmes : un certain chevauchement entre les catégories et une difficulté de les opérationnaliser (subjectivité et relativité de l'attraction par exemple). En conséquence, leur agencement dans un modèle articulé sera difficile à réaliser.

A partir de tous ces indices, d'autres chercheurs ont essayé, au moyen d'analyses factorielles, de déceler les lignes maîtresses de ces modèles. SMITH (1982) a trouvé que le facteur le plus discriminant est la façon dont une personne occupe ses temps libres : fréquences des sorties, personnes et endroits fréquentés. En second lieu, viendraient certains indices de classe sociale comme la valeur et le type d'habitation et, ensuite, l'occupation. Pour COHEN et CANTOR (1981), la nature des occupations de routine serait déterminante. Déjà, en 1979, COHEN et FELSON écrivaient que les probabilités d'être victime de crimes de déprédation étaient si étroitement liées à la nature des activités quotidiennes et légitimes d'une personne qu'il serait probablement très difficile d'enrayer la criminalité sans modifier considérablement l'ensemble de la vie sociale. « Plutôt que de prendre pour acquis que la criminalité de déprédation n'est qu'un indicateur de désorganisation sociale », disent-ils, « on pourrait la considérer comme un sous-produit de la liberté et de la prospérité manifestées dans les activités de routine de la vie quotidienne ».

Ainsi, pour diminuer la criminalité, il faudrait qu'une société entière soit prête à sacrifier une part de liberté et de bien-être collectif.

HINDELANG (1982) s'en tient aux comportements individuels. Selon lui, les probabilités d'être victime sont liées aux facteurs suivants :
- la somme de temps passé dans des lieux publics, surtout la nuit ;
- ce temps consacré à des activités nocturnes dans des lieux publics varie lui-même selon le style de vie ;
- la nature et la fréquence des contacts sociaux avec des gens qui vivent le même style de vie ;

- la quantité de temps passé en compagnie de délinquants ;
- la proportion du temps passé à l'extérieur de la famille ;
- les capacités différentielles de s'isoler des personnes potentiellement délinquantes ;
- la disponibilité, la désirabilité et la vulnérabilité des cibles.

Un des problèmes de ce type d'explication est qu'il ne tient pas compte de la violence entre les personnes qui se connaissent, un des types de criminalité dont les conséquences sont très sérieuses.

4. Un rapport de forces

Les féministes ont bien fait ressortir la disparité de pouvoir entre les sexes et l'ont vue comme la cause de la victimisation des femmes. Les auteurs marxistes et néo-marxistes attribuent la criminalité à une lutte pour un pouvoir ou contre un pouvoir économique mais ils se gardent de parler des victimes bien concrètes d'actes criminels. Selon eux, le droit pénal et l'appareil de justice auraient pour fonction de protéger les classes possédantes des classes dépossédées. Ils n'ont pas su voir que les victimes se recrutaient surtout chez les plus défavorisés.

Les auteurs qui ont analysé les phénomènes de victimisation de masse, tels que les génocides, les ont regardés sous l'angle de la disparité des forces en présence. Ils ont vu, par exemple, comment un pouvoir s'établissait, se renversait, se maintenait, se consolidait, par l'asservissement progressif d'un groupe au profit d'un autre. Ils ont en quelque sorte analysé le processus de légitimisation d'une violence et de ses victimes, expliquant ainsi non seulement la victimisation mais également la nature de la réaction sociale qu'elle suscite.

Enfin, d'autres ont examiné des formes de domination spécifiques comme l'esclavage, la colonisation, la discrimination (voir MEMMI, 1971, par exemple). Leur pensée s'accorde bien avec celle des chercheurs qui se sont penchés sur d'autres formes de terrorisme.

B. Rendre compte de la victimisation chronique

Trois des modèles présentés dans la partie précédente sont utiles pour discuter des explications à la victimisation chronique.

La provocation, définie dans le sens strict que nous préconisons, c'est-à-dire à la manière de WOLFGANG ou de SPARKS, comme des gestes ou des paroles fortement agressifs invitant les représailles, peut expliquer certaines violences entre personnes qui se connaissent mais elle ne saurait rendre compte de l'abus répété ou de la relation continue de subordination.

Même définie dans le sens large que lui ont donné la majorité des auteurs, la provocation nous semble une justification, un prétexte invoqué après coup. Ainsi, on a qualifié de provocation les pleurs de l'enfant difficile, l'incompétence ou la hargne de l'épouse, l'allure efféminée du nouveau détenu. A la limite, tout est provocation pour qui est déjà disposé à recourir à la violence. Mais cette disposition ne s'actualise, le plus souvent, qu'à l'égard de cibles uniques, des proches en état d'infériorité. La mère qui maltraite son enfant, l'homme qui bat sa femme, entretiennent avec le reste de leur entourage des relations pacifiques.

Pour cette dernière raison, il est difficile aussi de parler de pathologies chez les individus. Une pathologie du lien les unissant ? ELLENBERGER (1954) en a donné d'excellentes illustrations, notamment en discutant des névroses complémentaires et des femmes d'alcooliques. Cependant, on ignore si ce lien malsain s'est développé à la suite de la violence ou s'il lui est antérieur.

Nous avons observé, au chapitre 3, que tant les opprimés que les oppresseurs s'adaptent aux rôles qui leur sont dévolus, intensifient ainsi leur complémentarité comme leur interdépendance. Une recherche plus approfondie, dans une perspective interactionniste, permettrait d'explorer davantage ce phénomène. Dans l'état actuel des connaissances, il semble que la victime soumise favorise de nouvelles agressions surtout parce que son attitude démontre qu'on peut la battre impunément.

Ayant vaincu ses inhibitions à la violence, l'agresseur, pour sa part, est d'autant plus tenté d'y avoir de nouveau recours qu'il a une proie soumise à proximité et qu'il n'aura pas à payer les conséquences de ses gestes.

Progressivement, la relation s'établit sous un mode irréversible de domination-soumission, chacune de ces facettes justifiant l'autre. Elle s'établit sous un mode malsain mais le lien entre les partenaires n'était pas nécessairement pathogène dès le départ.

Voilà pourquoi l'explication privilégiée est celle du rapport de forces. Nous avons noté quelques constantes dans la victimisation chronique : les victimes sont physiquement plus faibles que les agresseurs, elles sont dépendantes, elles sont isolées et ne peuvent compter sur la protection de la société. Le plus souvent, du moins dans la famille, l'agresseur détient une autorité légitime sur la personne qu'il tyrannise. Enfin, il ne s'agit pas d'actes isolés de violence entre des partenaires mais d'une oppression constante dans laquelle les rôles sont stables.

Rapport de forces physiques d'abord et de différents degrés d'agressivité ensuite, la loi du plus fort ne saurait avoir persisté depuis les rigueurs de la vie préhistorique jusqu'à maintenant sans l'assentiment social. Or, cet assentiment est pernicieux en raison même du contrôle par les plus forts. L'évolution de la vie animale s'explique peut être par la sélection naturelle mais, dans la société humaine, cette sélection est artificielle, fabriquée en partie par des événements historiques qui ont facilité la prise de pouvoir de l'un au détriment de l'autre. Dès lors qu'une partie détient le pouvoir, il lui est facile d'élargir la distance avec l'autre en lui refusant l'accès aux moyens d'éducation et d'expression. Le processus d'infériorisation rend les victimes effectivement inférieures justifiant ainsi de nouveaux abus.

Les situations que nous avons observées doivent être replacées dans cette problématique plus large. La disparité des forces physiques y joue un rôle prédominant mais seulement parce qu'il est socialement accepté, valorisé même parfois, que le fort domine le faible. Vu l'accord tacite ou explicite de la société, les victimes ont très peu de moyens de défense contre l'agression physique étant en état d'infériorité musculaire et dépendantes ou prisonnières à divers degrés de l'agresseur ou du lieu de vie commun.

Mais, nous dira-t-on, les milieux de vie dans lesquels forts et faibles (physiquement) se côtoient quotidiennement ne sont pas tous générateurs d'agressions. Très probablement. Il semble qu'à certains endroits, le potentiel de violence soit élevé parce que les gens qui s'y retrouvent sont plus agressifs que l'ensemble de la population : les écoles et les institutions carcérales par exemple. Il nous faut revenir ici à une constatation présentée au chapitre 2, les jeunes et les hommes, les jeunes hommes surtout, sont victimes et auteurs de violence. Pourquoi les jeunes ? Pourquoi les hommes ? Les jeunes, parce qu'ils sont plus téméraires, ont plus d'énergie et ne sont pas encore socialement apprivoisés. Sur ce point, les résultats de recherches dans des disciplines variées concordent assez bien. Les hommes, parce que leur éducation leur a enseigné à valoriser le succès, l'agressivité, la compétition, la domination. Le consensus ne se fait pas sur cette dernière explication qui a surtout été proposée par les auteurs dits « féministes ». Il n'en demeure pas moins que, dans les milieux de femmes, où il y a également disparités de forces physiques, la violence est relativement rare. L'éducation des filles valorise des comportements de soumission, de coquetterie, de séduction, tout en pénalisant les manifestations d'agressivité. Ce sont là des traits acquis, croyons-nous, nous ne connaissons aucune recherche qui n'ait fait la démonstration d'une agressivité innée chez le mâle ou d'une passivité innée chez la femelle.

Les institutions sociales varient également selon la façon dont le pouvoir y est distribué, qui y détient une autorité légitime et l'étendue des prérogatives de sanctions de cette autorité. Dans le milieu de travail par exemple, à notre connaissance, il n'a jamais été statué que les hommes avaient autorité d'office sur les femmes. Ces dernières ont pu être exclues ou brimées à certains égards, mais elles n'ont pas fait l'objet de violences systématiques [24]. Par contre, dans le milieu familial, les hom-

24. Le harcèlement sexuel peut être considéré comme une forme institutionnalisée de violence, morale sinon physique. Ne l'ayant pas étudié, nous

mes ont reçu la responsabilité de chefs de famille, de même que les privilèges correspondants mais sans être soumis aux devoirs de la tâche et sans que leur autorité ne soit véritablement contrôlée. Rien n'indique qu'*a priori* les hommes soient plus aptes que les femmes à assumer la responsabilité d'un foyer ; cette distribution des rôles a sans doute été trop rigide pour toutes les parties impliquées. De plus, même si on reconnaît la nécessité pour tout groupe social de se constituer un corps hiérarchisé, on admet aussi la nécessité de contrôler le pouvoir, à la fois par des mécanismes décisionnels d'attribution de ce pouvoir comme à des mécanismes de régulation et de contrôle de son exercice. Il n'y a qu'à voir le nombre d'organismes de surveillance dans nos sociétés contemporaines ; la thèse du pouvoir qui corrompt, même si elle est devenue un lieu commun, se vérifie de façon presque quotidienne.

Nous proposons donc trois autres arguments en faveur de l'explication par le rapport de forces :
- le pouvoir tend à être attribué à des catégories de personnes définies par des caractéristiques socio-démographiques et non au strict mérite individuel ;
- ainsi attribué, le pouvoir s'auto-perpétue, créant des fossés infranchissables entre les groupes et justifiant tous les abus ;
- l'attribution de prérogatives ne correspond pas nécessairement à des responsabilités sociales équivalentes, et *vice versa*.

La situation des enfants pose un problème particulier. On peut toujours dire qu'aucun facteur naturel ne justifie l'autorité d'un sexe sur l'autre mais la domination de l'adulte sur l'enfant n'est-elle pas socialement souhaitable, même si elle occasionne des abus ? La question est très délicate puisque, d'office, les adultes sont les seuls à pouvoir exprimer le point de vue de l'enfant (par exemple COOPER, 1971 ; ILLICH, 1971 ; MKENDEL, 1971 ; ROCHEFORT, 1976), mais l'opinion majoritaire n'en demeure pas moins celle de l'adulte dominant.

---

préférons l'exclure de l'analyse. De toutes manières, il diffère, en nature, des voies de fait.

En somme, nous suggérons que l'analyse de la victimisation et de son envers, le crime, est une analyse politique de la distribution du pouvoir, du moins quand les agresseurs et les victimes entretiennent des relations suivies. Nous nous interrogeons sur le rôle démesuré du pouvoir physique. Et peut-être remettons-nous en cause les fondements d'un ordre soi-disant établi qui n'a pas fait la démonstration qu'il pouvait réduire l'injustice.

En définitive, peut-être questionnons-nous les bases mêmes de l'autorité. En effet, dans les situations étudiées, l'obéissance à une force supérieure favorisait le maintien de la relation de domination. Ce même phénomène a été constaté dans les victimisations de masse comme le génocide ou d'autres formes de terrorisme.

Dans les sociétés idéales qu'ont imaginées les philosophes utilitaristes, où le pouvoir est juste, impartial et contrôlé, la soumission de tous à l'autorité consentie changerait probablement l'ordre de guerre en un ordre de paix. Cependant, la réalité sociale des rapports de forces ne semble pas correspondre à cette vision utopiste. Le pouvoir agit à la façon d'une drogue : il exalte les uns et inhibe les autres. Cette marge de liberté volontairement sacrifiée au profit du bien commun, telle que l'ont conçue les philosophes des 17e et 18e siècles, n'a de sens que si le bien commun est effectivement sauvegardé, si les sacrifices ne sont pas imposés unilatéralement, s'il y a un équilibre dans les rapports sociaux.

Ainsi, dans les sociétés humaines actuelles, l'ordre de force nous semble susciter la violence :
- parce que les critères de force sont arbitrairement définis, valorisés et appliqués, en raison surtout mais non uniquement de la musculature ;
- parce que les institutions de socialisation et de resocialisation valorisent l'usage de cette force physique ;
- parce que l'autorité tend à l'autorité absolue.

L'ordre de coopération, un modèle social qui existe dans de nombreux groupes, apparaît plus économique et plus moralement désirable. Le problème qu'il pose, cependant, est celui d'assurer son respect par tous les membres du groupe. Si on doit utiliser la force pour contraindre les individus et pour réprimer les abus, la violence devient, du fait même, une conduite acceptable qui risque d'être imitée pour atteindre toutes sortes de fins. Pour l'instant, nous n'avons pas de solutions à ce problème très complexe qui repose sur des mentalités, des valeurs fortement enracinées à la base des institutions sociales. Nils CHRISTIE (1981) propose une voie fort intéressante en montrant la relation entre la violence des châtiments et le seuil de tolérance à la souffrance.

C. Rendre compte de la victimisation aiguë

La victimisation aux mains d'étrangers ou de simples connaissances relève d'une dynamique différente de celle qui est infligée par des proches. Bien sûr, en toile de fond, le rapport de forces rend compte du phénomène. Toute victimisation est une perte de pouvoir, aussi momentanée soit-elle ; elle est subordination plus ou moins totale à la volonté d'autrui, facilitée par le droit du plus fort. Si ces affirmations permettent de comprendre partiellement l'existence de victimisations ou leur volume dans une société donnée, elles ne nous renseignent guère sur le fait général observé, à savoir que les probabilités des individus d'être victimisés sont inégales et non aléatoires.

Nous ne tenterons pas ici d'expliquer davantage pourquoi il y a des victimisations, ou des crimes. Nous constatons leur existence, nous constatons que les probabilités des citoyens d'être victimisés ne sont pas nulles. Il s'agit de comprendre pourquoi certains individus courent des risques plus élevés que d'autres. Une explication de cette réalité pourrait faire progresser les connaissances en criminologie.

Au départ, il semble que des conditions sociales différentes favorisent des taux différents de victimisation. Voilà une question importante, bien qu'elle soit peu discutée ici. Nous prendrons comme acquis et comme premières bases de calcul, sans examiner leurs causes, les taux différentiels de victimisation selon les degrés d'urbanisation. Ainsi, la fréquence de victimisation enregistrée dans un secteur géographique donné sert de dénominateur. Les nominateurs sont les fréquences de victimisation des sous-groupes à l'intérieur des régions.

Les données quantitatives résumées au chapitre 2 indiquent des taux nettement plus élevés de victimisation pour certains groupes : les jeunes, les hommes, les personnes célibataires, divorcées ou séparées ; et pour la criminalité de violence, du moins, les gens à faibles revenus. De plus, le fait d'exercer certaines occupations comporterait des risques particulièrement élevés.

Les données qualitatives présentées au chapitre 4 suggèrent la nécessité de distinguer entre cibles et victimes. Elles indiquent aussi que les victimisations aiguës ne peuvent pas toutes être expliquées de la même façon et que, même si le fortuit répugne à l'esprit scientifique, l'explication doit en tenir compte.

Parmi les modèles explicatifs déjà présentés, on peut éliminer ici, comme non directement pertinents, le « lien malsain entre les personnes impliquées » et le « rapport de forces ». La provocation, passive ou active, peut rendre compte cependant de certaines agressions. La violence physique entre étrangers est parfois déclenchée par des gestes, des paroles ou des comportements qui incitent à une riposte agressive : nous en avons des exemples tant dans la littérature que dans les entrevues effectuées. A moins de n'adopter qu'une vision étroitement déterministe des rapports humains, la provocation ne saurait toutefois être considérée comme une cause de l'agression ; elle est un stimulant, une incitation ou une justification, un facteur parfois essentiel à la compréhension de l'acte.

La forme passive de provocation, ou négligence, pose un problème sémantique, car le terme « provocation » évoque une action. L'expression utilisée par SPARKS et d'autres auteurs, facilitation, apparaît plus heureuse puisque la réalité qu'on veut décrire regroupe les omissions, oublis, carences, imprudences, qui placent leurs auteurs dans des situations où leurs risques d'être victimisés sont accrus : visibilité plus grande, pouvoir d'attraction intensifié, probabilités d'impunités plus élevées pour l'infracteur. L'hypothèse de la facilitation est appuyée par les faits connus jusqu'ici. Définie comme nous venons de le faire, elle appartient davantage au modèle « mode de vie », modèle qui, depuis sa première articulation par HINDELANG et al. (1978) jusqu'à ses raffinements les plus contemporains est le plus apte à rendre compte des crimes de déprédation. De tous les concepts qu'il regroupe et qui ont déjà été exposés, nous en retenons deux qui semblent l'ossature d'un modèle explicatif : vulnérabilité et facilitation.

La *vulnérabilité* regrouperait les traits et les circonstances qui exposent certains individus plus que d'autres mais qui peuvent difficilement être modifiés :
- la visibilité : être seul dans une rue déserte, par exemple ;
- la faiblesse physique permanente ou momentanée, de même que l'infériorité sociale (victime « culturellement légitime ») ;
- la proximité avec des agresseurs potentiels dans le milieu de vie ou de travail ;
- l'attrait objectif de la cible : le fait de posséder ou de manipuler des sommes importantes d'argent, par exemple ; le simple fait de posséder quoi que ce soit.

Ces facteurs sont liés étroitement à quelques caractéristiques physiques, au jugement social, mais surtout aux occupations des individus, à leur emploi du temps, à la place qu'ils occupent dans la structure sociale.

A l'opposé, les facteurs de *facilitation* sont liés à des choix plus délibérés ou à des omissions. Plutôt que des traits ou des circonstances, ils englobent des conduites et des attitudes :
- prendre peu de précautions ou en prendre moins que les gens de son entourage ;
- exhiber ses possessions ou ses attraits ;
- exercer peu de surveillance sur sa famille ou ses biens ;
- légitimer certaines formes d'agression ou certains types de victimes ;
- assurer l'impunité aux infracteurs en ne dénonçant pas le délit, ou chez les forces de l'ordre, en refusant d'ouvrir une enquête.

Donc, essentiellement, on facilite le crime en ne s'en protégeant pas et en refusant d'y réagir.

En somme, étant donné un taux initial de victimisation relatif aux grands ensembles sociaux et à leur niveau d'évolution, on retrouve, à l'intérieur de ces ensembles, une répartition aprobabilistique. Selon leurs caractéristiques socio-démographiques, les individus ont des risques différents d'être agressés. Ces risques ont été reliés aux modes de vie (occupation, loisirs, etc...). Nous suggérons que le mode de vie soit considéré comme une variable intermédiaire et que les deux premières voies d'exploration s'articulent ou continuent de s'articuler autour des concepts de vulnérabilité et facilitation. En poursuivant la réflexion dans ce sens, on réalise qu'il faut distinguer entre les crimes où l'agression physique est une fin et les crimes de déprédation. Dans les premiers, vulnérabilité et facilitation jouent un rôle moins important que provocation et hasard. La victimisation, en effet, est un phénomène partiellement stochastique. Nous avons déjà vu que les victimes de personnes mentalement aliénées étaient choisies de façon largement aléatoire. Par ailleurs, même si les cibles de crimes de déprédation sont souvent sélectionnées selon certains critères, les victimes concrètes sont le fruit du hasard. Le prédateur choisit, semble-t-il, un type de proie ou encore un lieu et moment de son action et non nécessairement une victime précise. De plus, même la victime vulnérable qui facilite le vol ou l'agression ne sera pas nécessairement attaquée. Encore faudra-t-il qu'elle soit en présence d'un agresseur potentiel et que celui-ci soit motivé à ce moment précis. Voilà pourquoi la grande marge d'aléatoire observée sous la lunette victimologique ne correspond pas au pourcentage apparemment réduit de conduites arbitraires de la part des délinquants.

Le modèle que nous proposons n'est certainement pas définitif. Il se veut un nouvel agencement de facteurs déjà proposés par des chercheurs. Il rappelle le libre arbitre (même relatif) des agents impliqués, l'utilité de distinguer selon les formes de victimisation, et la différence entre cibles et victimes. Le modèle est encore imprécis car, à notre avis, l'état des connaissances ne saurait encore appuyer des équations bien justifiées.

Chapitre 6

Tout ça pour si peu !

La recherche scientifique, comme l'administration de la justice, ont longtemps évité, ignoré, la question de l'impact du crime sur les victimes. Si quelques précurseurs – BENTHAM au siècle dernier et, plus près de nous, Margery FRY – ont recommandé des programmes étatiques d'indemnisation, les criminologues et victimologues n'ont commencé à s'intéresser aux conséquences de la victimisation que depuis une dizaine d'années.

Il n'existe pas, en conséquence, de techniques éprouvées pour mesurer le coût de la victimisation. Il fallait en premier lieu explorer les différentes formes que peut prendre l'impact du crime et bâtir un cadre conceptuel qui en définisse les catégories pertinentes. Par la suite, on pourra développer une instrumentation appropriée. Les pertes matérielles directes et les atteintes à l'intégrité physique se mesurent assez facilement. Le calcul devrait-il inclure les pertes financières indirectes comme les frais encourus pour se protéger d'une nouvelle victimisation ? Et qu'en est-il des pertes non chiffrables comme le stress, la peur, les traumatismes émotifs, la douleur ? C'est la qualité de la vie personnelle et sociale des victimes qui est atteinte mais comment mesurer ces blessures et est-il pertinent de le faire ?

Dans l'intervention curative, il ne fait pas de doute que la mesure des traumatismes est le pré-requis d'une action concertée et efficace. Pour les administrateurs de la justice, des critères d'évaluation des torts causés pourraient éclairer la prise de décision. Et c'est ici que la résistance se fait sentir. Trop bien connaître l'impact du crime pourrait entraîner une répression accrue. Et même si tel était le cas, faudrait-il se taire ? Doit-on empêcher la connaissance de progresser par crainte d'une éventuelle utilisation abusive ? Devrait-on s'abstenir de considérer certaines facettes d'un phénomène parce qu'elles risquent de compromettre la vision qu'on en a déjà développée ?

Bien sûr, quand on regarde l'impact du crime sur ses cibles, il est difficile de conserver la vision romantique du criminel que les études criminologiques ont favorisée. Pourquoi devrait-on à tout prix conserver cette vision ? Il faut reconnaître qu'un très grand nombre de conduites dites criminelles entraînent peu de séquelles mais, par contre, les crimes statistiquement plus rares causent à leurs victimes des difficultés incommensurables avec les gains réalisés.

Par ailleurs, lorsque les personnes victimes d'actes criminels rapportent leur expérience à la police et, surtout, lorsqu'il y a inculpation et jugement, elles subissent des pertes additionnelles dont certaines d'ordre pécuniaire : pertes de revenus, frais de garde des enfants, coût du transport et du stationnement. La collaboration avec le système de justice criminelle amène aussi, très souvent, divers états de détresse difficilement quantifiables, tels le stress, la peur, l'humiliation, une certaine aliénation par rapport à l'appareil de justice. Y a-t-il lieu d'inclure, dans un calcul de coûts, ceux qui sont liés à l'intervention de la justice et comment pourrait-on le faire ?

Voilà où en est la question. Les efforts actuels d'estimation des coûts de la victimisation, somme toute assez grossiers, se limitent à quelques études qualitatives, des bilans cliniques et des enquêtes sur les conséquences économiques directes. Les personnes interviewées dans la présente étude ajoutent quelques éléments d'information inédits, tout en appuyant les données présentées par d'autres chercheurs et par des cliniciens. Surtout, elles suscitent des questions, des voies à explorer.

A. L'atteinte à l'intégrité corporelle

Les pertes de vie, les agressions sexuelles et les autres blessures physiques sont jugées par les citoyens comme les conséquences les plus graves de la criminalité (WOLFGANG, 1982).

1. Les décès

L'homicide, la victimisation la plus totale, est statistiquement rare. Il n'en demeure pas moins que des milliers de personnes, chaque année, voient leurs vies se terminer de par la décision arbitraire d'autrui. Si on calculait aussi les homicides légitimes perpétrés par les pouvoirs établis et parallèles, c'est-à-dire les victimes de diverses formes de terrorisme comme la guerre, le génocide, les soulèvements et les persécutions, dans certains pays, les risques de mort violente dépasseraient largement les statistiques de décès naturels et accidentels.

Les morts ne parlent pas et, ainsi, la victimisation ultime a très peu intéressé les victimologues. CONNOLLY (1980) s'étonnait du fait que les victimes d'homicide ou leurs survivants aient si peu mobilisé l'opinion publique et l'intérêt scientifique. Aux Etats-Unis, plus de 20,000 personnes meurent chaque année des suites d'une agression criminelle. On en parle à peine. Pourtant, lorsque quelques individus meurtriers sont condamnés à la peine capitale, ils font la manchette des journaux, ils mobilisent les plus hautes autorités judiciaires, ils soulèvent la question du droit à la vie. Comme les campagnes contre l'avortement ou l'euthanasie. Qu'en est-il du droit de vivre des citoyens qui veulent vivre ? Et comment mesurer la valeur d'une vie ?

2. Les blessures

C'est un bon indice de l'indifférence sociale à l'égard des victimes de la criminalité que nous ignorions entièrement le nombre de personnes blessées suite à une agression criminelle. Nous connaissons le nombre des accidentés de la circulation, des cancéreux, etc...

Selon les sondages américains de victimisation, le quart des personnes agressées personnellement ont été blessées ; en chiffres absolus, il s'agit de plus d'un million et demi de citoyens adultes chaque année. Au Canada, un estimé très prudent a établi à 16,000 le nombre de personnes qui, chaque année, nécessitent des soins médicaux suite à une agression (WALLER, 1981). Environ 7% des victimes subissent des blessures graves, occasionnant des périodes prolongées ou permanentes d'incapacités. Dans la clientèle très sélective du Service québécois d'indemnisation des victimes d'actes criminels, les victimes non décédées ont presque toutes reçu un traitement médical ; 40% avaient été hospitalisées ; 85% avaient connu une période d'incapacité totale temporaire laquelle a duré moins d'un mois dans le tiers des cas (BARIL et LAFLAMME-CUSSON, 1983).

Les personnes interviewées parlent de « sang qui coulait sur mes vêtements », de dents cassées, fractures, poumons perforés, asphyxie, mâchoire cassée, du nombre de points de suture nécessités par la plaie, de la durée de la chirurgie, du temps passé aux soins intensifs. Le plus souvent, surtout si la blessure a été infligée par une arme, aucune douleur n'est ressentie sur le coup.

« Puis, sans s'exciter ni rien, très calmement, il s'est mis à me frapper. J'ai senti qu'il me frappait très fort, méthodiquement. (...) Je ne savais même pas qu'il avait un couteau à la main. Je n'avais pas mes lunettes et j'avais du sang qui me coulait dans les yeux. Je ne savais pas qu'il me poignardait » (C-12).

Plusieurs victimes décrivent des sévices qui devaient être douloureux mais elles ne parlent pas de la souffrance ressentie alors. Ce n'est qu'une fois le danger passé, qu'elles semblent éprouver ou prendre conscience de leurs douleurs.

Selon HINDELANG et al. (1978), les blessures sont plus probables et plus sérieuses lorsque l'agresseur est connu de la victime, lorsque celle-ci résiste, en présence d'une arme autre qu'une arme à feu et lorsque l'agression se produit au domicile de la victime. La caractéristique la plus fortement associée au fait d'être blessé est la résistance de la victime, ce qui explique que les lésions sont plus souvent subies par des hommes jeunes. Ils s'en remettent cependant mieux et plus rapidement que les enfants, les femmes et les personnes âgées qui tendent à souffrir plus longtemps des séquelles de l'agression.

Dans le petit échantillon de personnes blessées qu'elle a étudié (N.77), FUJIMOTO (1982) a observé des séquelles durables chez 61%. Près de la moitié des clients de l'IVAC se sont vus reconnaître une incapacité temporaire, mais le plus souvent de l'ordre de moins de 10% (BARIL et LAFLAMME-CUSSON, 1983). On ignore totalement le nombre de grands handicapés physiques dont l'infirmité est due au crime.

Nous en avons rencontrés. Mais surtout, ce qui frappe, c'est le nombre de personnes qui demeurent affectées physiquement longtemps après le crime sans que leur trouble soit nécessairement considéré comme une infirmité.

« J'ai encore de la misère à bouger. A mon âge, c'est difficile de raccommoder le body. Tu vois, tout seul, mon bras lève pas plus haut que ça » (A-53).
« J'ai encore des douleurs, quatorze mois après. Il y a des journées, que c'est pire, mais c'est la nuit surtout, je n'ai pas de position. Je suis resté avec la colonne endolorie » (A-32).

Dans certains cas, la chirurgie plastique n'est pas venue à bout entièrement du préjudice esthétique. Parfois, l'agression a exacerbé des problèmes antérieurs ou déclenché la manifestation d'une condition latente comme il a été observé dans un cas d'ulcère et, un autre, de troubles cardiaques. Et il arrive aussi que la résistance de la victime soit diminuée et qu'elle ne puisse continuer à exercer un métier qui demande une force ou acuité particulière. De plus, les blessures subies semblent exposer davantage aux agents pathogènes et au vieillissement précoce (SALASIN, 1980). Une des personnes rencontrées avait subi deux crises cardiaques depuis sa victimisation alors qu'elle n'en avait subi aucune avant ; dans les deux cas, l'événement avait été précipité par la surprise. Elle reliait ses problèmes cardiaques, à tort ou à raison, et son expérience de victime.

Pour les personnes qui la subissent, il ne fait pas de doute que la violence criminelle cause des lésions corporelles d'une gravité variable. Jusqu'à quel point les atteintes à l'intégrité physique devraient-elles être reconnues comme un problème social ? Tout dépend de leur fréquence relative et de la gravité de leurs conséquences. Dans l'opinion publique, la gravité des gestes augmente avec le type et la durée des traitements médicaux qu'ils nécessitent mais WOLFGANG (1982), qui a réalisé le sondage, n'a pas posé le cas des handicaps permanents ni celui des conséquences secondes.

On remarque aussi une grande disparité entre la nature de l'accusation portée et le dommage corporel encouru (SELLIN et WOLFGANG, 1964 ; *American Bar Association*, 1981). Parmi les victimes de notre échantillon, deux femmes ont subi des incapacités équivalentes et même très semblables. L'une avait été attaquée par deux déments en congé d'hôpital psychiatrique et l'autre par son conjoint. Dans le premier cas, une plainte de tentative de meurtre fut portée et dans le second, on a classé comme voies de fait simples. Le classement officiel par la justice pénale serait donc un indicateur peu fiable de la gravité des atteintes à l'intégrité corporelle. Ces atteintes ont elles-mêmes un impact relatif selon l'occupation et la fortune des blessés.

« J'ai perdu ma licence de taxi parce qu'ils m'ont obligé à repasser un test après cet accident. Je suis devenu dur d'oreille, comme je vous disais, si vous me parlez à gauche, il n'y a pas de problème, puis je vous vois. Je peux encore conduire un char mais pas un véhicule public. A mon âge, pas d'instruction, je ne sais ce que je vais pouvoir trouver comme job » (A-49).

La mesure de la gravité devrait donc tenir compte de la relativité des conséquences.

Enfin, tant les décès que les blessures et les infirmités semblent disproportionnellement élevés chez les victimes qui connaissaient bien leur assaillant, ce qui peut suggérer une nouvelle orientation des politiques criminelles. Dans les agressions entre inconnus, nous avons été surpris de la fréquence de deux types : a) les rixes entre les jeunes hommes co-consommateurs d'activités de loisirs ; b) les agressions contre des femmes par des ex-patients d'hôpitaux psychiatriques. Ni notre échantillon ni celui de l'évaluation de l'IVAC ne permet de généraliser. Il est quand même surprenant d'y retrouver trois et quatre cas, respectivement, d'agression par des malades mentaux alors que ce type de situation n'avait pas été retenu comme critère de choix de l'échantillon. On avait peut-être, auparavant, exagéré le danger des agressions fortuites par des malades mentaux. Il n'en demeure pas moins réel et très grave dans ses conséquences. Est-ce un hasard que toutes les victimes interviewées aient été des femmes et que dans six des sept cas, l'agresseur haïssait les femmes ?

B. Les conséquences d'ordre financier

Les pertes financières ont été très tôt reconnues par les spécialistes du crime et de la justice. Encore aujourd'hui, on assimile généralement la victimisation à une sorte d'échec ou de malchance au plan pécuniaire. Qu'il suffise de rappeler que les premières modalités d'aide aux victimes ont été les services d'indemnisation et que, dans la plupart des endroits, ils demeurent la seule forme d'assistance disponible.

Il faudrait, en premier lieu, connaître l'étendue des pertes directes et indirectes impliquées, les relativiser par rapport aux capacités différentielles d'absorption et par rapport aux autres conséquences de la victimisation.

1. Les pertes directes

Par pertes directes, on entend ici le coût de remplacement (ou, parfois, le montant payé à l'achat) des objets volés ou endommagés au cours de l'acte criminel, les frais funéraires lors de décès, les sommes d'argent extorquées d'une façon ou d'une autre, les frais médicaux et les pertes de revenus dues à des incapacités temporaires ou permanentes. Au Québec, presque tous les frais médicaux sont réglés par un régime gouvernemental d'assurance-maladie de sorte que les victimes sont incapables d'estimer le coût des soins reçus.

En moyenne, les pertes financières directes assumées par les particuliers sont peu élevées. En effet, ce sont les entreprises financières et commerciales qui épongent les dommages pécuniaires les plus considérables et l'Etat, à travers divers programmes de sécurité sociale, absorbe également bon nombre de coûts. Bien qu'il y ait souvent chevauchement entre la criminalité contre les biens et celle contre les personnes, nous essayerons de distinguer entre ces deux formes de crimes. L'homicide, un crime contre la personne, peut être commis pour réaliser un gain comme le montre l'étude de FATTAH (1971). Autre crime contre la personne, le viol est parfois précédé ou suivi de vol. La fraude, l'extorsion et le chantage, crimes économiques, sont souvent imprégnés d'une très forte tonalité de violence personnelle. Le vol qualifié demeure peut-être le meilleur exemple. Bien que dirigé vers la propriété, il est vécu comme violence contre la personne.

Seulement trois cas de meurtres ont été touchés par l'étude. Deux de ces tragédies n'étaient aucunement motivées par l'appât du gain et, puisque les victimes étaient encore à la charge des parents, elles n'ont pas eu pour résultat de priver des familles de leurs sources de revenus. Les décès ne sont pas survenus à la suite d'hospitalisation et n'ont donc pas occasionné de coûteux frais médicaux. Les frais funéraires constituent donc la dépense principale, à laquelle s'ajoutent, dans un cas, les honoraires d'une firme d'investigation chargée de retrouver une adolescente disparue. Les parents des victimes, dans les deux cas, ne pouvaient estimer l'ampleur de leurs pertes directement liées au crime ; quelques journées de travail ont été perdues, quelques appels interurbains placés, quelques frais de déplacement. Ces coûts, semble-t-il, seraient les mêmes que ceux défrayés lors de décès accidentels de nature non criminelle.

Le troisième cas, un homicide involontaire, s'est produit au cours d'une tentative d'extorsion dans une succursale bancaire. Le mobile financier est donc clairement établi même si les auteurs n'ont pu profiter de leurs gestes. Le témoin interviewé étant un employé de la banque, il est impossible d'établir les coûts du crime pour la famille de la personne assassinée. Quant à l'employé témoin, il a changé d'emploi suite à cette expérience mais il n'a pas subi de pertes de salaires.

De façon générale, quelles sont les conséquences financières directes des crimes d'homicide ou d'incendie résultant en pertes de vie ? Les données ne sont pas, semble-t-il, disponibles, les sondages de victimisation excluant l'homicide de leur champ d'investigation et les services d'indemnisation ne répartissant par leurs déboursés selon la nature du crime. CONNOLLY (1980) rapporte que plus de la moitié des problèmes pour lesquels les familles de personnes tuées firent appel à l'agence newyorkaise de services aux victimes étaient d'ordre pécuniaire. Quelques clients sont entrés en contact avec l'agence avant l'enterrement parce qu'elles ne pouvaient rencontrer le coût des funérailles. Le plus souvent, on appelle quand les ressources sont épuisées. Lorsque la victime est le seul ou le principal gagne-pain de la famille et qu'elle n'est pas assurée, des survivants se voient acculés à la misère. Toutes les études sur l'homicide indiquent que les victimes viennent majoritairement des classes pauvres et sont donc rarement protégées par l'assurance, l'épargne, les fonds de pension ou les primes de décès.

Au Québec, un événement unique, survenu le 1er janvier 1980, a fait près d'une centaine de victimes directes, dont 45 morts. Il s'agissait d'un incendie, défini d'origine criminelle, qui pourra donner lieu à des réclamations de plus de 3 millions $, sans compter les déboursés qui ne sont pas couverts par la loi de l'IVAC [25]. Pour exceptionnel qu'il soit, cet événement donne un indice de l'ordre de grandeur des coûts. Il illustre aussi le fait que les homicides ratés peuvent être encore plus dispendieux que ceux qui sont réussis car il faudra s'occuper de la victime aussi bien que de ses dépendants et que les survivants de tentatives de meurtres sont susceptibles de requérir des soins prolongés sinon permanents.

Toutes les victimes de voies de faits et tentatives de meurtres rencontrées et quelques victimes d'agression sexuelle ont eu

---

25. Environ 40% des ayants droit connaissent l'IVAC, y ont soumis une demande et sont éligibles à un recouvrement partiel.

besoin de traitements médicaux ou psychiatriques mais la majorité des coûts ont été défrayés par l'assurance-maladie. Des prothèses ont été achetées ou remplacées aux frais de la victime, de même, dans au moins un cas, le transport ambulancier. Une victime a mentionné qu'il lui en avait coûté très cher en taxis pour aller recevoir des traitements bi-hebdomadaires en physiothérapie.

Plus importantes sont les pertes de revenus d'emploi. Nous avons rencontré des personnes qui ne connaissant pas l'existence de l'IVAC, ont épuisé leurs économies, leurs « journées de maladie », et tous les recours connus, pour se retrouver finalement indigentes et incapables de retourner au travail. Ainsi une victime de viol ne travaillait toujours pas trois ans plus tard, le travail et la vie sociale lui semblant au-dessus de ses forces. La situation n'est généralement pas aussi dramatique et le manque à gagner est court.

Les viols sont parfois accompagnés de vol. Ainsi chez les clientes de l'IVAC interviewées, une avait subi un vol de bijoux chez elle estimés à 5,000 $; dans un autre cas, on avait sorti de la maison tous les meubles ou objets qui avaient une certaine valeur. Dans notre propre échantillon, un agresseur est parti avec le sac de la victime après l'avoir violée. Un autre s'est enfui avec l'auto de la victime ; le véhicule a été retrouvé plus tard légèrement endommagé.

Le vol qualifié est différent en ce que l'agression a pour mobile un gain financier. Pourtant, ces vols ne sont pas très payants pour leurs auteurs. Des cas que nous avons vus, seules les banques se sont avérées des cibles quelque peu rentables de même qu'une extorsion contre une personne âgée. Quelques victimes n'ont pas mentionné les montants dérobés, on peut croire qu'ils n'étaient pas élevés. Dans les magasins, les tiroirs-caisse étaient peu garnis, comme les poches des livreurs et des chauffeurs de taxi et les sacs des femmes. Il n'en demeure pas moins que des victimes ont été blessées, soignées, ont subi des pertes de revenus. Dans un cas au moins, le voleur n'a rien reçu pour sa peine. A Montréal, selon le Groupe de recherche sur le vol à main armée (1980), ces vols rapportent à leurs auteurs moins de 500 $ dans 51 % des cas. Les assauts lucratifs sont surtout perpétrés contre des institutions financières.

Quand la victime n'est pas à la maison au moment du cambriolage, les pertes encourues ne sont que matérielles. Par ailleurs, une maison habitée peut amener l'intrus à fuir les mains vides. Les pertes sont plus élevées généralement dans les cambriolages que lorsqu'il y a violence, mais plusieurs victimes, étant assurées, ont ainsi été dédommagées pour leurs pertes à l'exception de certains objets non couverts. Un jeune homme non assuré a perdu tout ce qu'il possédait. Le gain pour le voleur ne correspond toutefois pas à la perte éprouvée par la victime. Ainsi, le vol d'un téléviseur avait rapporté 50 $ à son jeune auteur mais ses propriétaires ne pouvaient le remplacer à si bas prix.

Pour avoir une vision d'ensemble des conséquences financières du crime, il faut encore se tourner vers les sondages de victimisation. GAROFALO et SUTTON (1977) ont calculé les coûts potentiels d'un programme national d'indemnisation à partir des données de 1974. Dans seulement 13% des événements, la victime a dû défrayer de sa poche le coût des soins médicaux en partie ou en totalité. On estime ainsi que les citoyens américains ont payé au total 22,5 millions $ pour se faire soigner, ce qui représenterait une minime portion des dépenses médicales occasionnées par le crime. Les régimes privés et étatiques d'assurances qui défraient les coûts sont quand même financés par les citoyens.

Selon ces mêmes auteurs, la valeur du temps de travail perdu s'élevait à 122,7 millions $, pour la même année. Cet estimé ne tient pas compte des indemnités versées par les employeurs, les assurances ou autres (dans la moitié des cas, présument-ils). Il est donc davantage un estimé des pertes directes subies par les victimes qu'un calcul du coût de la victimisation. On n'a pas calculé la valeur des membres perdus et autres handicaps permanents ; ceci pourrait être fait selon la base de calcul utilisée pour fixer le montant des indemnités compensatoires, par les compagnies d'assurances ou les tribunaux civils. Ont été exclus aussi les enfants de moins de 12 ans et, pour le calcul du manque à gagner, les personnes qui ne sont pas sur le marché du travail. Pourtant, durant leur convalescence, les mères de famille peuvent être obligées d'embaucher une aide domestique. Enfin, la disparition du soutien de famille peut avoir un impact considérable quand les enfants sont en bas âge. Bref, les estimés sont très incomplets. Les services d'indemnisation sont encore trop jeunes pour permettre des projections à long terme, compte tenu du chiffre noir et de la durée des séquelles coûteuses.

Si les conséquences financières directes de la violence coûtent cher, réparties sur l'ensemble de la population, elles ne représentent pas un lourd fardeau. Les pertes matérielles directes sont beaucoup plus coûteuses parce que plus nombreuses. Les agressions violentes contre les particuliers et les petits commerces, en général, n'impliquent pas de vols considérables sauf peut être les extorsions et les enlèvements. Les cambriolages et les vols sans violence, surtout les vols d'autos et les fraudes, occasionnent des pertes plus sérieuses. Entre le tiers et la moitié des victimes sont assurées. Les biens sont rarement recouvrés par la police (sauf les voitures) et rarement retournés à leur propriétaire, sinon trop tard.

Les petits commerçants que nous avons rencontrés redoutaient le hold-up plus que tout autre crime mais perdaient beaucoup plus d'argent à travers le vol à l'étalage auxquels s'ajoutaient, dans certains cas, les cambriolages et les vols par les employés.

« Disons que j'ai pas perdu énormément d'argent. J'ai eu des vols par effraction où on a pris beaucoup de marchandises, peut-être 500 $ de volés, peut-être plus, parce qu'à ce moment-là, les compagnies d'assurance ne paient pas ni pour le tabac, ni pour l'argent. Le vol à l'étalage, c'est beaucoup sur l'inventaire. On n'est pas couvert pour ça non plus mais, pour l'impôt, c'est prévu. Le vol à main armée, je ne l'ai pas rapporté aux assurances. Ils ont volé peut-être cinquante, cent dollars. Les compagnies d'assurance sont très difficiles à collecter » (B-2).

2. Les pertes indirectes

Les petites études qualitatives sont plus appropriées pour découvrir la nature des pertes indirectes lesquelles sont très variées et nombreuses et souvent beaucoup plus importantes que l'agression ou le vol même. Une victime de vol qualifié comptabilisait ainsi la situation :

« Ça fait que le bilan se résume ni plus, ni moins : 200 $ de volés, 150 $ au psychiatre, deux semaines de vacances perdues, 70 $ à l'avocat, 150 $ de lunettes. Puis je ne compte pas le temps, aller ici, aller là. Si tu comptes ça, lui, pour gagner 200 $, il m'en fait perdre 1,000 $ (A-29).

Les pertes indirectes peuvent être réparties en cinq groupes. En premier lieu, il y a celles qui sont liées à la manière dont l'acte a été perpétré. C'est le cas des dommages à la propriété lors d'introductions par effraction : portes fracassées, serrures arrachées ou autres dégâts. Dans une maison, le cambriolage a eu lieu en hiver pendant une absence prolongée des occupants qui, à leur retour, on fait face à des dommages considérables dûs au gel, les voleurs ayant brisé les fenêtres pour rentrer. On sait les coûts secondaires qu'entraînent les vols de sacs et de porte-feuilles : prix des duplicata des documents, permis, cartes ; temps des démarches de remplacement ; pertes d'objets personnels comme des lunettes, frais de serrurerie, etc... Le vol d'auto ou de porte-documents peut occasionner la disparition de documents ou de manuscrits qui demanderont des heures ou des années de travail pour les reconstituer.

Le second groupe de dépenses, mentionné par presque toutes les victimes, est dû au besoin d'une sécurité accrue. Elles vont de la chaîne de sécurité au déménagement ou au changement d'emploi. La plupart des chercheurs ont constaté comme nous que les victimisations sont généralement suivies de l'achat d'équipements de protection plus ou moins coûteux : serrures, minuteries, hurleurs, armes à feu, chien, système électronique de surveillance. Les systèmes d'alarme ne sont pas dispendieux qu'à l'achat : un de nos interlocuteurs a dû payer une amende de 150 $ pour fausse alerte. On prend de nouvelles polices d'assurances ou on voit ses primes s'accroître. On obtient un numéro de téléphone confidentiel.

Des personnes incapables de rester seules chez elles ont dormi à l'hôtel, chez des amis ou des parents. Certaines ne pouvaient se déplacer qu'en taxi. Les conséquences les plus coûteuses de la peur sont sans doute le déménagement et le changement d'emploi. Les études ont rarement mentionné cet effet et, pourtant, nous l'avons rencontré à maintes reprises aussi bien dans cette recherche que dans chacune des autres auxquelles nous avons participé. C'est surtout, mais non pas uniquement, quand le crime a eu lieu à la maison qu'on se sent dans une insécurité telle qu'on doit changer de domicile, bail expiré ou non. De même si le crime s'est produit au travail ; certaines victimes se sentiront incapables de retourner sur les lieux ou de continuer à exercer ce type d'occupation, ou de travailler le soir. Pour ne citer qu'un exemple, après avoir identifié à la Police l'auteur d'un hold-up dont elle avait été victime, une caissière dans un cinéma le revit de nouveau alors qu'il était en liberté sous caution. Elle eut si peur qu'elle démissionna avant même d'avoir trouvé un autre emploi. D'autres personnes ont vendu à perte un commerce qui les exposait trop au danger. Rappelons enfin que pour les femmes battues, le coût économique de la protection est très élevé : se retrouver seules avec des enfants à charge, sans gîte, meubles ou emplois.

Les déménagements, pertes d'emplois, abandon des études sont parfois occasionnés par des traumatismes autres que la peur et alors entrent plutôt dans le troisième type de retombées économiques, les effets des séquelles psychologiques. La dépression, les phobies et autres symptômes du stress post-traumatique n'entraînent pas que les coûts de médicaments ou traitements psychologiques. Ils amènent aussi des changements de style de vie assez profonds.

Les particuliers, mais surtout les commerçants, dont la situation financière est précaire, sont à la merci du moindre revers de fortune. Il suffit d'une échéance qu'on ne peut rencontrer pour que l'endettement devienne impossible à juguler. La victimisation peut ainsi déclencher l'effondrement d'une entreprise. Un bijoutier qui avait travaillé d'arrache-pied pour devenir son propre patron et avait investi toutes ses économies dans l'espoir que le futur lui réserverait une meilleure vie, fut victime d'un hold-up dans lequel les voleurs, surpris en pleine action, abandonnèrent la plupart du butin qu'ils voulaient apporter. Parmi les bijoux touchés mais non dérobés, quelques-uns, de grande valeur, avaient été confiés pour réparation ou évaluation. Les policiers appelés sur les lieux confisquèrent les bijoux comme pièces à conviction et les gardèrent durant plusieurs mois. Ignorant des lois, inadéquatement assuré et incapable de faire face aux réclamations de ses clients, le bijoutier fit faillite et même le retour éventuel de sa marchandise ne put le remettre sur pied.

Les dépenses occasionnées par le système de justice constituent le cinquième groupe de dépenses indirectes. Pertes de temps, déplacements, frais de gardiennes ou de remplaçants sont les coûts les plus fréquents. Certaines victimes ont payé des honoraires pour consultation juridique. D'autres ont vu leurs biens retenus comme *exhibits* pendant de longues périodes.

Finalement, les pertes sont très élevées pour les victimes comparativement au gain réalisé par le prédateur. Lorsque le crime avait une finalité de domination ou de jeu, les agresseurs en ont-ils tiré un profit aussi intense et durable que les dommages causés ? Un vol de cannes blanches et d'appareils optico-tactiles rapporté par Le Journal de Montréal le 2 février 1982 laisse perplexe. De quelle utilité pouvaient être ces objets aux voleurs alors qu'ils sont précieux pour les aveugles et, dans le cas des optacoms, difficiles à remplacer.

3. Les capacités différentielles d'absorber les pertes

Non seulement les pauvres sont plus souvent victimes mais ils sont aussi plus souvent blessés et ils connaissent moins les recours offerts que les plus fortunés. De plus, si les pertes financières brutes qu'ils subissent ne sont pas, dans l'ensemble, supérieures à celles qu'essuient les couches mieux nanties, les pertes nettes sont carrément plus élevées car ils sont peu protégés par les assurances ou les avantages sociaux au travail.

« On n'avait pas d'assurances en plus de ça. Rien. On a été balayé, nettoyé, lavé en cinq minutes ou dix. Dans cinq minutes, il brise toute ta vie que toi, tu as mis vingt ans à faire ».

Selon HINDELANG et al. (1978), les probabilités qu'une perte matérielle accompagne un acte de violence sont presque deux fois plus élevées chez les gens qui sont au plus bas échelon du statut économique que chez les autres classes de revenus.

Le projet expérimental AVI a révélé l'existence d'un phénomène sans doute particulier aux milieux désavantagés : les vols de chèques de bien-être social et, surtout, de l'argent que l'assisté social vient d'encaisser. Comme plusieurs ont l'habitude de retirer la somme complète, c'est la catastrophe totale, il ne reste plus rien pour vivre, jusqu'au mois suivant.

Dans cette situation, la perte financière revêt une importance absolue et inhibe la plupart des émotions qui n'y sont pas liées. Le plus souvent, cependant, les victimes diront : « ce n'est pas tellement l'argent » que l'atteinte à l'intégrité ou la peur ou le changement de style de vie ou la valeur sentimentale des objets volés ou les inconvénients subis.

C. L'impact sur la santé mentale

Dans une étude sur les réactions au crime, FRIEDMAN et al. (1982), affirment que les résultats qui les ont surpris le plus sont la force de l'impact d'une victimisation sur l'état émotif d'une personne et sur sa vie quotidienne qui en devient radicalement altérée. C'est d'ailleurs sur ce type de conséquences que les victimes sont le plus volubiles. Après avoir vu les principales manifestations des troubles émotifs éprouvés, nous tenterons d'en identifier les facteurs d'intensité et de durée.

1. La peur

Fondée ou non, générale ou focalisée, la peur est l'émotion la plus communément exprimée par les victimes rencontrées dans cette étude et dans la recherche évaluative de l'IVAC. Elle entraîne des changements de comportements et de modes de vie parfois majeurs.

Certaines victimes ont peur avant tout de leur agresseur. Parce qu'elles l'ont dénoncé à la police, pointé du doigt dans une parade d'identification ; parce qu'elles ont témoigné « contre » lui ; parce qu'il connaît leur adresse ou habitudes de vie. Finalement, parce qu'il peut revenir. Les témoignages sont éloquents.

« Bien, disons que la personne qui a fait le coup, elle est en libération ici. Elle se promène sur la rue. Fait que j'ai un peu peur. Je suis craintive ».

« Si c'est à cause de mon témoignage qu'il va en cour, il va dire : « C'est elle qui m'a donné », et il peut trouver ma maison ».

« Je ne pense pas qu'il sait où je reste mais il peut le savoir ».

« C'était une maladie. J'en ai fait une maladie. Je passais mon temps à écouter la radio pour savoir s'il s'était évadé ».

« S'il fallait qu'ils reviennent... »

« Ils savent tout de moi ».

« Mais quand ils ressortent après (de prison), ils t'en veulent parce que c'est toi qui les as fait mettre dedans. Et puis, ils savent où tu restes pour te retrouver ».

« Parce qu'ils peuvent toujours s'échapper et venir me faire du trouble. Nous autres, quand on a entendu parler, il y a une couple de mois, qu'il y avait des évadés, l'affaire, la grosse affaire que finalement ils les ont pris aux Etats-Unis, on ne savait pas qui c'était les évadés et j'ai eu bien peur. J'ai pris le téléphone et j'ai dit à ma femme : « Fais tes p'tits vite puis va-t-en chez ta sœur et attends-moi là ».

Ce n'est là qu'un échantillon des propos recueillis. Les victimes se sentent traquées (« *I feel I am the target* » disait l'une), elles craignent les représailles. Voilà bien le produit de leur ignorance, de leur traumatisme, de leur paranoïa dira-t-on. Pas nécessairement. D'abord le « quelqu'un doit m'en vouloir et m'épier » est une réponse logique à la question « pourquoi moi ? ». Ensuite, il y a effectivement des victimes menacées de représailles.

Parmi les personnes à qui nous avons parlé, une femme agressée sexuellement s'est vue offrir le choix entre 5000 $ si elle retirait sa plainte ou *« Tabarnacle, les deux jambes vont te partir de sur le corps » (C-2).* Quel choix… ! Une dame âgée a été menacée des pires sévices à l'égard de ses petits-enfants si elle confiait à quiconque ce qui lui était arrivé. Elle a vécu dans le silence et la terreur durant deux semaines avant d'oser se confier.

On ne peut savoir jusqu'à quel point les menaces risquent d'être exécutées. Elles le sont parfois, nous en avons eu des exemples. Pour avoir dénoncé un crime dont ils ont été témoins ou victimes, des individus se sont fait casser la gueule. Les victimes sont d'autant plus exposées qu'elles vivent à proximité de leur agresseur.

Tous les chercheurs qui ont interviewé des victimes de violence criminelle ont pris conscience du climat de peur dans lequel elles vivent. Peu ont tenu compte de la réalité du danger qu'elles craignaient. Même les personnes dont le domicile a été dévalisé ont peut-être raison de craindre une répétition ; le voleur, comme quiconque, tend à reproduire une conduite fructueuse.

Plutôt que de l'agresseur, ce peut être des lieux et des moments qui rappellent l'agression dont on a peur. Les marchands et les caissier(e)s ont peur de retourner au travail,
« J'ai fini par vendre le commerce parce que chaque fois qu'il entrait quelqu'un je venais mal »,

et plus rarement, de tout endroit où il y a de l'argent en circulation.

« Je ne suis plus capable d'aller à la banque, même d'aller faire mon marché, c'est bien difficile. Quand j'approche des caisses, mes mains viennent toutes mouillées ».
« Je n'irai jamais travailler où il y a de l'argent qui circule ».

Les personnes agressées dans la rue ont peur de sortir ; si ça s'est passé dans le métro, elles ne peuvent plus voyager ainsi. D'autres voient venir le soir ou une heure particulière avec beaucoup d'anxiété. Il arrive que cette peur se propage à d'autres endroits, par exemple, tous les lieux publics, les ascenseurs, jusqu'à se généraliser entièrement et qu'on vive dans une crainte constante.

Il nous apparaît donc préférable que la crainte soit polarisée sur des personnes ou des objets bien particuliers, car alors, on peut la vaincre, soit en éliminant la menace externe, soit en se raisonnant ou en se soumettant à une thérapie de désensibilisation. Mais la peur de tout, la peur de rien en particulier, si ce n'est de la violence et de la mort ?

Très pénibles aussi sont les suites d'une victimisation à la maison car on perd alors la sécurité du foyer, le sentiment même d'avoir un chez-soi. Des personnes dont la maison avait été dévalisée craignaient toujours d'être seules longtemps après. D'autres doivent déménager :

« Je ne pouvais plus rester là parce que c'est là que c'est arrivé »,

ou, sont incapables de vivre seules, dorment les fenêtres fermées durant les grandes chaleurs de l'été, sursautent au bruit de la sonnette d'entrée ou même au moindre craquement. Pendant longtemps, un homme n'a pu prendre de douche, car il s'agit là d'une activité où une personne est vulnérable, dénudée, isolée et coupée des bruits extérieurs.

« Une fille qui se fait violer sur la rue, il y a la valeur d'insécurité de la rue qui se trouve à changer. Puis quand tu te fais violer chez vous, dans la maison, toutes les valeurs se trouvent toutes éprouvées. Bon, tu fermes tes portes chez vous, le soir... Le jour, tu penses que tu es en sécurité. Puis quand tu t'es fait violer chez vous, les portes fermées, tu dis : « Je ne suis plus en sécurité ». J'ai bien beau déménager n'importe où, je ne serai jamais plus en sécurité. Il faudrait mettre des barreaux sur les portes. C'est aussi bien d'aller habiter à l'asile dans ce cas-là » (B-6).

D'autres disent que leur maison est devenue une forteresse, une cage, une prison. La liberté est perdue aussi bien que le sentiment de sécurité.

Il faut changer ses habitudes de vie. Une personne a même changé son nom. On ne sort plus, ou pas aux mêmes heures ou pas de la même façon. On abandonne des activités. C'est une « appréhension continuelle ». On se munit de dispositifs de sécurité qui sont autant d'entraves à la liberté. Quelques personnes ont acheté une arme ou encore font en sorte qu'il y ait toujours un couteau à portée de la main.

A notre avis, la peur d'être de nouveau victime ou le sentiment généralisé de crainte suscite ou accroît la plupart des autres traumatismes vécus par les victimes.

2. Les perturbations dues au stress post-traumatique

L'Association américaine de psychiatrie a ajouté tout dernièrement un nouveau syndrome à son guide des diagnostics (DSM-III) : le « *post-traumatic stress disorder* ». La présence de ce syndrome pouvant être reconnue par des manifestations claires et facilement observables, nous avons voulu, à l'analyse, voir dans quelle mesure il était présent chez les victimes que nous avons connues. Il ne faudra pas perdre de vue cependant que les entrevues n'avaient pas été menées pour fins de diagnostic et que l'auteur n'est pas clinicienne.

Le syndrome se reconnaît par quatre types d'indices.

a) « La présence d'un élément stressant manifeste susceptible d'éliciter des symptômes marqués de détresse chez la plupart des gens ». De ce qui précède, il ne fait pas de doute que le crime violent correspond à cette condition.

b) « Une évocation de cet événement dans des cauchemars répétitifs, souvenirs persistants ou impressions que le stress déclencheur se reproduit ». Cauchemars et sommeil perturbé sont souvent décrits par les victimes et, le plus souvent, ils sont liés directement à la victimisation. L'imagerie en est une de révolvers, couteaux, sang, cris, attaques, masques, mort. Le sentiment le plus évoqué est l'impuissance. On peut inférer les souvenirs persistants de trois propos très fréquents dans les discours des victimes :

« C'est quelque chose qui reste dans l'idée tout le temps. Je ne l'oublierai jamais. Ça reste là-dedans ».

« Je suis porté à me surveiller aux environs de ces heures-là ».

« Les quelques minutes ou secondes, je les revois en noir sur blanc, en couleurs, comme une image très nette, n'importe quand. C'est gravé là. On dirait que tout revient comme un film ».

On s'en doute aussi du fait de l'arsenal de sécurité dont elles se chargent, du stress évoqué par l'anniversaire de l'événement, du besoin qu'elles ont de se raconter. Enfin certaines victimes se sont retrouvées de nouveau en situation de danger et c'est l'événement antérieur qu'elles ont eu l'impression de revivre.

c) « Une apathie, une léthargie, un état de torpeur face au monde externe ». La réaction immédiate de plusieurs victimes a été de se cacher, de s'isoler, de se terrer. Les victimes de viol, surtout, mais pas uniquement, désinvestissent dans les relations amoureuses ou amicales. Dans certains cas, survient un engourdissement affectif total :
« T'es morte par en-dedans, un robot. Je vis comme sur le neutre. Je fonctionne, mais il n'y a rien en dedans. Pas de sentiments importants, pas de pulsion sexuelle. Tu vis recto tono ».

Certaines expriment une démotivation généralisée à l'égard de tout : le travail, les soins domestiques, les relations sociales. C'est une perte du goût de vivre qui va même jusqu'à la tentation suicidaire. Il arrive qu'on ait réalisé la futilité des ambitions terrestres : pourquoi tant investir dans telle ou telle poursuite puisqu'on peut être tué, n'importe quand ? Très révélatrice aussi est cette négligence ou incapacité de rechercher de l'aide, de se venger, de demander réparation.

d) « L'existence d'au moins deux des symptômes suivants » :

- « nervosité exacerbée (*hyperalertness* ou *exaggerated startle response*) ». Elle est très présente chez les victimes qui sursautent au moindre bruit, s'inquiètent de toute modification de leur routine, sont conscientes de chaque détail insolite ;

- « perturbation du sommeil » : incontestable ;

- « culpabilité d'avoir survécu ». Nous avons observé le contraire. Les victimes sont fières d'avoir sauvé leur peau et c'est même là le seul aspect de leur victimisation qui les valorise, les exalte parfois :
« J'ai sauvé ma vie »

Contrairement à d'autres catastrophes, le crime étroitement défini, atteint des individus isolés. Il est donc rare que la survie de l'un se fasse aux dépens ou en présence de l'anéantissement de l'autre. Nous n'avons observé qu'un cas, un incendie criminel allumé il y a près de dix ans, où une survivante entretienne un tel sentiment de culpabilité. Elle a vu mourir comme des mouches les gens autour d'elle. Le fait d'avoir survécu est rarement la raison de la culpabilité éprouvée ;

- « troubles de mémoire et difficultés de concentration ». Certaines victimes en ont fait état, en particulier celles pour qui ces facultés sont vitales dans l'exercice de leur métier. Ainsi, six victimes de notre échantillon, cinq dans celui de l'IVAC, se plaignaient de dysfonctions au travail. Selon SOROKIN (1942), en présence de calamités, les processus cognitifs se concentrent sur ce désastre et ne répondent plus aux éléments exogènes qui ne leur sont pas reliés ;

- « évitement des activités qui rappellent de mauvais souvenirs ». Nous avons vu qu'il s'agit là en partie d'un effet de la peur. Quelques symptômes de nature différente ont aussi été révélés : par exemple, une victime qui a failli mourir d'étranglement ne peut plus supporter quoi que ce soit sur son cou ; une autre, agressée en revenant du marché, essaie par tous les moyens possibles de déléguer cette corvée. Plusieurs personnes qui ont refusé l'entrevue ont donné comme raison qu'elles ne voulaient pas revivre l'événement ;

- « aggravation des symptômes lorsqu'exposé à des événements semblables ». Peu de victimes ont connu cette situation, sinon de façon vicariante. Notons toutefois, chez certaines, une intolérance aux scènes de violence dans les médias.

En somme, le nouveau syndrome défini par le DSM-III correspond assez bien aux malaises ressentis par les personnes violentées. Par ailleurs, il ne tient pas compte de certaines perturbations observées chez bon nombre d'entre elles. Outre la peur dont nous avons déjà fait état, un sentiment généralisé est la perte d'estime de soi. La victime se sent diminuée à ses yeux et aux yeux d'autrui, elle n'a plus autant confiance en ses ressources personnelles ; parfois, elle se méprise, parfois, elle ne réussit plus à se reconnaître ou à se former une image d'elle-même. On peut relier ce sentiment à trois facteurs. En premier lieu, l'essence de la victimisation est une perte de pouvoir sur soi et sur son entourage ; c'est un échec, parfois humiliant ou dégradant, une atteinte à sa dignité. Pour réaliser l'effet dévastateur de l'échec total, il n'y a qu'à voir comment les gens s'accrochent à la moindre parcelle de pouvoir conservé.

« Des jours, je me sens bien 'down'. Puis là, je me dis, ç'aurait pu être bien pire parce que, quand même, je ne me suis pas laissé avoir complètement. J'ai gardé mon sang-froid, sans ça, j'aurais perdu ma peau ».

Etre victime, c'est aussi une perte de pouvoir sur la vie, c'est réaliser sa vulnérabilité, sa mortalité, perdre ses défenses contre l'angoisse de la mort. Pour la plupart, les personnes atteintes dans leur intégrité physique déplorent qu'elles ne seront plus jamais les mêmes.

Voilà le second facteur : le sentiment de deuil ou de perte. Perte d'un être cher, perte d'objets dans lesquels on trouvait une identité, perte de sécurité et de confiance en autrui, perte de soi finalement. La victimisation, comme ses effets, se produit dans un environnement. L'image dévalorisée de soi a été reflétée par le miroir social, déformé ou non. Le troisième élément est donc le sentiment de culpabilité ou de honte aboutissant très souvent à l'isolation et au repli sur soi. C'est davantage, semble-t-il, une mentalité générale que des reproches explicites et directs adressés aux victimes, qui favorise le développement d'une telle attitude. C'est aussi l'incompréhension, du moins l'impression de n'être pas compris de son entourage. Nombre de victimes ont dit :
« Il faut y passer pour savoir ce que c'est ».

Enfin, les critères de diagnostic proposés par le DSM-III correspondent beaucoup mieux aux effets d'une première victimisation ou de victimisations isolées, sans rapport les unes avec les autres, qu'à ceux d'une histoire de victimisation. Ne pourrait-on pas supposer que plusieurs dysfonctions sociales, délinquance, maladie mentale, suicide ne sont que des formes d'adaptation à un environnement abusif ou à des expériences traumatisantes ?

D. Les répercussions sociales

Les proches des victimes ont été encore plus négligés que les victimes mêmes (OCHBERG et SPATES, 1981). Dans certains cas, de par l'étendue des dommages subis, ils sont les principales victimes : par exemple, quand la personne directement attaquée décède ou est handicapée de façon permanente par l'acte criminel.

L'homicide, comme tout décès, laisse des personnes à tout jamais privées d'un être cher. Comme tout décès accidentel, cette perte survient inopinément, sans laisser de chance de s'y adapter, souvent sans provisions légales, sans ménagements, brutalement et dans la solitude. De surcroît, l'homicide stigmatise les survivants,

« On n'en parle jamais devant les enfants. On a dû les changer d'école, déménager, parce que les enfants mettaient ça sur le tapis, toujours, à l'école. Leurs petits compagnons, vous savez. Ils se faisaient regarder de travers par tout le monde, les parents aussi, surtout par les parents, comme si c'était leur faute. Comme on aurait dit qu'ils étaient contagieux » (A-1),

et leur fait prendre conscience de leur propre fragilité.

« S'ils lui ont fait ça à lui, moi aussi il peut m'arriver quelque chose. Il s'est fait tuer par quelqu'un qu'il ne connaissait même pas » (IVAC).

Presque aussi sûrement que l'homicide, les agressions qui ont des séquelles physiques ou psychologiques durables minent le réseau familial. La victime draine à ce point les ressources de l'entourage que la relation ne peut plus être maintenue. Sa dépendance, son incapacité de vivre ou de sortir seule, son irritabilité, ses phases dépressives, ont vite raison de l'altruisme initial. La famille finit parfois par souffrir du même syndrome, quoique à un degré moindre. Par exemple, une victime de vol qualifié disait que sa femme manifestait à peu près les mêmes signes d'anxiété que lui (A-29). Parfois, les membres d'une famille deviennent prisonniers les uns des autres, en se refusant des sorties en se contraignant mutuellement à des mesures restrictives de prévention (A-1).

Une victime de voies de fait raconte que toute sa famille a été atteinte par ses réactions. Puisqu'elle vivait « comme une ermite », elle a négligé mari et enfants qui non seulement ont été privés de sa présence mais qui devaient aussi se débrouiller sans elle. Ses pleurs comme ses phases d'agressivité ont rendu les membres de son entourage nerveux et déprimés.

« Tu transmets ton comportement aux autres » (B-6).

Elle ne pouvait plus non plus poursuivre une vie sexuelle avec son mari. Plusieurs autres femmes ont vécu ce problème et continuaient à le vivre un ou deux ans après l'événement, lequel n'était pas nécessairement un viol. Agressées par des hommes, elles semblent étendre à tous les hommes leur méfiance ou leur dégoût. Lorsque le mari est très compréhensif, la relation est maintenue mais on peut facilement imaginer que le conjoint souffre de la situation.

Pour toutes ces raisons et d'autres, la rupture de liens antérieurs est une conséquence majeure de la victimisation et elle n'affecte pas que la victime primaire. Les familles, les couples, les amis se séparent très souvent dans l'échantillon étudié ici, comme dans celui de la recherche évaluative de l'IVAC : par nécessité absolue si la violence est infligée par des proches ; à cause d'un vide affectif, d'une méfiance généralisée, de l'extériorisation de sentiments auxquels l'entourage ne peut faire face, quand l'agression par un inconnu occasionne un traumatisme durable ; par ricochet, si la victimisation a entraîné une dégringolade sociale et économique telle que la victime est désormais incapable de poursuivre les activités habituelles de son cercle ; plus indirectement, lorsque la personne traumatisée abandonne son milieu de travail ou de vie pour se protéger de futures attaques.

Plus de la moitié des victimes rencontrées ont mentionné spontanément que leur famille avait dû absorber les contrecoups de leur victimisation. FRIEDMAN et al. (1982) ont mesuré une augmentation de la peur du crime chez 80% des personnes qui avaient réconforté des victimes après l'acte. En fin de compte, de larges segments de la population sont affectés par des victimisations relativement rares.

Une conséquence sociale alarmante est la perpétuation de la violence. Nous avons vu, chez les personnes dominées par un proche, une tendance à adopter soit des comportements et attitudes de victimes, soit une conduite agressive, selon que le rapport de forces peut être renversé ou non. Chacun de ces modes d'adaptation maintient l'oppression. Quant aux victimisations qui ne s'inscrivent pas dans un mode de relations dominant/dominé, il n'est pas clair si elles contribuent ou non à perpétuer la violence. Dans notre échantillon, les victimes agressées à plus d'une reprise l'ont surtout été à cause de leur occupation. Même si certaines sont bien déterminées à se défendre violemment la prochaine fois, une seule a essayé de le faire et personne n'a adopté de conduites délinquantes en réaction à l'événement.

Même si plusieurs victimes ont exprimé beaucoup de colère envers leur agresseur, surtout immédiatement après l'acte, cette colère ne s'est pas actualisée en gestes concrets. Le plus souvent, elles retournent contre elles-mêmes leur agressivité ou, occupées qu'elles sont à conserver leur énergie vitale pour survivre émotivement, elles se contentent de fantasmes.

« J'ai rêvé souvent de faire un commando de femmes pour défendre les autres femmes. Bien des rêves comme ça. Puis on irait l'attaquer, tu sais, le sentiment de lui remettre la peur.
On se met deux filles au besoin puis là, on est égal. On va lui tamponner le pénis au besoin. Puis, tu lui dis : « bande, tabernacle, bande. Qu'il voit ce que ça fait. Je suis moins méchante maintenant mais peut-être que j'ai trop démissionné »(C-2).

Peut-être que ce n'est pas tant des victimes immédiates qu'il faut craindre des représailles que de leurs proches. Une victime de vol à main armée secourue par des clients du magasin pendant l'agression raconte :
« Il me tuait, c'est pas mêlant. Sur l'entre-fait, entrent deux clients réguliers. Je te dis ça, comme ça, mais ça se passait très vite. Ça fait que les clients, pas mal costauds, tu sais, le gars n'a pas voulu rien savoir puis il prend, comme on dit, la poudre d'escampette. (...) Ils (les clients) lui ont couru après, il paraît, pendant une heure » (B-2).

Pendant ce temps, la victime, blessée, devait se traîner pour appeler du secours. Dans une autre situation, une victime d'un viol très sadique, meurtrie physiquement et psychologiquement, raconte la réaction de son mari et de son frère :

« Ils m'ont demandé : « Viens avec nous autres, on va essayer de le trouver ; puis il va en manger toute une. On va se promener, puis si tu le vois, tu nous le dis. On va s'occuper de lui, puis ensuite, on va t'amener chez le docteur » (C-9).

E. La mesure des traumatismes

Nous avons posé comme hypothèse que la souffrance engendrée par le crime excède de beaucoup le profit qu'en tirent ses auteurs. Un examen des divers traumatismes subis porte à croire que les pertes sont incommensurablement plus élevées que les gains. Pour vérifier cette impression, il faudrait peser rigoureusement les deux plateaux de la balance. A notre connaissance, les gains réalisés par les délinquants n'ont jamais été chiffrés et on commence à peine à se rendre compte de la nature des pertes subies par les victimes. Après avoir examiné les avantages, piètres ou considérables, que les délinquants peuvent tirer du crime CUSSON (1981) pose la question : « sont-ils heureux ? ». Il conclut que la majorité d'entre eux sont misérables. Gains illusoires et passagers, attentes démesurées, ne peuvent qu'exacerber les besoins des criminels. L'auteur appuie ses conclusions sur des cas qui, à un moment ou l'autre de leur carrière, ont fait face à l'appareil de justice. Pour les infracteurs jamais dénoncés ou dénoncés très tardivement, en est-il de même ? Il y a lieu de douter qu'à l'exception de grands escrocs, les délinquants impunis aient retiré des satisfactions durables de leurs gestes. Ils n'en ont pas moins retiré un plaisir, aussi momentané qu'il soit. Un nombre indéterminé s'est enrichi financièrement du crime ou de ses conséquences ; une minorité fait fortune en vendant ses mémoires.

Chez les victimes c'est une perte nette et totale. La victimisation n'a que des effets négatifs. Sur les plans de l'intégrité physique et des répercussions financières, les séquelles commencent à être mesurées, du moins les séquelles directes, mais on ne dispose pas de mesures à long terme. Notre échantillon suggère cependant qu'un gain économique par l'agresseur peut représenter pour la victime une perte décuplée. Ainsi, lorsqu'un cambriolage coûte 3,000 $ à une victime, le voleur peut fort bien ne réaliser que 300 $ comme fruits de son labeur. Dorénavant, les instruments de mesure devront être adaptés pour calculer les pertes brutes totales, incluant les pertes directes, moins les sommes recouvrées d'une source ou l'autre. Et ne perdons pas de vue que les indemnités perçues par l'assurance privée ou étatique correspondent à des déboursés par les citoyens.

La mesure des traumatismes personnels et sociaux est beaucoup plus difficile à prendre. Il n'existe pas d'instruments de mesures. En l'absence d'une évaluation psychologique avant la victimisation, il faut donner ou non entière crédibilité à la victime qui affirme avoir vécu des séquelles importantes. L'évaluation est d'autant plus compliquée que les problèmes se manifestent souvent à retardement. Ainsi, au cours du projet expérimental AVI, très peu des 319 victimes contactées ont manifesté un besoin d'aide. KRUPNICK et HOROWITZ (1980) ont reçu un nombre infime de victimes de violence à leur clinique de traitement des symptômes du stress. Dans la majorité des cas, semble-t-il, on croit pouvoir s'en sortir seul et rapidement.

« Je ne pouvais pas savoir que j'allais faire une dépression. Ce n'était pas mon premier coup dur. Je m'étais toujours vanté d'avoir la corne épaisse ».

Seules des études longitudinales peuvent rendre compte des effets réels de la victimisation.

« Je suis retourné à mon travail le lendemain mais, la semaine suivante, je n'étais plus capable ».
« Ça partait et ça revenait. Des jours, je me sentais bien, je reprenais du poil de la bête, puis je flanchais encore ».

Les victimes que nous avons rencontrées ne se conforment pas très bien au cycle en trois mouvements identifié dans le filon de littérature existante : choc, adaptation, récupération ou épuisement. D'abord, chez certaines, le choc initial est quasi-inexistant. Ensuite, dans quelques cas, au lieu de se résorber, la crise s'accroît. Finalement, chez certaines victimes, les symptômes sont très circonscrits et très sporadiques, mais prolongés.

Citons le cas des victimes d'inceste ou de pédophilie. Il semble qu'en l'absence de brutalité, la victime soit très peu marquée par les abus au moment où ils se produisent. Par contre, à long terme, les effets sont dévastateurs (GEISER, 1979). Ainsi donc, la mesure doit tenir compte des réactions à retardement aussi bien que des rechutes, des « *flashbacks* » et de la durée des traumatismes.

A ce jour, même les études quantitatives des effets de la victimisation ont porté sur de très petits échantillons, sur des types particuliers d'événements et n'ont pu prendre en considération tous les facteurs de temps. On n'en sait pas moins que toutes les violences produisent, à un moment ou l'autre et pour des durées variées, des perturbations profondes.

Plusieurs chercheurs n'en ont pas moins essayé de connaître les facteurs associés à l'intensité des traumatismes. Les résultats semblent indiquer que les effets négatifs seront probablement plus sérieux chez les personnes :
- qui vivent déjà beaucoup d'insécurité dans leur vie (MAGUIRE, 1980) ;
- qui n'ont pas reçu un soutien adéquat de la part de leur entourage (KUTASH, 1978 ; FIELDS, 1980) ;
- qui n'ont pas encore développé une image d'elles mêmes (OCHBERG, 1980) ;
- qui ont peu de débouchés, d'alternatives, de moyens de faire dévier le stress (SELYE, 1958).

A partir de notre échantillon, nous croyons que la nature des conséquences psychologiques ne varie pas selon le type de violence subie. Exemple, seules la durée, l'intensité et la direction des effets peuvent changer, dépendamment du cadre dans lequel se produit la violence (histoire de domination ou non), du moment où elle survient dans l'histoire de vie d'une personne, de l'importance relative des pertes dans l'échelle de valeurs des victimes, du mode de perpétration des crimes.

Ainsi, toutes les victimes d'agressions sexuelles rencontrées ont subi des traumatismes de gravité variée mais seules quelques victimes de cambriolage ont été affectées. Parmi ces dernières, on trouve des femmes, des personnes âgées, des gens qui

ont perdu des biens qui avaient une très grande importance pour eux et d'autres qui ont vu leur domicile saccagé inutilement. Une remarque distingue les victimes de cambriolage traumatisées de celles qui ne le sont pas :
« C'est comme si j'avais été violé ».

La façon dont s'est produite la victimisation, le degré d'imprévisibilité, de brutalité, la durée de l'événement et la nature des relations entre agresseurs et victimes semblent également déterminants. Nos données suggèrent trois hypothèses.

a) Le plus la confrontation est anonyme et déshumanisée, le plus intense sera le choc mais le plus rapidement la victime répondra à une thérapie appropriée.

b) Le plus la victime aura réussi à préserver une marge de pouvoir, le plus elle pourra récupérer rapidement, utilisant cette marge comme tremplin.

C'est très important, en effet, surtout pour les hommes, de ne pas avoir perdu la face complètement. Si seulement la victime dit : « Ça aurait pu être pire » ou mieux encore, « Il ne m'a pas eu complètement », elle est déjà sur la voie de la guérison.

« J'ai été chanceuse dans mon malheur. J'aurais pu avoir la balle dans la tête ou bien dans l'os du genou ».
« Au moins, je n'ai pas perdu mes cartes d'identité ».
« C'est quand même une chance que la lame n'ait pas touché plus loin ».
« Au moins, j'ai sauvé ma vie ».
« J'avais le gros des recettes depuis le dernier dépôt, là (montre du geste), et il a été trop nono pour regarder. Il pense peut-être qu'il m'a eu ».

Résister, se défendre, semble augmenter considérablement les chances de survie psychologique, sinon physique. La défaite n'est pas totale. On a préservé une mesure d'estime de soi à tout le moins.

« Il y a une certaine satisfaction parce qu'il y a au moins deux gars que j'ai fait tomber. Mais mon amour-propre est blessé quand même ».

Enfin, une agression semble moins dévastatrice si on croit qu'elle est dirigée non contre soi mais contre ses biens.

c) Le plus longtemps la victime est laissée dans l'angoisse, dans l'incertitude de l'issue, le plus elle sera perturbée. Cette hypothèse s'appuie notamment sur les situations de prises d'otages ou de disparitions. Il est très difficile pour une famille d'envisager le sort d'un membre disparu. L'imagination et l'angoisse se débrident et les processus de cicatrisation ne peuvent se mettre en œuvre tant que les corps n'auront pas été découverts (A-1 et A-2). Ainsi, dans l'affaire 0lson, il est permis de croire que l'octroi de 90,000 $ au meurtrier par le gouvernement canadien en échange de la localisation des cadavres aura pu aider les familles des victimes.

Et si on posait la question autrement : « Qu'est-ce qui favorise l'absence de traumatismes ou leur résorption rapide » ? Les rares personnes de notre échantillon non traumatisées au moment de l'entrevue étaient des hommes :
- chez un jeune, l'agression n'a été perçue que comme une défaite momentanée dans le jeu social de la violence ;
- pour un homme d'âge mûr, ce n'était qu'un accident de parcours :
« C'est pas mal dérangeant mais j'ai pour mon idée que ça fait vingt ans que je passe par là, tous les soirs, le même trajet, et c'était jamais arrivé. Je dois être bon pour un autre vingt ans » (B-8, vol avec violence) ;
- pour d'autres, un cambriolage a occasionné beaucoup d'ennuis, quelques pertes financières mais aucune atteinte sérieuse aux sentiments de sécurité ou d'estime de soi.

Par ailleurs, aucune des personnes traumatisées n'avait entièrement récupéré, après des mois ou des années. Celles qui avaient surmonté assez bien l'épreuve l'avaient fait en la niant ou en essayant de l'oublier :
« C'est arrivé, c'est arrivé. Finalement, j'ai tourné la page. C'est une malchance qui aurait pu arriver à n'importe qui. Faut se raisonner. Faut essayer d'oublier, de ne plus penser à ça » (A-19) ;

ou, au contraire, en revivant intensément l'événement par l'écriture ou en se confiant à autrui :
« J'ai fait des efforts fantastiques pour essayer d'oublier. Tout le monde disait : « Penses-y plus ». C'était pas mieux. Finalement, je me suis dit que si je n'en parle pas, j'en serai jamais débarrassée. J'en ai parlé à écœurer tout le monde » (A-5).

La plupart des victimes s'accordent pour dire :
« Avec le temps, les choses s'apaisent ».

A part le temps, les principaux baumes sont leur propre détermination à survivre et le soutien de l'entourage. Très peu ont été aidées professionnellement. Beaucoup se demandent encore : *« Je vais-tu toujours rester de même ? Est-ce que ça va se replacer cette affaire-là ? » (C-8).*

Enfin, de l'analyse des suites de la victimisation, on peut tirer ces conclusions :
a) le coût humain et social de l'usage de la violence est disproportionné par rapport à son résultat ;
b) les classifications juridiques de la gravité des infractions ne correspondent pas nécessairement à leur impact réel ;
c) les séquelles doivent être mesurées dans le temps et relativisées aux capacités différentielles de les absorber ;
d) les traumatismes de la victimisation sont contagieux et les victimes secondaires sont presque aussi affectées que les victimes primaires ;
e) les tentatives sont souvent aussi destructrices que les actes complétés ;
f) les traumatismes causés par la violence humaine ressemblent à ceux qui sont occasionnés par des accidents ou des désastres naturels ; mais, médiatisées par la peur, leurs répercussions semblent plus durables et plus dommageables socialement. De plus, seule l'agression provoque une dévalorisation de soi (voir FREDERICK, 1980).

Enfin, la nature des séquelles de la victimisation peut être résumée ainsi.
1. L'atteinte à l'intégrité corporelle :
- décès
- blessures : incapacités temporaires
  incapacités permanentes, préjudice esthétique
- vulnérabilité à la maladie et vieillissement précoce

2. Les pertes financières
- directes :
  coût des biens volés ou endommagés
  sommes d'argent volées, extorquées
  manque à gagner dû aux blessures
  frais funéraires
- indirectes :
  coûts de remplacement (temps et argent)
  frais d'une sécurité accrue
  déménagements, changements d'emplois dus à la peur
  faillite
  coût de la collaboration avec le système de justice

3. L'impact sur la santé mentale
- peur
- perturbations dues au stress :
  problèmes psychosomatiques
  apathie, dépression, sentiments de deuil
  nervosité
  sentiments de culpabilité
  difficultés de concentration
  perte d'estime de soi
- délinquance, troubles mentaux, suicide
  (victimisation chronique)

4. Les répercussions sociales
- rupture de liens
- stress vécu par l'entourage
- contagion de la peur
- perpétuation de la violence.

Conclusion : qu'est-ce qu'une victime d'acte criminel ?

Si rien n'est essentiellement criminel, comme le soutenait CHAMBLISS (1976), il n'en existe pas moins des comportements qui violent, à des degrés divers, l'intégrité physique ou psychologique des individus ou qui les lèsent dans leurs droits de propriétaires. Nous l'avons vu au chapitre dernier, il y a des personnes profondément blessées, perturbées de façon durable, démolies même, à cause des gestes d'autrui, que ces gestes soient qualifiés de criminels ou non. On pourrait bien décriminaliser l'homicide, il n'y en aurait pas moins perte de vie humaine. Le problème se situe au niveau des définitions des conduites et non de leurs répercussions concrètes. Par ailleurs, ne devrait-on pas définir les actes à partir de leurs conséquences ?

1. Les problèmes de définition

Il ne fait aucun doute que les personnes rencontrées en entrevues ont été victimes quelle que soit la signification qu'on donne au terme « victime ». Les actes auxquels on peut imputer leur victimisation sont définis comme « criminels » par notre code pénal. Cependant, dans certains cas, quel que sérieux que soit le traumatisme vécu, il s'agit de victimisation secondaire : la famille des victimes de meurtre, les deux personnes témoins de vols à main armée mais non personnellement menacées. Et peut-on parler de victime d'acte criminel quand l'agresseur a été acquitté pour aliénation mentale (C-1) ?

Nous avons jusqu'ici évité de proposer une définition des victimes d'actes criminels. Au chapitre 2, les définitions explicites ou implicites adoptées par les chercheurs n'ont pas été critiquées. Bien que nous ayions choisi de nous limiter aux personnes physiques victimes de conduites sanctionnées par le code criminel, il existe aussi des travaux touchant d'autres comportements préjudiciables et d'autres types de victimes, comme les entreprises, les personnes morales.

La majorité des études empiriques consultées portent sur un type particulier de victimes : 1) les personnes, entreprises, communautés lésées par un acte spécifique comme le viol, la fraude, le vol qualifié ; 2) les personnes victimisées en tant qu'appartenant à une catégorie sociale déterminée de par leur âge, leur sexe, leur race, leur orientation sexuelle ou autre caractéristique ; 3) les personnes ou les sociétés lésées par un ensemble de crimes ou d'accidents ayant des traits communs, par exemple la criminalité violente ; 4) les personnes ou entreprises victimisées par un certain nombre de crimes disparates choisis soit à cause de leur gravité, soit parce qu'ils produisent un grand nombre de victimes, soit parce qu'ils ne posent pas de problèmes méthodologique insurmontables – c'est le cas des sondages de victimisation. Il ne s'agit donc pas des victimes en général ou des victimes d'actes criminels mais de victimes d'actes précis et spécifiques.

Lorsque la recherche s'appuie sur les dossiers de la police, du greffe ou d'une agence sociale, l'individu ou l'organisme désigné comme victime est celui qui a été ainsi défini par l'instance qui est intervenue. Dans ce cas, aussi bien que dans ceux où le chercheur a établi des options personnelles, la victime est presque toujours la personne qui a été confrontée de plus près avec l'agresseur, ou celle qui a subi une perte matérielle ; dans le cas de l'homicide, par exemple, la victime est la personne décédée. Il faut noter que les sondages de victimisation laissent aux personnes la liberté de se définir ou non comme victimes, leur permettant de caractériser un événement selon leurs propres perceptions.

Jusqu'à maintenant, la victimologie empirique s'est concentrée sur les conduites sanctionnées par le Code criminel et elle a privilégié les agressions contre les personnes, en particulier l'homicide, le viol et le vol qualifié et, dans une certaine mesure, les voies de fait. La criminalité des affaires, un phénomène souvent pris en charge par les tribunaux civils et administratifs lorsqu'il est identifié, intéresse peu les victimologues. Sont presque complètement négligées également les victimisations par les pouvoirs étatiques ou parallèles, telles que la torture, la détention pour délit d'opinion, le génocide et autres homicides légitimes. Les quelques études qui sortent du cadre bien poli et bien traditionnel (études sur la victimisation des gais, sur les mutilations sexuelles, sur la victimisation par les grandes entreprises ou par la police, et autres) n'offrent pas de définition de la victime et ne démontrent pas en quoi les victimes étudiées diffèrent des victimes de crimes « traditionnels » ou leur ressemblent.

La recherche de RICH et STENZEL (1980) est une heureuse exception. Dans un effort pour déterminer s'il y avait une spécificité à la victimisation par un acte criminel comparativement à d'autres victimisations, les chercheurs ont examiné les conséquences de divers types d'événements sur les personnes qui les subissent : criminalité violente interpersonnelle, guerre, accident de voiture, accident nucléaire et inondation.

La victimologie théorique, pour sa part, a butiné dans un champ plus large. Bien que ses défricheurs aient rarement proposé de définition explicite des victimes d'actes criminels, les typologies qu'ils ont construites laissent entendre que leur principal point de référence est l'acte violent subi par un individu aux mains d'un autre individu. Ainsi, VON HENTIG (1948) donne à son ouvrage le titre « le criminel et sa victime » et MENDELSOHN (1976) affirme que l'expression qui traduit de façon appropriée le concept de victime d'un criminel est celle du « couple pénal » (penal couple). SELLIN et WOLFGANG (1964) étendront la notion de « victime » aux cibles impersonnelles, comme les magasins, les églises, les chemins de fer de même qu'à des corps administratifs et au grand public. SCHAFER (1977) y ajoute la « victime politique » qui souffre aux mains de ses adversaires.

La pauvreté relative des données empiriques et des théories en victimologie complique la recherche de définitions, satisfaisantes par leur logique et par leur correspondance avec la réalité. Par contre, l'absence de définitions et le recours trop intensif aux définitions *ad hoc* empruntées aux agences de la justice pénale s'avèrent des obstacles à la cueillette d'information et à l'élaboration d'un système de connaissances. Il nous faudra sans doute cheminer en alternance entre théorie et réalité, réflexion et terrain. Deux concepts doivent être définis, celui de « victime » et celui de « victime d'acte criminel » ou de « crime ».

2. Une définition de la victime

Selon SEPAROVIC (1974), la victime est toute personne, physique ou morale, qui souffre à la suite d'un accident ou d'une conduite préjudiciable, intentionnelle ; les victimes sont celles qui sont tuées, blessées ou lésées dans leur droit de propriété. Cette approche a l'avantage d'offrir, outre une énumération, un principe unificateur, l'essence du concept. BEDAU (1974), après avoir énuméré les diverses souffrances qui peuvent être infligées ou subies, suggère que l'atteinte aux droits des individus par d'autres individus constitue l'essentiel de la victimisation. A partir de considérations très différentes, les SCHWENDINGER (1975) avancent qu'une perspective radicale définirait le crime comme une violation des droits de la personne. Les victimes seraient ainsi les personnes dont les droits ont été lésés. Plusieurs auteurs considèrent que l'injustice subie est l'essence de la victimisation (YOUNG RIFAI, 1982, par exemple).

Contrairement aux SCHWENDINGER qui se situent dans une perspective légale, d'autres auteurs se rangent carrément dans une optique de santé mentale. SHARFSTEIN (1980) considère la menace à l'intégrité et à la survie de l'individu comme le dénominateur commun de toutes les victimisations. Pour FIELDS (1981), ce dénominateur est le stress qui suit une menace. OCHBERG (1980) définit comme victime « celui qui a souffert au cours d'une interaction humaine, qui a été, en conséquence, diminué dans la hiérarchie de domination, et qui réagit par la résignation ou la peur » [26]. Cette définition est plus utile pour le traitement clinique que pour l'avancement de la science.

Toutes ces définitions ne sont pas tellement éloignées les unes des autres. On y retrouve toujours un élément de passivité (subi) et de dommages (souffrance, injustice, violation des droits, perte). Mais on voit déjà se poser la question de l'origine de cette souffrance. La plupart des définitions ne réfèrent qu'aux personnes physiques, du moins celles qui ont été formulées par des chercheurs du secteur de la santé mentale. Il n'est pas évident, cependant, que le mot « victime » ne puisse s'appliquer aux entreprises ou aux corporations et diverses personnes morales.

Une définition des victimes doit-elle se limiter aux personnes directement lésées par une conduite préjudiciable ou s'étendre aux individus qui subissent des torts secondaires ou tertiaires ? L'étude des conséquences sociales de la victimisation sug-

---

26. « *A victim is one who has suffered in a human interaction, has been lowered in a dominance hierarchy as a result of this, and responds with resignation or rage* ».

gère que les familles des personnes violentées subissent aussi les séquelles de la victimisation, de même que les témoins de la scène d'agression. Dans le domaine des affaires, une coalition, une faillite, une fraude, des vols, entraînent l'augmentation des prix et des intérêts et vont jusqu'à provoquer l'effondrement des petites entreprises et des mises à pied. A la limite, c'est toujours le tissu social qui est affecté.

De ces considérations ressort l'interdépendance entre les définitions des concepts et l'élaboration d'un cadre théorique, de même que l'arbitraire du processus du catalogage. Selon MIERS (1978), l'attribution du statut de victime est le résultat d'interactions complexes entre les perceptions personnelles et sociales des événements et les contextes dans lesquels ces derniers prennent place. QUINNEY (1972), pour sa part, voit la victime comme un construit social imaginé par les lois, par la classe dirigeante, par le sens commun et par les criminologues.

La loi ne « construit » pas la victime, elle l'ignore ; selon le Code criminel, c'est la société qui est victime et, en droit civil, il n'y a ni coupables ni victimes mais des personnes plus ou moins lésées ou plus ou moins responsables. En pratique, toutefois, les lois sont votées et appliquées par des êtres humains. Législateur, police et tribunaux ont leur propre vision du bien de la société, du juste et de l'injuste. Appartenant aux groupes influents de la société, ils peuvent façonner, dans une certaine mesure, l'opinion publique et définir qui sont les victimes. Ainsi, c'était le père ou le mari jadis qui était victime du viol subi par la fille ou l'épouse. Cette attaque menaçait la valeur marchande des filles ou la succession du patrimoine.

C'est toute notre éducation, notre conditionnement, toutes nos valeurs qui transpercent lorsque nous assignons ou refusons le statut de victime à une personne. Il y a accord, symbiose presque, entre la façon dont la loi, la classe dirigeante et l'opinion publique définissent la victime. Il y a des vraies victimes et de fausses victimes. La « victime innocente » est la seule vraie victime. Et c'est ainsi qu'on en arrive à un tel embrouillement que les mots perdent tout sens. Il y a des victimes coupables et des coupables innocents. Pour illustrer cette confusion, citons

GIRARD (1982) : « Parvenus à un stade un peu critique de leur évolution, c'est-à-dire de leur interprétation, les mythes exhibent fréquemment des coupables innocents à la façon d'Œdipe, juxtaposés à des communautés innocemment coupables ». De même, ZIEGENHAGEN (1976) remarquait que les contestataires du régime social incluent dans leur définition de victimes les infracteurs punis par l'élite sociale.

Légalement ou socialement assigné, le statut de victime peut être aussi assumé subjectivement ou pas. Dans notre enquête, quelques victimes ont revendiqué ce statut :
« C'est moi la victime... »

et d'autres l'ont refusé tout en se sentant victimisées :
« Une victime, ça fait un peu, comment dire, chien écrasé, cœur saignant de Jésus. Mais dans le fond, c'est comme ça, il y a les voleurs, puis il y a les victimes ».

SCHUH-KUHLMANN (1970) distingue entre l'aspect objectif du concept de victime, une violation des droits, et la notion plus subjective de souffrance. Il donne l'exemple d'une personne qui « tout en ressentant parfaitement la modification survenue dans sa situation, ne parvient cependant pas à en reconnaître l'aspect préjudiciable ». Un jeune enfant maltraité souffre de façon très réelle sans pour autant pouvoir apprécier le tort qu'il subit et le dénoncer. Souvent, les consommateurs vivent les conséquences de transactions abusives mais ils n'ont pas les moyens de remonter à leurs sources. La personne sénile qui est progressivement dépouillée de tous ses revenus, qui signe tous les papiers qu'on lui présente, réalise bien que sa situation se détériore mais elle est incapable d'en comprendre les causes. A l'inverse, on rencontre des plaignants chroniques qui s'estiment persécutés par tous et chacun sans pouvoir étayer leurs doléances. Classera-t-on ces personnes comme victimes sur la base qu'une situation perçue comme réelle est réelle ?

En somme, faut-il considérer comme victime celle qui se perçoit comme telle, indépendamment des dommages objectifs subis ? Si l'on se situe dans une optique de bien-être, dans une perspective interventionniste, la réponse est assez simple : toute personne qui subit ou croit subir des lésions mérite d'être aidée.

Du point de vue de l'avancement des connaissances, la question est moins facilement tranchée mais il semble qu'il y aurait intérêt à ne considérer, comme critère, que les torts concrètement subis, qu'ils aient été perçus comme tels ou non.

Enfin, le statut de victime est généralement un statut temporaire. Les gens ont d'ailleurs plus tendance à dire : « J'ai été victime de... » que « je suis victime de... ». Les situations décrites au chapitre 4 référaient à des épisodes momentanés de victimisation bien que leurs séquelles persistaient alors que le chapitre 3 faisait davantage référence à une situation prolongée. De même, comme plusieurs auteurs l'ont fait remarquer, les statuts de « victime » et de « délinquant » ne sont pas mutuellement exclusifs. Nous avons vu précédemment qu'ils peuvent se succéder. Ils peuvent également coïncider. Dans certains cas de voies de fait, il est extrêmement difficile de dire qui est la victime et qui est l'agresseur.

A la suite D'ELLENBERGER (1954), on peut affirmer que le tableau des victimisations n'est pas nécessairement peint en noir et blanc. Et on se rend compte tout à coup à quel point les sciences humaines sont imbues de jugements de valeurs. Tantôt l'infracteur est entièrement coupable et tantôt il est victime. Et pour les victimes, certaines sont innocentes et certaines sont coupables. Les normes morales du bien et du mal s'immiscent dans toutes les failles de la connaissance scientifique.

3. Une définition de la victime d'acte criminel

Les codes criminels inspirés du droit anglo-saxon sont d'une utilité très restreinte dans l'élaboration d'une définition de la victime. Ainsi, dans le Code criminel canadien, la victime n'est pas définie, sinon comme témoin. Aux Etats-Unis, le nouveau projet de Code criminel fédéral propose, au chapitre des délits contre les victimes et les témoins, la définition suivante : le mot victime veut dire une personne contre qui une infraction a été commise ou est en train de se commettre [27]. Le Code de procédure pénale français est plus explicite. Il réfère à la victime comme partie lésée ou partie civile, c'est-à-dire « tous ceux qui ont personnellement souffert du dommage directement causé par l'infraction », y compris les personnes morales, les créanciers dans certains cas, les personnes civilement responsables (art. 2). Les types de dommages considérés sont les torts matériels, corporels ou moraux qui découlent des faits objets de la poursuite (art. 3).

En regard de la phénoménologie des victimisations et de leurs conséquences, cette définition est assez réaliste et satisfaisante. Elle ne comprend toutefois que les infractions spécifiées dans le Code et reconnues par le Tribunal.

Existe-t-il une spécificité à la victimisation par un acte criminel ? Certains prétendent que non (MENDELSOHN, DADRIAN, BELL, SEPAROVIC, etc.). Les souffrances de la personne criminellement lésée ressemblent à celles qu'endurent les accidentés, les sinistrés, les réfugiés, les persécutés. Selon RICH et STENZEL (1980), les victimes de violence criminelle, de situations sociales ou politiques, de désastres naturels ou accidentels subissent toutes des séquelles de nature semblable. La Fédération Mondiale pour la Santé Mentale a basé ses travaux victimologiques sur les types suivants :
- une victimisation innée, comme conséquence des structures sociales ou culturelles (race, ethnie...) ou à cause de déficiences biologiques ou mentales ;
- une victimisation « acquise » en raison de courants sociaux, de décisions politiques, de violence interpersonnelle, d'accidents et de sinistres naturels.

Par contre, FREDERICK (1980) distingue selon que la violence est volontairement infligée ou qu'elle est le résultat d'accidents ou de sinistres. Bien que bon nombre des séquelles physiques et psychologiques soient identiques, les victimes de violence ressentent plus de culpabilité et de sentiments d'humiliation et

---

27. « *Victim means an individual against whom an offense has been or is being committed* ». Le mot « *individual* » avait précédemment été défini comme une personne physique ou morale.

éprouvent moins de désirs de vengeance ; elles sont davantage blâmées, stigmatisées et rejetées par autrui. Il aurait pu ajouter qu'elles sont aussi susceptibles d'être prises en charge par l'appareil de justice.

Quelques victimes interviewées dans la présente étude n'en étaient pas à leur première expérience malheureuse. Certaines ont comparé avec un accident de voiture :
« Tu te fais frapper, disons. Le gars est dans le tort mais ce n'est pas toi qu'il visait. C'est un accident qui est peut-être de sa faute mais il ne l'a pas voulu cet accident-là. Puis, tu peux être dédommagé pour ça » ;

ou avec le décès d'un être cher :
« J'ai perdu une fille dans un accident. Mais ça ne se compare pas. L'accident, on se raisonne mais une violence comme ça, on ne peut pas ».

Il nous apparaît donc essentiel de distinguer entre les lésions qui ont comme source des agents humains agissant volontairement, sinon intentionnellement, et celles qui sont dues aux forces de la nature.

Les conduites volontaires préjudiciables ne sont pas toutes sanctionnées par un code pénal. Au Canada, jusqu'en 1983, un adulte mâle abusé sexuellement n'était pas victime d'acte criminel, malgré le préjudice évident infligé. Une personne handicapée à cause d'une erreur professionnelle a droit de recours devant le tribunal civil, à ses frais, mais serait sans doute déboutée au pénal, ne pouvant faire la preuve de l'intention criminelle (C-7). D'autres conduites, comme la prostitution, sont objet de sanctions sans qu'on sache très bien qui est la victime et qui est l'infracteur. Ces conduites obligent d'ailleurs l'appareil pénal à se livrer à de véritables acrobaties pour justifier des inculpations. Comme seule compte l'infraction intentionnelle (encore existe-t-il des crimes pour lesquels la preuve de *mens rea* n'est pas nécessaire), des torts considérables peuvent être infligés à des individus sans que ces torts ne soient jamais reconnus comme criminels devant le Tribunal, le doute jouant toujours en faveur de l'accusé. Y a-t-il une victime d'acte criminel lorsque l'accusé est acquitté pour insuffisance de preuves ou pour vices de procédure ? Quand un mineur accusé est « déjudiciarisé » selon la Loi québécoise de la protection de la jeunesse, cela n'équivaut-il pas à une négation de l'existence de victimes ?

Par ailleurs, d'autres conduites violentes ne sont pas criminalisées parce que justifiées par les exigences de maintenir l'ordre et la paix, ou même, la pureté de la race. En l'absence d'une autorité internationale sur les nations, la violence exercée par l'Etat, par exemple, est peu contrôlée. Elle fait un très grand nombre de victimes (Amnistie Internationale) qui vivent des conséquences identiques à celles éprouvées par les victimes d'agressions non légitimées.

Pour les fins de la recherche scientifique, le code pénal semble un critère inapte à identifier les victimisations.

4. Vers une construction théorique

La victimologie permet de regarder le fait criminel sous un nouvel angle. Ainsi, nous avons vu que les victimes appartiennent surtout aux couches défavorisées et qu'elles sont en situation d'infériorité relativement à l'agresseur ; infériorité durable et socialement entérinée dans les cas d'exploitation par l'entourage, infériorité au moins momentanée dans les agressions par les étrangers et les vols. Le viol relève souvent des deux types d'infériorité. Ainsi, la victimisation est une perte de pouvoir ou la confirmation d'une absence de pouvoir. Elle est très coûteuse pour qui la subit sans que ceux qui en profitent n'en retirent pour autant des bénéfices équivalents aux pertes.

Lorsqu'on essaie de définir et d'expliquer la victimisation à partir de ses conséquences, il apparaît que des actes également préjudiciables ne sont pas tous reconnus comme crimes dans le Code pénal. Par ailleurs, en prenant les conduites sanctionnées par le Code comme critère de définition des victimes, il nous faut réaliser une énorme disparité dans la gravité des conséquences de ces conduites ; de plus et surtout, dans certains cas, il est impossible de dire qui est la victime (le problème des crimes dits sans victime).

Selon BEDAU (1974), nous pouvons dire qu'une personne a été victimisée chaque fois qu'un de ses droits a été violé par autrui ; lorsque cette violation est délibérée ou malicieuse, elle a été la victime d'un acte criminel. La violation d'un droit fondamental de la personne nous apparaît un critère de définition bien supérieur à la vague notion d'atteinte aux valeurs de la société. Encore faut-il que les droits de la personne soient clairement définis et on voit mal comment ceci pourrait se faire hors de toute subjectivité, de tout rapport de forces. L'histoire nous a appris comment il suffit de définir comme « non-personnes » les groupes qu'on veut écarter pour leur nier tout droit. La définition de droits fondamentaux et la surveillance de leur respect doit se faire selon une norme de justice elle-même sujette à l'erreur et à la cécité humaines. Notre définition ne résout donc pas tous les problèmes mais elle corrige des anomalies.

Déjà, la Charte des droits de la personne des Nations-Unies comme les chartes adoptées par plusieurs Etats ont défini un certain nombre de droits fondamentaux : droit à la vie, à la dignité, à l'intégrité physique, à la liberté, au secours, à la propriété physique, etc. Un précédent existe donc.

Par ailleurs, énumérer des droits, tout comme énumérer des crimes, comporte des risques d'oublis. De plus, les codifications tendent à se figer de sorte que les erreurs sont très longues à rectifier, de même que les ajouts rendus nécessaires par le développement de la technologie ou des structures sociales ne sont inclus au Code qu'après des années d'études et de débats.

N'y aurait-il pas lieu, pour toutes ces raisons, de ne reconnaître qu'un principe général ? Si la victimisation est définie comme le fait de subir un préjudice du fait d'autrui, définition implicite adoptée par le Code civil, il faudra voir s'il y a lieu d'assimiler, dans un objectif de développement de la connaissance et non de contrôle des commettants, les fautes intentionnelles et les fautes non intentionnelles. Les premières font actuellement l'objet des deux juridictions. Jusqu'à maintenant, les recherches n'ont porté que sur les victimes de certains types d'infractions sanctionnées par le Code pénal et, en conséquence, les données empiriques éclairent peu la question.

En conséquence, les difficultés qu'on éprouve à définir la victime d'actes criminels viennent surtout du fait que les actes criminels mêmes n'ont pas été définis en vertu des préjudices occasionnés aux individus.

Deuxième partie
Rendre justice

L'intervention du système de justice pénale distingue la victimisation par un acte criminel des autres torts causés par autrui. L'introduction par effraction et les actes de violence que nous avons étudiés tombent sous le coup de la loi criminelle. Théoriquement du moins, la victime qui désire réparation des torts subis ou vengeance, peut toujours s'adresser à la Justice. Selon les sondages de victimisation, moins de la moitié des victimes mettent en branle l'appareil pénal. Et encore, quand ce dernier est saisi d'une affaire, il l'est souvent à cause de l'action ou de l'influence de l'entourage de la victime. Les gens seraient-ils à ce point tolérants ?

Autant ou davantage que le système de justice, les victimes rencontrent les agences des réseaux de santé et de services sociaux. Par choix ou par nécessité, elles demandent des traitements, une assistance ; elles sont bien souvent déçues. Enfin, les victimisations ne se produisent pas en vase clos. Que ce soit pour obtenir un soutien ou pour cacher l'événement subi, les victimes pensent d'abord à leur entourage, lequel sera d'ailleurs un élément déterminant de leur réhabilitation.

Si le crime est sensationnel, les mass médias et l'opinion publique seront alertés et auront un impact aussi bien sur les victimes que sur les infracteurs et sur la Justice. Ainsi donc, réaction informelle, opinion publique, réaction officielle des organismes des Affaires Sociales et de la Justice, se conjuguent pour offrir à la victime assistance ou nouvel abus. Trop souvent, cette réaction est l'occasion d'une nouvelle blessure, selon l'expression de SYMONDS (1980), d'une seconde victimisation.

La victime est perdante dans une société qui valorise avant tout le succès. Comment s'étonner qu'elle soit traitée en citoyen de second ordre ? MIDDENDORFF (1977) rapporte comment les journaux ont traité une affaire sensationnelle de vol à main armée en 1872. Le *Kansas City Times* l'a qualifiée d'audace si diabolique et intrépide « qu'on ne peut s'empêcher d'admirer et de respecter ses auteurs ». Plus tard, le même journal écrivait : « C'est comme si trois bandits nous étaient arrivés tout frais de l'histoire avec le halo de la chevalerie médiévale sur leur accoutrement et nous avaient démontré les exploits que les poètes chantent »[1]. Les choses n'ont pas tellement changé. Encore aujourd'hui, c'est comme criminel et non comme victime qu'on peut espérer arriver à la notoriété publique. Comme le soulignaient MIRON et GOLDSTEIN (1979), bon nombre de terroristes ont d'abord été des victimes ignorées qui n'intéressaient personne mais, comme agresseurs, ils ont obtenu l'attention publique.

Un siècle de criminologie illustre bien la fascination qu'exercent les criminels.

1. Traduit librement des citations de l'auteur.

Chapitre 7

La vie continue

« Quand c'est arrivé, il n'y a qu'à ramasser les morceaux. Nettoyer, courir ici, courir là, expliquer ci et ça. Répondre à pourquoi tu n'as pas fait les bonnes choses qu'une victime doit faire. Tout ça. Puis ils te laissent avec ton petit malheur » (A-30).

Cette personne résume bien les réactions immédiates suite à une agression. La victime posera certains gestes. Généralement, elle doit entreprendre un grand nombre de démarches. Son entourage la supportera à des degrés divers. La plupart des gens avec qui elle sera en contact voudront savoir ce qu'elle a bien pu faire pour s'attirer une telle infortune. Si l'affaire est piquante, les journalistes s'y intéresseront. Si la victime est blessée, elle doit demander des soins médicaux. Si elle est sans le sou, elle doit faire appel à l'assistance sociale. Même en état de choc, elle doit prendre des décisions, comme celle de faire appel à la Justice.

Dans ce chapitre, nous rendrons compte des premières réactions de la victime, de celles de son entourage, de l'intervention des organismes de santé et de bien-être.

A. La réaction des victimes

1. Appeler à l'aide

Même les victimes qui ont réussi à garder leur sang-froid durant l'agression ou en découvrant qu'elles ont été volées, vivent une réaction émotive d'intensité variable dès que le danger a disparu. Essentiellement, cette réaction prend la forme de l'inertie ou d'un dérèglement moteur.

« J'ai réagi bien froidement. Je n'ai rien laissé paraître, je lui ai donné l'argent tout simplement. Mais je ne comprends pas ce qui m'est arrivé après. J'ai paralysé là, je voyais la cliente en face de moi, mais, je n'entendais rien. Je n'étais pas capable de bouger » (A-34).

Il s'agit d'une caissière de banque à qui un individu avait discrètement ordonné de rendre l'argent en laissant voir une arme. Une autre femme, violée dans sa maison, rapporte :
« Je criais, je criais. La propriétaire en bas a finalement monté. Elle avait pensé que j'étais devenue folle. (...) Dans l'ambulance, je continuais à crier et je me débattais parce que les ambulanciers m'avaient attachée » (A-22).

Toutes sortes de réactions psychosomatiques ont été observées pendant que la victime est en état de choc : pleurs, cris, tremblements, nausées, etc...

A moins que la victime ne soit inconsciente, elle demandera de l'aide. Il est surprenant de voir quelle force et quelle volonté de survie les gens possèdent. Même très gravement blessées, les victimes ont réussi à obtenir du secours avant de s'effondrer. Une jeune femme qui a vu la mort de très près, par exemple, est parvenue à sortir dans la rue où son visage bleu et enflé effrayait les passants mais elle a tenu bon jusqu'à ce que, enfin, un camionneur lui vienne en aide (C-1). Une cliente de l'IVAC, poignardée, s'est traînée dans la neige jusque chez un voisin.

Lorsque la victime est seule au moment d'une agression qui se produit sur la rue ou dans un endroit public, elle tend à s'adresser aux passants pour obtenir du secours ou à aller frapper à une porte. Les bons samaritains appellent la police. Si la victimisation se produit à domicile ou dans un petit commerce, ce sont surtout des amis, des membres de la famille ou des clients qui seront alertés les premiers, à moins que l'agresseur n'habite à la même adresse. Les femmes qui découvrent que leur maison a été dévalisée tendent à alerter un concierge, un voisin ou un ami avant de pénétrer à l'intérieur.

Dans les institutions commerciales et financières, les réactions sont mieux orchestrées, des procédures ayant été déjà prévues pour ce genre de situations. Dès qu'un hold-up se produit dans une banque, tout est immobilisé. On ferme les portes, on appelle la police et le service de sécurité de l'établissement. On prend les noms et adresses des témoins. On calcule les pertes. L'enquête débute immédiatement, de façon professionnelle et le tout se termine éventuellement autour d'une bouteille de cognac avant de retourner à la tâche, traumatismes ou non.

Naturellement, quand la situation ne déroge pas trop aux normes établies, s'il y a eu fusillade, par exemple, une certaine confusion s'inscrit. L'extorsion et la prise d'otage défient également les règles. Dans un cas qui nous a été raconté, tous les employés ont été tenus captifs et en haleine durant des heures et ont réagi de façon très explosive lorsqu'on les a finalement mis au courant des faits : le décès d'une collègue.

Lorsqu'il y a victimisation collective, il arrive que les gens se supportent mutuellement après coup. Ils peuvent au moins évacuer leurs émotions les uns avec les autres, avouer leur peur, décharger le trop plein de colère. Car, dès que la victime a surmonté le choc, sa seconde réaction est souvent une très grande colère envers l'agresseur ou envers la société, envers ses employeurs ou envers la Justice. Cette colère s'atténue avec le temps ou se retourne vers soi car la victime n'a aucun moyen de la diriger vers l'agresseur qui demeure le plus souvent inconnu.

Enfin, certaines victimes restent avec leur mal et n'en parlent à personne. Une femme mariée, violée chez elle juste avant Noël, s'est confiée pour la première fois, près de deux mois après l'agression, à un centre d'aide aux victimes. Elle vivait dans la terreur que son mari n'apprenne l'incident. D'autres, hommes et femmes, tenaient absolument à ce que les membres de leur famille ou leur employeur ou leurs amis ne soient pas informés, de peur de les inquiéter, par crainte d'être blâmés, stigmatisés, pénalisés. Chez l'une (C-57), le mutisme était dû à la fois aux menaces dont elle avait fait l'objet si jamais elle parlait à quiconque et à la peur d'être blâmée par ses enfants. Elle est donc demeurée chez elle pendant deux semaines, trop effrayée pour sortir, parler ou même dormir dans son lit. D'ailleurs, comme le disait une victime :

« Souvent, on aime mieux se taire. On se dit, bien mon Dieu, c'est arrivé, c'est arrivé. Si on en parle, on va s'embarquer dans un paquet de troubles ».

2. Se protéger

A la suite d'une violence, l'appel à l'aide est souvent une demande de protection. On craint que l'agresseur ne soit encore là ou qu'il ne revienne. Bon nombre de gestes immédiats ont pour objectifs de prévenir une nouvelle attaque. Après un cambriolage, une victime barricade portes et fenêtres, place des meubles lourds contre les portes et dort avec ses enfants. Une autre dit :

« On a presque toutes les mesures de sécurité maintenant. Ce qu'on a dans une maison, ça correspond beaucoup à l'émotivité. C'est bien personnel. La prochaine mesure de sécurité, c'est le système d'alarme, parce que là, il n'y en a plus d'autres. Vivre avec un système d'alarme, on l'a refusé l'année dernière, on a refusé ça parce qu'on trouve que ça nous enlève encore de la liberté d'avoir à vérifier ça. Quand on a un enfant, ouvrir, fermer, vérifier, on trouve que c'est bien encombrant » (A-57).

Cette quête de sécurité peut prendre bien des formes. Une victime d'agression sexuelle a elle-même poursuivi ses recherches, vu le défaitisme de la police.

« La recherche, c'est moi qui l'ai faite, pendant un an, parce que j'avais peur qu'il revienne ».

De façon générale, la victimisation a pour conséquence des mesures accrues de protection, une diminution de la marge de liberté, sans que pour autant les gens se sentent davantage à l'abri.

3. Réparer

Le troisième moment de la réaction consiste à nettoyer les dégâts, réparer les dommages, ramasser les bribes de sa vie. Durant cette étape, les victimes entreront en contact avec leur compagnie d'assurances, compléteront divers rapports, feront faire des enquêtes, consulteront leur notaire, répondront aux policiers, feront des démarches pour résilier leur bail, tenteront d'obtenir une aide psychologique ou une indemnisation.

Cette période de grand branle-bas ne suit pas nécessairement l'agression. Parfois, il se déroule un temps considérable avant que la victime ne reprenne ses affaires en mains. Plus l'intégrité physique et psychologique a été atteinte et plus la victime est socialement isolée, plus longs seront les temps de réaction. Les gens ignorent d'ailleurs les nouveaux dangers qui les guettent : dépression, problèmes légaux et financiers et ils attendent beaucoup trop longtemps avant de consulter.

« Tu n'es pas capable de parler. Tu es morte. Je m'étais informée ici et là, par exemple à une femme qui avait été hold-uppée dans une banque. Elle ne savait pas s'il y avait quelque chose. L'hôpital m'a cousue, ils n'ont rien fait d'autre. Puis, j'ai appris qu'il y avait l'indemnisation, mais c'était trop tard. Et tout à coup, quelque chose se réveille en dedans de toi et tu veux éteindre le robot, une mort de quatre ans ».

Les besoins qu'expriment les victimes sont de divers ordres. Celui qui prime est le besoin de compréhension, besoin qui demeure souvent inassouvi.

B. La réponse de l'entourage

Il semble que, le plus souvent, l'entourage immédiat de la victime vient à la rescousse lorsque prévenu du problème. Cependant, le seul fait que plusieurs personnes n'osent pas confier à leurs proches la victimisation subie est un indice de la stigmatisation qui guette les victimes. Dans tous ces cas où les victimes n'ont pas fait part de leur problème, il est impossible de savoir si leurs craintes étaient fondées.

Voyons d'abord la réaction des premières personnes au fait de l'événement puis celle des proches en mesure de soutenir la victime à plus long terme.

1. Les bons samaritains

Durant l'attaque, les bons samaritains se font rares. Trois cas d'agressions très graves qui nous ont été rapportés se sont déroulés devant de nombreux spectateurs. Personne n'est intervenu.

« A minuit, il y avait spectacle devant le portique du restaurant et c'était lui qui donnait le spectacle, c'était moi la victime. Je vois encore les témoins silencieux, immobiles. (...) Puis, tous ces gens, ils n'avaient qu'un geste à faire. C'était d'ouvrir la porte puis de me laisser entrer. Puis personne n'a bougé. Ça m'a paru des heures. J'avais l'air désespéré. Je devais l'être parce que je voyais tous ces visages qui ne bougeaient pas. (...) Alors là, toi tu te dis, je vais me jeter dans la rue. J'aime autant me jeter dans la rue, devant une voiture, que mourir devant des gens comme ça qui ne bougent pas » (B-6).

Dans ce cas comme dans le second, les spectateurs croyaient qu'il s'agissait d'une querelle d'amoureux. Dans le troisième, on ignore pourquoi les témoins n'ont pas réagi : choc, peur, discrétion ? D'autres victimes ont couru dans la rue, ensanglantées, criant au secours, et n'ont réussi qu'à effrayer les gens. On comprend mal pourquoi les témoins n'interviennent pas (BERKOWITZ, 1973 ; BICKMAN, 1976 ; ROSENTHAL, 1964).

Après coup, le danger disparu, la plupart des victimes ont été assistées par des proches ou par des étrangers qui ont fait venir police et ambulance, ont examiné les lieux, réconforté, pansé, donné des conseils. Une autre réaction des bons samaritains est de partir à la chasse de l'agresseur, abandonnant la victime.

2. Le soutien des proches

Certaines personnes n'ont reçu que des reproches de leur entourage.

« Everybody blamed me. My son did not want anything to do with me. I was given a third degree »(C-5).

Le blâme est parfois implicite comme lorsqu'on pose des questions sur l'emploi du temps préalable à la victimisation, sur la tenue vestimentaire, sur la sécurité des lieux, l'heure du crime, si l'agresseur était déjà connu. Une victime d'agression sexuelle dit que son mari *« ...n'a jamais pu s'enlever de la tête que j'avais couru après » (C-2).*

Même les personnes qui ont bénéficié de la sympathie de leur entourage ont, pour la plupart, l'impression de n'avoir pas été comprises. Après quelques jours ou quelques semaines de soutien, les parents et les amis se retirent. Ils ne comprennent pas les sautes d'humeur de la victime, ils ont tendance à croire qu'elle se complaît dans son malheur et ils retirent leur appui. Souvent, ils sont gênés, en particulier face à l'agression sexuelle qui a un caractère plus intime et plus stigmatisant. Ils découragent les confidences alors que le premier besoin de la victime est de parler.

« Finalement, les gens, tu ne veux pas en parler parce qu'on n'est pas compris. Tu ne peux pas comprendre jusqu'à temps que ça t'arrive. Tout le monde pose des questions mais ils ne veulent pas savoir les conséquences » (A-4).

Pour terminer sur une note plus optimiste, mentionnons que quelques victimes se sont remises de leur expérience grâce aux bons soins des personnes de leur entourage.

« Il m'a fallu la patience d'un homme très doux pour récupérer de ça et recommencer à vivre un peu » (C-9).

C. La réaction des services sociaux

Comme conséquence directe ou indirecte à l'agression, plusieurs victimes ont besoin de soins médicaux. Il arrive aussi qu'une assistance financière ou un traitement psychologique soit requis.

1. Les soins médicaux

Les victimes sont insatisfaites des soins reçus en salle d'urgence. Stressées, apeurées, plusieurs ont dû attendre longtemps,

« J'ai passé la nuit, attachée sur un brancard » ;
« L'urgence, c'est bien long ».

pour finalement être traitées avec indifférence, si ce n'est brusquerie.

« Encore là, on est traité comme du bétail ».

Le sort des victimes d'agressions n'est peut-être pas pire que celui des accidentés ; nous n'avons pas de données pour comparer. Plusieurs n'en vivent pas moins l'accueil hospitalier comme une nouvelle victimisation.

« Tu es en état de choc, puis à l'hôpital, ils ne te donnent rien pour te soulager. Tu trembles, tu as froid. Je trouve ça terrible l'accueil. Il est deux heures du matin et tu es toute seule. Là, ils te donnent les radios et tu dois les rapporter au bureau. Puis je marchais tout croche ».

Une jeune femme désirait la présence de sa mère, ce qui lui fut refusé même si tous les hommes, internes ou policiers, la terrorisaient. D'ailleurs, les femmes se plaignent beaucoup plus que les hommes des soins hospitaliers d'urgence. Parmi elles, se trouvent les femmes violées qui, même lorsqu'elles sont conduites aux hôpitaux désignés, ne reçoivent pas nécessairement les traitements et l'attention qu'on leur a promis. Les équipes d'intervention auprès des femmes violées ne sont disponibles que pendant un certain nombre d'heures. Si l'agression se produit tard en soirée ou durant la nuit, ce qui est quand même assez fréquent, la victime est accueillie par une personne qui n'a aucune idée des problèmes qu'elle vit et réagit souvent assez mal à l'idée du dérangement qu'occasionne l'examen médico-légal. Pour la victime, cet examen, s'il n'est pas conduit avec beaucoup de compréhension, est une seconde violation.

Les femmes et les enfants battus sont traités et renvoyés à la maison sans autre intervention même lorsque le médecin décèle l'origine de leurs blessures. Selon STARK et al. (1981), près du quart des femmes vues à la clinique d'urgence d'un hôpital américain avaient été battues : leurs blessures découlaient directement de l'agression, ou indirectement dans maintes tentatives de suicide. Pourtant, à peine 4% des dossiers médicaux mentionnaient l'agression. KOOP (1982), un médecin, soutient que la profession médicale a un rôle de dépistage et de prévention important à jouer pour mettre un frein à la violence dans la famille.

Même si la loi québécoise oblige les professionnels à signaler les abus dont sont victimes les enfants, seulement 5% des cas rapportés au Comité de Protection de la Jeunesse l'ont été par des médecins (MARTIN et MESSIER, 1981).

2. Le traitement psychologique

Les victimes rencontrées qui ont ressenti un besoin de traitement psychologique l'ont demandé et obtenu bien tard et après de nombreuses démarches. Encore une fois, elles se plaignent que personne ne comprend leur situation, professionnels inclus.

« A l'hôpital, j'ai demandé à voir une psychologue et ils m'ont dit qu'ils ne s'occupaient pas de ça. (...) Quand je suis devenue suicidaire, j'ai pris mon courage à deux mains, puis je me suis dit que je ne m'en sortirais pas toute seule. Je suis allée au C.S.S. et ils ne pouvaient rien faire pour moi. Puis, je suis allée dans des groupements de femmes et la fille qui m'a accompagnée était plus bouleversée que moi. Je ne pouvais pas accepter qu'on se fasse blesser aussi profondément puis qu'on s'arrange avec le reste » (C-2).

Finalement, cette femme a rencontré une thérapeute qui l'a aidée mais elle a dû cesser les traitements après quelque temps parce qu'elle ne pouvait plus en défrayer les coûts. Un client de l'IVAC, après avoir épuisé toutes les ressources connues s'est adressé à un centre d'aide aux victimes de viol, en se disant que même s'il était un homme et n'avait pas été agressé sexuellement, il pourrait obtenir là quelque réconfort et assistance pratique. Il y fut bien accueilli d'ailleurs.

En somme, comme le disait un homme victime de vol qualifié :

« La réhabilitation, c'est bon juste pour les criminels. Nous, les victimes, il faut qu'on se réhabilite tout seuls ».

Chapitre 8

Police-secours

L'appareil de justice criminelle entre en motion avec l'appel à la police. Par la suite, le crime/victimisation appartiendra au domaine public, si la police juge bon d'acheminer une plainte. Si non, le cas est relégué aux oubliettes. En ordre chronologique, nous verrons trois temps de l'intervention policière : la réponse à l'appel initial, l'enquête et la dénonciation.

A. Répondre à l'appel

Il convient d'abord de se rappeler qu'à peine plus du tiers des victimisations investiguées par les sondages sont rapportées à la police (NCR). Aux Etats-Unis, en 1981, moins de la moitié des violences subies ont été signalées à la police. Le crime le plus souvent dénoncé (dans les trois quarts des cas environ) demeure, depuis dix ans, le vol de véhicules.

Il est rare que la police découvre l'existence d'un crime impliquant des victimes personnelles ; elle répond plutôt à des demandes à l'aide. On a longtemps cru que les citoyens appelaient la police soit pour se venger, soit pour collaborer à l'administration de la justice. Les études les plus récentes mettent sérieusement en doute ces *a priori*.

1. L'appel

Dans notre échantillon, la moitié des victimes n'ont pas pensé d'elles-mêmes appeler la police ou n'étaient pas en mesure de le faire. Lorsque le crime se produit dans un lieu public, lorsque la victime est inconsciente, lorsque ses cris dérangent le voisinage, quelqu'un d'autre sonne l'alerte avec ou sans l'assentiment de la personne agressée. La plupart des études ou sondages demandent : « La police a-t-elle été prévenue ? » sans se préoccuper de la source de l'appel. Ainsi, on croit à tort que près de la moitié des citoyens se plaignent à la police des agressions subies. Dans une étude sur le viol, HOLMSTROM et BURGESS (1978) ont trouvé que dans plus de 50% des cas, quelqu'un d'autre que la victime était entré en contact avec la police. En Angleterre, SHAPLAND et al. (1981) arrivent à des conclusions semblables concernant les voies de fait et les vols qualifiés.

Mis à part les cas où la victime était incapable d'appeler, il y a des situations où elle s'est d'abord adressée à des voisins ou à des passants pour obtenir du secours :

« J'ai pris une rue, je criais « au secours ». J'étais pleine de sang, les gens ont dû avoir peur. Je cognais dans la rue et j'ai sonné à une porte. « Aidez-moi, appelez-moi un taxi, n'importe quoi ». Ils ont téléphoné un taxi et lui ont dit : « amenez-la au poste de police ». Là, au poste, j'ai développé ma plainte » (C-2, agression sexuelle).

« Alors, j'ai téléphoné à mon beau-frère et je lui ai dit de venir tout de suite. Je criais, je pleurais comme une folle. Quand il est arrivé, c'est lui qui a téléphoné à la police » (A-17).

Dans d'autres cas, la victime prise de panique, reste figée sur place.

« L'alarme criait, je l'entendais comme dans un autre monde. On devait avoir l'air fou. Et là, il y a un client qui est entré et qui me disait : « Monsieur, monsieur, qu'est-ce qui se passe ? » Je lui ai dit et il m'a conseillé d'appeler la police » (A-43).

Les victimisations sont signalées promptement, il semble, à l'exception peut-être des agressions sexuelles. Sur la base des cas qui ont été portés à notre connaissance, plusieurs victimes de viol n'appellent la police que des heures, des semaines et même des mois plus tard, minant ainsi leur crédibilité.

Et la victimisation non officialisée ? Les sondages américains et néerlandais nous ont appris que les victimes qui appellent la police se distinguent peu de celles qui ne le font pas : légèrement plus de pauvres, légèrement plus de femmes. Partout, le vol d'auto est très rapporté (70 à 90% des cas). Le vol qualifié l'est dans environ 55% des cas et les agressions physiques dans 44%. Le taux de signalisation est plus élevé lorsqu'il y a blessures. Les motifs de se taire, selon les sondages, seraient, dans l'ordre, que la police ne pourrait rien faire, qu'il s'agit d'une affaire personnelle, qu'on a peur des représailles ou autres effets négatifs.

Dans nos échantillons, nous avons observé trois situations de non-signalisation.

a) La victime a déjà eu affaire avec la justice et ne veut pas renouveler l'expérience.
« Cette fois-là, je n'ai pas appelé les flics. Tu vois ce que ça m'avait coûté d'emmerdements en '79 » (B-2).

b) La victime craint des conséquences financières ou sociales trop élevées.
« Si mon mari apprenait ça » (A-16).
« Le dernier, on ne l'a pas rapporté parce que les assurances auraient trop monté par rapport à ce qu'on a perdu » (A-29).

c) La victime est jeune, peu traumatisée, et craint des représailles.
« Lui, il a des amis que c'est mieux de ne pas se colletailler avec » (A-6).

Les intérêts de la Justice dépendent donc en partie de ceux des compagnies d'assurances et des groupes criminalisés.

Enfin, il arrive que ce soit la police qui doive apprendre aux proches des victimes la fâcheuse nouvelle d'un décès ou d'une hospitalisation.

« Quand j'ai ouvert la porte et que j'ai vu les policiers tout penauds, j'ai eu un pressentiment : il est arrivé quelque chose » (A-2).

2. La réponse

Lors de l'étude sur les petits commerçants victimes de vols à main armée, nous avions observé que les citoyens attachaient beaucoup d'importance à une prompte réponse de la part de leur service de police. Cette constatation demeure vraie quand les victimes ont appelé elles-mêmes la police immédiatement après le crime. Egalement vraie, la rapidité effective de la réponse sauf peut-être pour les femmes battues et dans les cas d'introduction par effraction.

En général, les victimes sont satisfaites du premier contact avec les policiers. Plus l'agression est sérieuse, mieux elles sont traitées. Nos victimes de tentatives de meurtres et d'agressions sexuelles ont presque toutes été considérées avec beaucoup d'égards par les policiers qui sont apparus rapidement, les ont rassurées, ont prévenu la famille, les ont conduites à l'hôpital.

« Les policiers ? A-one. Fameux ! Franchement, la police a remonté dans mon estime. Ils sont venus tout de suite, en uniforme, bien polis. Ils m'ont demandé si tout était correct et j'ai dit oui. Là, j'ai fait une déposition et ils m'ont amené à l'hôpital. Quand ils ont vu que j'avais peur, ils m'ont offert de rester avec moi » (A-7).

Dans ce concert de louanges des services policiers, soulignons trois situations particulières. En premier lieu, malgré tout ce qui a été dit de l'attitude de la police à l'égard des victimes d'agressions sexuelles, malgré les propos « machos » tenus par les policiers devant nous, les victimes ont une opinion de la police qui varie de très favorable à neutre. Une personne dit même :
« La seule aide que j'ai eue, c'est de la police » (A-22).

Certains policiers ont violé l'esprit, sinon la lettre, des directives émises depuis environ trois ans, à savoir qu'ils doivent d'abord conduire la victime à un centre de traitement reconnu avant de procéder à l'enquête. Dans un cas, ils ont respecté la lettre, conduisant la victime à l'hôtel-Dieu de Montréal mais lui refusant alors l'accès au traitement tant que leurs formulaires ne seraient pas complétés (IVAC). Dans un autre cas, ils ont respecté l'esprit, mais non la lettre, répondant aux besoins et désirs premiers de la victime avant de la conduire à l'hôpital (A-24).

Une seconde particularité touche les victimes de cambriolage. Au moment des entrevues, le Service de Police de la C.U.M. incitait les citoyens, à grands renforts de publicité, à dénoncer les vols dont ils étaient victimes.

Ceux qui l'ont fait ont rencontré des policiers défaitistes, indolents et désabusés qui les ont reçus froidement et leur ont dit qu'il n'y avait rien à faire, que leurs biens aient été burinés ou non.

« Ils sont bien froids. Je veux bien croire qu'ils voient des choses plus graves dans leur métier. Ils m'ont demandé une liste des objets volés. Ils n'ont pas pris d'empreintes, rien. Ils ne sont même pas allés regarder la vitre cassée. Il a fallu que j'écrive sur papier ce qui manquait. Puis, ils m'ont dit qu'ils ne pouvaient rien faire. Des cas comme le mien, ils en ont des centaines et ils ne peuvent jamais retrouver les coupables » (A-58).

Dans ce vol, la victime avait perdu presque tous ses biens. On peut se demander alors quel est l'accueil réservé aux victimes de vols simples. Nous n'avons recueilli que des critiques ou des propos neutres au sujet de la police chez les gens qui avaient été cambriolés :

« On a eu l'impression de les déranger » (A-58).

« Ils ne se sont même pas donné la peine de prendre des notes » (A-57).

« Ils nous ont laissé des formules au cas où on voudrait faire une plainte » (A-61).

Le tiers des victimes interrogées par MAGUIRE (1980) en Angleterre se plaignaient aussi du manque d'intérêt des policiers.

Enfin, le troisième commentaire s'applique aux jeunes recrues qui répondent à l'appel. Tout se passe comme si les policiers qui viennent de terminer leur formation pêchaient par un excès de formalisme et de zèle pour arrêter les coupables aux dépens du bien-être de la victime. Dans un cas, par exemple, ils n'ont aucunement tenu compte de la détresse physique et émotive de la victime et l'ont interrogée longuement avant de l'amener à' l'hôpital.

« Ils tenaient au rapport mordicus. Ils m'ont lâché quand ils ont tout retiré ce qu'ils avaient à retirer » (A-24).

En plus d'interroger et de préparer un rapport, que fait la police ? L'action la plus souvent mentionnée est le transport à l'hôpital. Lorsque l'agresseur est encore sur les lieux, il est amené au poste de police, sauf s'il s'agit du conjoint de la victime. Parfois, les policiers partent à la recherche des suspects ; parfois ils conduisent les témoins au poste de police. Quand un crime grave se produit dans un lieu commercial, ils font d'abord fermer l'établissement, ils notent les noms et adresses des personnes présentes avant de leur donner congé, ils s'assurent que la scène demeure intacte et ils préviennent des enquêteurs spécialisés. Somme toute, plus la police prend l'affaire au sérieux, plus elle assume le contrôle de la situation. La prise en charge totale est faite avec beaucoup de petits soins si la victime est un particulier.

« La police laissait pas entrer personne, pas même ma famille. Sont arrivés : « Non, on touche pas ». Là, ils nous ont fait monter en haut. Ça a été un vrai va-et-vient. Puis, ils sont montés pour m'interroger. Ils disaient : « Prenez votre temps. Voulez-vous un café ? ». Bien gentils. Mais j'avais pas le droit de descendre. Ça j'ai trouvé ça dur mais je suppose qu'ils ne voulaient pas que je vois le corps baigner dans son sang » (C-6).

On est aussi contrôlant mais moins attentionné dans les banques, à ce qu'il semble.

« Je me suis senti manipulée. Quand ça se produit, c'est la panique, tu comprends. Il faut faire ça, ne pas faire ça. La police arrive et notre sécurité, nos agents de sécurité, et ils sont très froids ; pas un mot de sympathie. « Décrivez l'individu » (...) Toi, tu n'existes pas, tu sers seulement à décrire leur individu. Si tu ne peux pas dire la taille, la couleur des yeux, ils mettent une croix sur ta face ; pas intéressant. Pendant ce temps là, on est des prisonniers. Pas le droit de sortir, pas le droit d'appeler à la maison. Faites vos caisses, répondez aux questions » (A-3).

Comme on le voit, le « professionnalisme » de la police impressionne peu les victimes. Ce qu'elles veulent, c'est une réponse rapide et sympathique, la reconnaissance de l'authenticité ou de la gravité du dommage subi, l'impression que « notre » police nous protège.

Les patrouilleurs voient leur rôle différemment. En entrevue, ils disent que leur premier devoir est de retrouver les coupables et de les amener devant la Justice. Ils attachent beaucoup d'importance à la rapidité de la réponse quand le crime est sérieux. Par contre, dans les « chicanes de ménage » et surtout, si ce n'est pas la première fois que la police est appelée à cet endroit, ils ont tendance à laisser le temps faire son œuvre.

Leur premier souci quand ils arrivent sur les lieux est, disent-ils, de découvrir ce qui est arrivé, de faire cesser la violence ou d'arrêter un suspect, s'il y a lieu, et d'obtenir une description la plus claire et la plus détaillée possible de l'événement et de ses auteurs. Pour obtenir des renseignements valides, il faut d'abord calmer la victime, « la laisser se ressaisir ». Le policier n'a pas le temps d'aider les victimes et ce n'est pas son rôle de le faire au-delà de s'assurer qu'elles reçoivent les soins médicaux requis par leur état. Lorsque la victime est sous l'effet du choc, ils essaient de dédramatiser la situation.

Les vols qualifiés sont pris au sérieux ; les cambriolages aussi, mais dans ce dernier cas, les policiers se disent démunis de ressources.

> « On prend le rapport, c'est tout ce qu'on peut faire, c'est très mécanique. Mais on est très honnête avec la population, on leur monte pas d'histoire. On ne fait pas d'enquêtes sur les intros parce qu'on n'a pas le personnel. On va donner des conseils de prévention. Les gens ne réalisent pas les conséquences de leurs gestes. Ils partent en vacances et leur malle, les journaux, s'entassent. C'est comme s'ils disaient O.K. au voleur. Il y a un gros manque de précautions, surtout quand le monde a des assurances ».

Les policiers interrogés rejettent en effet sur les victimes une bonne partie de la responsabilité criminelle. La prévention leur semblant une solution miraculeuse, ils s'attachent à chercher les points faibles de la cuirasse des citoyens. Selon plusieurs d'entre eux, la provocation est fréquente dans les voies de fait. Dans certains milieux, les gens se « tapochent » entre eux et mieux vaut les laisser faire. La moitié des agressions sexuelles seraient provoquées, ou non fondées, des « violettes » selon leur expression. Quand la déclaration de la victime semble au moins plausible, on l'amène à l'hôpital « pour les prélèvements » puis au poste « pour la déclaration » à moins qu'on ne l'ait suffisamment interrogée durant le trajet. Selon un policier,

« Il faut poser des questions bien intimes. L'interrogatoire policier brime la victime ».

Quand la personne agressée sexuellement est un enfant, « a moins de quinze ans », les policiers lui accordent entière crédibilité et sympathie. Dans les conflits entre personnes qui se connaissent, les citoyens ont tendance à utiliser la police comme « épouvantail ».

« Venez faire peur à mon p'tit gars, à mon mari, à mon voisin ».

Enfin, les vols simples seraient, pour la plupart, les conséquences d'une négligence des règles les plus élémentaires de la prudence.

« Bien oui, le gars parke son char pas barré, juste devant le club ; « non excuse », le char était barré. Il s'en va jouer au racquet et il laisse bien en vue trois habits de 400 $, une caméra de 1,000 $, puis un appareil à cassettes de 500 $. P'tit Jésus, c'est trop facile, il s'en vient pleurer ici ».

Somme toute, les victimisations sont peu rapportées à la police lorsque personne n'est blessé. Répartiteurs et patrouilleurs jugent du sérieux de l'affaire au meilleur de leurs connaissances, souvent sur la base de mythes immémoriaux, ils décident ainsi de répondre ou non à l'appel, de dresser un rapport, de poursuivre ou de classer (ZIEGENHAGEN, 1976). Les intérêts de la haute finance jouent un rôle primordial dans la mise en branle de l'appareil judiciaire. Lorsque les compagnies d'assurances exigent un rapport de la police, non seulement les citoyens et les entreprises se conforment à cette exigence, mais les policiers voient un sens à leur intervention. Outre le besoin de secours d'urgence et la nécessité d'un rapport pour percevoir une indemnité, l'appel à la police est vu comme un devoir civique ou une réponse normale à une victimisation. C'est ainsi que victimes et bons samaritains composent le numéro d'urgence sans trop savoir pourquoi ils le font.

Même si les citoyens, en général, sont très satisfaits de la réponse de la police, leurs attentes ne correspondent pas aux idéaux policiers. Les premiers demandent une attention personnalisée, une sécurisation, des gestes de compréhension ; les seconds sont axés sur la poursuite des criminels, sur la cueillette des éléments de preuve, sur le respect des règles de procédure policière et judiciaire, sur une reconnaissance de la façon professionnelle dont ils s'acquittent de leurs tâches.

Dès le début de l'intervention du système de justice, les règles du jeu sont posées : a) nous n'avons pas les ressources nécessaires pour lutter contre le crime ; b) en période de disette, il faut concentrer toutes ses énergies sur les crimes qui ont de bonnes probabilités d'aboutir à une condamnation. Le discours policier est une élégie de l'impuissance.

Enfin, la vision de la police semble beaucoup plus près de celle des criminels que de celle des victimes. Ils partagent une même façon de considérer le crime comme un jeu de cache-cache dans lequel la capture de l'un signifie victoire de l'autre. Dans cette vision, la victime est la dupe du jeu ou la partie qui n'a pas su gagner. Comme les détenus, les policiers abhorrent cependant les crimes commis contre des enfants ou autres êtres sans défense.

B. Conduire l'enquête

Une fois que la police a été appelée et a complété un premier rapport, la victime commence à perdre le contrôle des événements subséquents. La police décidera s'il y a lieu de procéder à une enquête ou de classer le dossier, jugera de la somme d'énergies que vaut une affaire, et de la pertinence d'arrêter un suspect. Dans certains cas, la victime sera invitée à participer étroitement à la marche de l'enquête et aux décisions. Dans d'autres cas, elle n'entendra plus parler de rien.

La première décision que doit prendre la police est celle d'ouvrir une enquête ; parfois, la responsabilité de cette décision est remise entièrement à la victime. Le cas échéant et selon les circonstances, on peut questionner les témoins, demander leur collaboration à l'identification de suspects, saisir des objets leur appartenant. Durant l'enquête, les policiers maintiennent parfois un contact avec la victime et lui viennent en aide. Finalement, la décision d'arrêter un suspect revient à la police mais la victime y aura contribué.

1. La décision d'ouvrir l'enquête

Quand l'officier-patrouilleur revient au poste de police et remet son rapport, il a déjà recueilli, le plus souvent, les éléments qui permettront à ses supérieurs de décider si une enquête ultérieure est requise. Un de ces éléments est le désir de la victime de poursuivre ou non.

Pour la victime, appeler la police n'est pas synonyme de porter plainte. Peut-être ne désirait-elle que mettre fin à une violence ou obtenir une assistance médicale. A plus forte raison, quand elle n'a pas elle-même demandé secours aux forces de l'ordre, elle ne sait pas, au départ, quelles suites donner à son affaire. Et pourtant, dans certains cas, les policiers insistent pour qu'elle prenne une décision.

Nous n'avons vu aucun cas de vol qualifié où les policiers ont demandé l'opinion de la victime quant à la poursuite. Par contre, dans les cas de voies de fait infligées par des personnes connues, de certaines agressions sexuelles et de cambriolages, non seulement les policiers confient aux victimes la décision de porter plainte mais ils les découragent de ce faire ou encore, ils leur disent qu'elles devront entreprendre toutes les démarches elles-mêmes.

« Ça a eu l'air de les surprendre parce qu'on voulait porter une plainte. « O.K. », ils ont dit, « si vous y tenez, remplissez cette formule-là, mais ça ne vous avancera pas ». On l'a remplie la formule et on leur a envoyée. Il ne s'est rien passé mais, d'un autre côté, on a eu l'impression qu'ils circulaient plus souvent autour de notre maison » (A-58).

Les femmes battues, surtout, doivent cheminer seules dans le dédale de l'appareil judiciaire puisque, dès le départ, les policiers ne veulent pas prendre charge de leurs plaintes. Quelques fois, les policiers ont demandé à des victimes d'agression sexuelle si elles désiraient intenter des poursuites. Dans l'affirmative, ils les ont conduites à l'hôpital et ont pris note de leur déposition.

Donc, quand la police décide de venir en aide à une personne, il ne s'ensuit pas qu'elle est prête à investir temps et argent dans des poursuites qui n'aboutiront pas à une condamnation, soit que la victime ne veuille pas témoigner,
« Si vous ne voulez pas aller en Cour, votre cas ne nous intéresse pas » (A-13),

soit qu'il s'agisse de délits pour lesquels les auteurs sont rarement arrêtés ou condamnés, en somme quand l'investissement n'est pas rentable.

Souvent, la victime n'est pas en mesure de prendre une décision irrévocable, au moment où on lui demande de le faire, immédiatement après la victimisation. Elle est trop bouleversée pour faire une déposition.

« La seule chose, ils m'ont amenée au poste de police et ils m'ont demandé d'écrire le rapport tout de suite parce que j'étais pour l'oublier. J'étais trop sous le choc pour avoir le goût d'écrire. Ils insistaient pas mal » (A -17).

Dans un autre cas, le détective a téléphoné à la victime qui était sur le point d'être conduite en salle d'opération.

« Je ne pouvais pas parler, j'avais les deux mains attachées. Quelqu'un a tenu le téléphone et j'ai dit : « Pouvez-vous attendre que je m'en aille chez nous ? Je vous appellerai de chez nous ». Quand j'ai appelé, il m'a dit : « C'est trop tard, votre dossier est fermé » (B-6).

Cette victime de voies de fait par un inconnu critique l'inaction policière parce que,
« Celui qui m'a agressée en a sûrement agressé d'autres. (...) s'il a agressé une fois, il peut le faire deux fois, il peut le faire trois fois ».

Et voilà exactement l'argument qu'utilisent les policiers lorsqu'ils veulent convaincre une victime récalcitrante de porter plainte !

« La Cour, ce que j'en ai entendu dire, ça ne m'intéressait pas tellement. Alors j'ai dit aux policiers : « Ecoutez, c'est arrivé, c'est arrivé. Vous avez été bien aimables mais on va laisser ça là ». Il dit : « Non, non, si on va en Cour, on va vous aider. Puis, si vous ne portez pas

plainte, lui, il va être au large, puis il va continuer et il va peut-être être plus violent encore. S'il vous a fait ça à vous, il a dû le faire à d'autres avant et les autres victimes n'ont pas voulu porter plainte » (A-17).

SHAPLAND et al. (1981) ont aussi observé que c'était là le moyen de persuasion utilisé par la police britannique et que cet argument était d'ailleurs repris par les proches d'une victime réticente à déclencher le processus judiciaire.

Nous avons donc des situations où la victime veut poursuivre en dépit de la résistance des policiers, d'autres où ces mêmes policiers vont tenter de persuader la victime de porter plainte et enfin, les cas où la police classe l'affaire ou entreprend une enquête, sans consulter la victime. La nature et la gravité des délits semblent n'expliquer qu'une faible partie de ces positions divergentes. Il faut y ajouter, comme facteurs explicatifs, la crédibilité perçue de l'éventuel témoin devant le tribunal, les directives du Service de police, les attitudes personnelles des policiers impliqués et les perceptions qu'ils ont des attentes du public et de la Cour.

Par exemple, les policiers interviewés semblent avoir une image très claire de la victime « innocente », en particulier pour l'agression sexuelle : c'est une très jeune fille ou une femme de bonne réputation, elle est très très perturbée, elle « parle bien », elle est sérieusement blessée, elle n'est pas agressive, elle raconte l'événement clairement, l'agression comporte des éléments de sadisme, le violeur était armé. Si la victime correspond à l'image de l'innocence qu'ils ont développée, les policiers sont déterminés à faire tout en leur pouvoir pour retrouver le coupable et le faire condamner et ils auront alors besoin de la collaboration de cette victime.

« Une fois qu'on s'est donné tout le trouble et puis, disons on a le suspect et on fait une dénonciation, ça nous fait une belle jambe si on n'a pas de témoin. C'est pour ça qu'il faut savoir tout de suite si on va avoir un témoin à la Cour. Il faut convaincre la victime de porter une charge parce que, sans ça, on perd notre cause ».

Et voilà pourquoi aussi la police s'abstient d'acheminer les plaintes des femmes battues. Elles changeront d'idée devant le

Tribunal et les policiers auront perdu leur temps. Par ailleurs, dans ces causes et dans d'autres situations qui impliquent des gens qui se connaissent, les policiers ont l'impression d'être manipulés. Les citoyens veulent « faire lever un mandat » pour intimider ou pour se venger mais ils ne sont pas prêts à aller au bout de leur démarche.

« La femme t'appelle. Elle est toute pognée. C'est bien clair qu'elle en a mangé une. Elle veut que tu fasses peur à son gars mais touchez-y pas parce que là, elle se retourne contre toi ».

Les victimes « coupables » ne doivent pas s'attendre à une réception sympathique de la part des corps policiers qui feront tout en leur pouvoir pour ignorer la plainte ou persuader le plaignant de se retirer. Un capitaine nous a confié la recette qu'il recommande à ses officiers :

« Dites-leur seulement ce qui les attend en Cour : ça va être long, ils vont attendre, ils vont se faire accuser. Dites-leur, comment tu vas réagir quand l'avocat va conter ta vie, t'es pas blanc-blanc. Ça en décourage beaucoup. Le problème avec ma recette, je l'avoue bien franchement, c'est que ça fait peur seulement aux moins coupables. Va dire ça à X (un criminel notoire) et il va donc te rire au nez ».

D'autres dossiers sont classés pour la seule raison que la victime est totalement incapable de fournir des indices pouvant mener à une arrestation : elle a été attaquée de dos ou par des individus masqués ou dans l'obscurité. Sans mettre en cause la crédibilité de la victime, on juge l'affaire désespérée. C'est le cas, semble-t-il, de la majorité des cambriolages et de bien des vols qualifiés.

On est bien loin des investigateurs à la mode romantique, du style Sherlock Holmes !

2. L'enquête

Les véritables enquêtes auxquelles nous ont habituées les films et les romans policiers semblent inusitées dans la pratique des corps policiers. Un dossier ouvert ne signifie pas une recherche active de solution. Se sentant vaincus d'avance, les policiers n'ont aucune confiance de retrouver les coupables et, par conséquent, font peu d'efforts pour résoudre l'énigme criminelle. Ils communiquent leur pessimisme aux victimes qui ne s'en trouvent que plus impuissantes face au fléau incontrôlable de la criminalité. Les gens qui ont été dévalisés chez eux, s'interrogent :

« J'ai encore vu, dernièrement, une émission à la T.V. où il y avait des policiers qui disaient : « La population ne collabore pas assez. Appelez-nous ». Moi, je les ai appelés, puis les policiers ont dit qu'ils allaient ouvrir l'œil mais qu'il ne fallait pas s'attendre à grand-chose parce que des cambrioleurs, ils en retrouveront un sur cent, ou sur mille peut-être, je ne me souviens plus, puis nos affaires, ça ils les retrouvent jamais » (A-62).

Dans bien des cas, les policiers ont dit aux victimes qu'il n'y avait que peu de probabilités d'identifier leur agresseur. Cette impuissance a été attribuée surtout à l'incompréhension du public et des politiciens qui réduisent de plus en plus la marge de manœuvre de la police et aux compressions budgétaires qui ont diminué les effectifs policiers.

« Les policiers sont pris dans un engrenage de justice, eux autres aussi. Ils sont dépassés par les lois. Ceux qui sont venus ici, ils ont dit qu'ils étaient impuissants face à la loi qui donne tous les droits aux criminels. C'est déplorable, mais ils ne peuvent rien faire sans que ça se retourne contre eux » (B-6).

« Ils ont dit qu'il y a beaucoup d'attaques à Montréal-Nord, bien plus qu'ailleurs, mais ils n'ont pas assez de polices parce que leurs budgets sont coupés. Ils n'ont pas le temps de faire les enquêtes. C'est tout changé à la police dernièrement (1980). Ils ne font plus de recherches » (A-27).

« Apparemment, dans le West Island, c'est effrayant le nombre de crimes. Les policiers nous ont dit qu'ils n'avaient même pas le temps de répondre aux appels. Il y a plus de crimes et moins de polices à cause des coupures budgétaires » (A-64).

Tout ceci ressemble fort à une propagande syndicale ou au discours politique de la haute direction. Les victimes n'en intègrent pas moins ce sentiment d'impuissance et elles se laissent persuader que le milieu dans lequel elles vivent est plus criminalisé que les environs. Parfois, elles demeurent néanmoins convaincues que les policiers auraient pu faire davantage. Elles ont raison lorsqu'elles ont pratiquement livré l'agresseur pieds et poings liés.

« Finalement, comme la police ne faisait rien, on a fait l'enquête nous-mêmes. On a trouvé les coupables et on les a presque délivrés sur le perron de la police. Mais ils ont dit : on n'a pas le temps » (A-5).

De surcroît, il faut relativiser :

« Il y a peut-être des coupures budgétaires, comme ailleurs, mais il faut s'en accommoder. A la police, c'est comme une démission en bloc. Moi, j'ai vu, à moins de donner le nom et l'adresse du coupable et son numéro de téléphone, ils disent, pauvres vous, les coupures, qu'est-ce que vous voulez qu'on fasse ? » (A-5).

Lorsque l'enquête procède, le plus souvent les victimes sont interviewées de nouveau et doivent répéter leur histoire. Sans nécessairement comprendre pourquoi il leur faut encore tout redire, elles s'y prêtent assez bien tant qu'elles n'ont pas l'impression d'être accusées faussement.

« A un moment donné, j'ai dit : « Bien écoute donc, penses-tu que je l'ai inventée cette histoire-là ? ». Le détective est resté bien calme et puis il m'a expliqué. Si on va en Cour, il faut avoir une preuve bien solide. Il ne faut pas se contredire, la police et moi. Il m'a dit : « Prends ça un peu comme une pratique, parce que, si on va en Cour, ça va être bien pire que ça parce que le type va avoir un avocat » (A-14).

Les exigences de l'identification demeurent pénibles. On a peur de se tromper, on a peu ou mal vu, on a oublié les détails. L'examen des « petites photos » de l'album de famille, comme l'interrogatoire et la parade d'identification, risquent de laisser témoins et policiers déçus.

« Ils veulent qu'on fasse leur travail à leur place. Tu as un gun dans la face et tu es supposé être assez cool pour guesser leur grandeur, la couleur des yeux, y ont-y des signes distinctifs. Monsieur le policier, le grand de 5'11"1/2 avait un point de beauté à un pouce du nez, à droite ! 'Stie, ils étaient en sacre parce que je ne pouvais pas leur dire ça » (A-33).

Une victime dont la police doutait de l'authenticité du témoignage a offert de se soumettre au test du détecteur de mensonge. Le résultat était négatif, ce qui, selon la police, n'est pas concluant. Dans un autre cas, la police a procédé à une reconstitution de la scène avec la victime.

« Inspector X was drunk. He did not even write a report. The other policemen were very sympathetic but of so little help. They asked me down at the station for identification and, from there, we re-enacted the thing » (C-5).

D'autres ont été mandées au poste de police à plusieurs reprises, parfois pour identifier des objets recouvrés ; les biens étaient alors gardés au poste pour servir d'*exhibits* devant le Tribunal si jamais un suspect était accusé. Une personne mentionne qu'elle a eu affaire à six policiers différents, chacun demandant à voir la scène du crime et posant les mêmes questions. Dans certains cas, on a confisqué des objets appartenant à la victime pour fins d'expertise.

3. Les relations police-citoyen durant l'enquête

Nous avons relevé trois scénarios. Dans le premier, après avoir fait sa déposition, la victime n'entend plus parler de rien. Généralement, elle fait quelques téléphones au poste de police pour savoir où en sont les choses. Elle en est quitte pour sa peine. Eventuellement, elle apprendra que son dossier est classé ou elle recevra un *subpoena*.

« Je n'ai pas revu les policiers avant la Cour. Ce n'était pas les mêmes policiers que ceux qui sont venus ici » (A-7).
« J'ai appelé, de temps en temps, pour savoir où c'était. A chaque fois, c'était le même barda : date, numéro de votre dossier, nom de l'enquêteur, etc. L'enquêteur n'est jamais là. Ils nous font une réponse comme à l'hôpital : aucun changement à signaler. Finalement, ça a tombé dans l'oubli » (A-13).

Nous avons relevé deux cas dans lesquels des accusations avaient été portées à l'insu de la victime qui croyait son dossier classé sans suites. Ce scénario n'a été observé qu'à Montréal [2].

2. La grande majorité des entrevues ont toutefois été réalisées auprès de Montréalais.

Dans le deuxième scénario, les contacts entre l'officier en charge et la victime sont fréquents, le plus souvent initiés par celle-ci, le plus souvent téléphoniques. Ils se poursuivent jusqu'au dénouement de l'affaire, c'est-à-dire jusqu'aux rares mises en accusation ou à l'abandon de l'affaire à l'usure. Les victimes communiquent de nouvelles informations au fur et à mesure que des détails leur reviennent en mémoire ; elles appellent parce qu'elles ont peur ; ou encore elles veulent connaître les progrès de l'enquête.

L'image du policier est reluisante dans le troisième scénario. L'enquêteur assiste et soutient la victime pas à pas jusqu'au dénouement final qui consiste en une mise en accusation. Il l'informe de ses droits et des ressources disponibles. Il la rassure et la protège quand elle se sent menacée.

« Le sergent-détective qui s'occupait de moi m'appelait au moins une fois par semaine, juste pour checker » (A-4).

Il devient une sorte de thérapeute dont la méthode d'intervention artisanale, terre-à-terre et fataliste, n'en mérite pas moins d'être retenue par les cliniciens professionnels. Les enquêteurs disent à leurs victimes que le crime est un fléau incontrôlable, qu'elles n'en sont pas les premières cibles et que leur propre agresseur n'en est pas à ses premières armes. Ils les félicitent de leur sang-froid, leur disent qu'elles sont bien chanceuses de s'en être tirées vivantes et suggèrent que leur force de caractère les sauvera.

« L'inspecteur m'a dit que j'ai eu la meilleure attitude. Parce qu'il (le violeur) l'aurait fait pareil, que je le veuille ou non. Je n'avais pas le choix. Il m'a dit : « Vous avez été bien chanceuse » parce qu'il paraît que ce type-là a attaqué d'autres femmes et les a laissées bien mutilées » (A-20).
« Il m'a dit qu'il m'admirait parce que d'autres femmes, dans ma condition, auraient essayé de se suicider » (A-22).
« Vous être courageux, vous allez essayer de remonter la côte. Vous allez vous en sortir parce que vous êtes fort » (A-2).

Cette thérapie-maison semble avoir grandement aidé les victimes en les revalorisant à leurs propres yeux. Elle a sûrement poli le blason de la police chez les citoyens ainsi secourus qui n'en tarissent pas d'éloges : plus que des alliés, les policiers sont presque devenus des amis, ils sont les seules personnes à avoir fait preuve de compréhension.

« Les détectives, c'est eux qui m'ont aidée le plus. Ils ont fait tout ce qu'ils ont pu. Quand j'avais peur, je les appelais. Ils sont venus, ils ont été avec moi jusqu'au bout. Si je suis capable de m'en sortir maintenant, c'est beaucoup à cause d'eux. J'ai revisé beaucoup mon opinion de la police » (A-20).

Les citoyens ont beau reprocher aux policiers leur inefficacité, ils atténuent leurs critiques lorsqu'ils sont traités avec égards et surtout, avec bonté.

C. Porter une accusation

Dans plusieurs histoires que nous avons examinées, les dés en étaient jetés. Le cas était clair. L'agresseur était monsieur X, vivant à telle adresse. Ou encore, il était là, tout ficelé, et n'attendait que d'être cueilli.

« La police est venue bien vite. Mon commis m'avait prêté main-forte puis on avait attrapé le jeune homme et on leur a remis » (B-2).

Dans des cas de tentatives de meurtre, voies de fait ou agressions sexuelles, la victime peut souvent identifier précisément l'auteur du délit, en particulier s'il s'agit du conjoint. Ces crimes ont donc, en toute logique, des taux de solution plus élevés. Par contre, on se demande pourquoi la police, lorsqu'elle connaît les coordonnées du présumé coupable, n'intervient pas davantage.

Dans les situations de violence familiale, non seulement l'identité de l'agresseur est claire mais on sait, de plus, que de nouvelles agressions risquent de se reproduire. Pourquoi la police rate-t-elle de si bonnes occasions d'améliorer son taux de solution par mise en accusation et de prévenir la violence ? Essentiellement parce qu'elle ne pose pas le problème en ces termes. La mentalité policière (et les normes de promotion ?) valorise le travail de dépistage et le châtiment des coupables. Or, dans le domaine de la violence domestique, on ne peut espérer de gratification sous l'un ou l'autre chef : le coupable est déjà connu ; il ne sera pas ou peu châtié.

Enigmatiques tout de même ces cas où, la victime ayant elle-même fait enquête et rapporté les résultats de ses démarches à la police, aucune suite n'est donnée. Un des clients de l'IVAC, ayant cru reconnaître son agresseur dans un lieu public a téléphoné au poste de police et s'est fait dire : « Nous n'avons pas le temps ».

En conséquence, peu de crimes résultent en une mise en accusation. Le Solliciteur Général du Canada a bien demandé, en novembre 1982, aux corps policiers sous sa juridiction, d'acheminer les plaintes de toutes les femmes battues, le Québec ne s'est pas senti politiquement lié. Il faut aussi considérer les cas où les suspects sont des mineurs et pour lesquels une norme sociale, non légale, sera appliquée.

« Ça s'est passé comme suit. Mes bonhommes n'étaient pas majeurs et, comme la police a dit, ils étaient sous le coup de la loi 24. Alors, cette loi les considère comme innocents, du moins s'ils veulent s'amender. Ça fait qu'ils n'ont jamais été arrêtés. Je ne sais pas comment ça a fini » (A-44).

Dans un autre cas, un cambriolage, les policiers ont mis le grappin sur trois jeunes garçons de 11 à 13 ans qui avaient dévalisé quatre maisons dans une même soirée.

« Les policiers m'ont laissée bien libre de porter plainte. Mais c'est encore des enfants. Je pense que juste le fait d'avoir été pincés, ça va leur servir de leçon » (C-18).

En somme, les policiers semblent conditionnés par une norme de rentabilité mesurée aux taux de condamnation surtout et, en second lieu, aux aspects spectaculaires de leur flair de fins limiers. Cette norme pourrait expliquer les ambiguïtés de la réaction policière. Ils croient aux forces du mal, se sentent impuissants face à elles et communiquent leurs sentiments aux victimes.

Autant les policiers partagent avec les criminels les images de victimes « innocente » ou « coupable », autant ils baignent dans une symbiose d'impuissance avec les victimes. Du moins, eux, ils peuvent attribuer leur incapacité à des forces extérieures (manque de policiers, insuffisance des budgets, indifférence de la population).

Dans tous les cas, leurs aptitudes professionnelles sont remises en question. Les victimes ont perdu leurs illusions face aux capacités de la police d'intervenir efficacement. Ce sont leurs qualités humaines qui sont en cause. Et ce sont ces qualités qui, finalement, font pencher la balance pour le citoyen, vers une opinion très favorable ou très négative.

En fin de compte, les victimes demandent peut-être surtout une reconnaissance de l'injustice subie...

Chapitre 9

Une incursion sur la scène judiciaire

On s'accorde de plus en plus à reconnaître que la victime est absente de l'administration de la justice et que dès que sa cause est prise en charge par le Tribunal, cette cause n'est plus sienne. Cette aliénation tire probablement ses origines de la scission du droit en deux branches : le droit civil et le droit pénal. L'amende est devenue un substitut à la réparation par le délinquant et c'est le procureur de la Couronne qui assume la poursuite.

Notre Code criminel canadien laisse très peu de place à la victime. Il ne lui reconnaît presque pas de droits et l'accable d'obligations. A la Cour, la victime est un témoin qui se sent dépassé par les événements, comprend mal ce qui se passe et se plaint du manque d'égards à son endroit. La sentence lui accorde peu de satisfaction. L'intérêt de la victime est subordonné à des objectifs administratifs, à des ambitions professionnelles et à la nécessité de châtier quelques coupables.

Après avoir examiné les dispositions touchant la victime dans le Code criminel canadien, nous regarderons, avec les yeux des personnes interviewées, comment elles ont vécu leur passage à la Cour et nous ajouterons quelques considérations sur les sentences.

A. Quelques dispositions du code criminel canadien

Nous avons déjà vu que le mot victime n'apparaît pas au code si ce n'est entre parenthèses, ces dernières ne faisant pas partie des dispositions. Elle y est désignée sous les vocables de « poursuivant » (art. 2), « personne lésée » (art. 178, 653 et 742 : dans chaque cas, il est question d'une réparation que peut ordonner le juge), « plaignant » (articles relatifs aux voies de fait) et, surtout, « témoin » (selon l'article 107 : une personne qui rend témoignage).

1. La protection des personnes

La présence d'une victime virtuelle est toutefois sous-entendue puisqu'une bonne partie des articles visent la protection des individus, dans leur intégrité physique, leur droit à la propriété, à la vie privée, à la tranquillité. De plus, la gravité des délits et des peines prévues de même que le degré de protection accordé dépendent souvent de la qualité de la victime. Ainsi, sa Majesté la Reine, les personnes jouissant d'une protection internationale, les officiers de la justice, les ministres du culte, les membres d'un syndicat, font l'objet de dispositions spéciales en tant que victimes potentielles. Les méfaits contre les biens publics entraînent des sentences plus lourdes que ceux contre les biens privés (art. 387-4 et 387-3).

Le délit de voies de fait (art. 244) est un bon exemple de la façon dont la qualité de l'individu peut modifier certaines infractions. Si l'attaque a lieu contre un simple citoyen, on est coupable d'une infraction sommaire. Si elle a lieu contre un policier, on est coupable soit d'une infraction sommaire, soit d'un acte criminel. Mais si la victime est Sa Majesté (art. 49), on commet un acte criminel et on est passible de 14 ans de pénitencier. Par contre, si un parent ou un enseignant frappe un enfant sans force excessive, pour le corriger, il ne commet pas de voies de fait et il bénéficie de la protection de la loi.

Jusqu'en janvier 1983, les femmes étaient mieux protégées des agressions que les hommes. La protection supplémentaire accordée à certaines personnes peut être un couteau à double tranchant car elle impose, en retour, des contraintes spéciales et confère un statut de personne vulnérable et irresponsable. C'est cette discrimination qu'a corrigée la loi 127 entrée en vigueur en janvier dernier.

2. Les droits des victimes

Comme tout citoyen, la victime a le droit de porter plainte. Elle a aussi le droit de protéger sa personne (art. 33, 34, 37, légitime défense) lors de certaines circonstances ; de défendre ses biens (art. 38) et de protéger l'inviolabilité de sa demeure. Elle peut aussi, lors de l'imposition de la sentence, demander une réparation ou un dédommagement mais la décision est laissée au juge. Cet article est peu utilisé, entre autres parce que la victime est rarement informée de la date du prononcé de la sentence. Enfin, elle a parfois le droit de demander le huis clos.

3. Les obligations de la victime

Comme témoin, la victime est obligée de se présenter à la Cour si elle y est convoquée. Alors qu'un prévenu peut être appelé à comparaître sur simple promesse de sa part, le témoin est sommé de se présenter par voie d'assignation (art. 626). S'il fait défaut de comparaître, la même procédure que celle prévue pour le cas du prévenu s'applique à son égard.

Le témoin doit répondre aux questions qui lui sont posées sans quoi il risque d'être déclaré témoin hostile. S'il rend un faux témoignage ou commet un parjure, il est passible d'une peine d'emprisonnement (art. 120 et 124). Dans ces deux derniers cas, il faut noter toutefois que la preuve de l'intention de tromper est requise. Lorsqu'un témoin refuse de prêter serment ou de répondre aux questions qui lui sont posées, sans « excuse raisonnable », il peut être envoyé en prison (art. 472).

La rétention des choses saisies représente aussi une obligation pour la victime, propriétaire des biens retenus (art. 446). Elle ne peut en effet reprendre possession de ses biens qu'à certaines conditions bien précises et qu'à la suite de certains délais.

Enfin, l'article 131 rend coupable d'une infraction sommaire quiconque offre publiquement une récompense ou une immunité aux personnes qui auraient volé ses biens et qui les lui rapporteraient. La victime ne peut se faire justice elle-même et les quelques obligations énumérées ici nous montrent qu'en plus, elle risque de passer du statut de victime à celui d'accusé.

4. La victime et la Loi de la protection de la jeunesse (Loi 24)

La Loi québécoise a pour objectif de protéger les enfants victimes et les mineurs délinquants, les deux étant finalement considérés comme des jeunes ayant besoin de protection. En pratique, la situation est un peu paradoxale, délinquants et victimes étant traités sensiblement de la même façon, placés dans les mêmes centres d'accueil. Quant aux personnes lésées par des mineurs, les mécanismes d'application de la Loi 24 leur confèrent un rôle encore plus restreint que lorsqu'il s'agit d'infracteurs adultes.

B. La décision de poursuivre ou non

L'appareil judiciaire n'est pas mis en branle dès qu'une plainte est portée ou dès qu'une possibilité d'inculpation subsiste. Il y a un certain nombre d'étapes par lesquelles passent les plaintes avant et une fois qu'elles sont acheminées à la Cour.

1. Un premier filtrage par la police

Comme nous l'avons vu au Chapitre 7, chaque acte criminel commis et dénoncé ne mène pas toujours à la rédaction d'une dénonciation. Un premier filtrage est en effet opéré par la police. Plusieurs facteurs contribuent à la décision d'acheminer ou non la plainte. Nous ne les reprendrons pas ici en entier ; retenons simplement que, d'une part, les plaintes ne sont pas toutes acheminées et que, d'autre part, elles peuvent l'être sans que la victime n'en soit mise au courant - voire même malgré son opposition.

Le caractère public ou privé attribué au crime commis sous-tend en grande partie la décision d'agir ou, au contraire, de s'en remettre à la décision de la victime.

2. Un conflit d'ordre public ou privé

La question posée est celle de savoir si le crime est du ressort public, c'est-à-dire si c'est un crime contre la société, ou alors s'il est plutôt un conflit d'ordre privé. Cette décision relève de la pratique de l'administration de la justice et non des provisions du Code. Par exemple, une agression entre inconnus est du ressort public mais le même genre d'agression entre voisins ou entre conjoints aura tendance à être considéré comme un conflit domestique par chacune des instances du système.

Dans le premier cas, on considère que toutes les plaintes fondées doivent être acheminées à la Cour. Des enquêtes sont entreprises afin de trouver les auteurs de ces crimes ; on prend les dépositions des victimes. On ne tient pas compte de leur volonté de poursuivre ou non. On oblige les victimes à coopérer avec le système de justice et on les expose à des représailles (outrage au Tribunal, mandat d'arrestation) si elles refusent de collaborer. Dans le second cas, le conflit d'ordre privé est perçu comme « appartenant » davantage à la victime. On respecte sa décision de poursuivre en justice ; le cas échéant, elle n'encourt pas de représailles si elle laisse tomber sa plainte en cours de route, ou si elle ne se présente pas devant la Cour au jour de l'assignation. On retirera la plainte, tout simplement.

Dans les deux cas toutefois, une part d'arbitraire subsiste : c'est la question relative au bien-fondé de la plainte. Cette décision se prend dans un contexte social aussi bien que légal. Le cas de l'agression sexuelle est assez révélateur à ce sujet. Auparavant, les mentalités concernant le viol avaient pour effet qu'une plainte provenant d'une victime non chaste était presque automatiquement considérée comme sans fondement. Le contexte social imprégnait la prise de décision. De plus, l'évolution du droit fait que, depuis peu, on n'exige plus de « plainte spontanée » de la part de la victime de viol. Le bien-fondé de la plainte n'est donc plus tributaire de cette exigence.

Le système de justice ne sépare pas de façon aussi étanche les types de crimes. Officiellement, le droit criminel relève du domaine public ; il n'appartient pas aux citoyens d'en prendre le contrôle, d'une façon ou d'une autre. C'est au niveau de la pratique que le portrait du droit criminel est quelque peu altéré. Nous faisons référence ici à la marge de manœuvre laissée à la victime, dans plusieurs cas. Voyons jusqu'à quel point existe cette marge de manœuvre, lorsque le procureur de la Couronne est saisi du cas.

3. Et si la victime veut poursuivre ?

Une fois la plainte entre les mains d'un procureur de la Couronne, un autre filtrage s'opère. Celui-ci peut en effet considérer que le jeu n'en vaut pas la chandelle et ce, même si la victime est prête à poursuivre l'auteur du crime.

« Le gars va me défendre en Cour, il paraît, le procureur de la Couronne, c'est mon avocat. Alors, je veux le rencontrer. (...) « Madame », il me dit, « un assaut, c'est un assaut, c'est pas défendable. Dans l'esprit du juge, vous avez 37 ans, vous y êtes allée pour ses beaux yeux. Ils ne vous croiront jamais, ils vont vous démolir. Son avocat, c'est Me X, il va vous avoir dans une bouchée. Faudrait retirer la plainte. Dites que vous avez eu peur que votre mari se fâche. Retirez votre plainte, on ne gagnera jamais » (C-2).

Que peut faire la victime si le procureur de la Couronne refuse de continuer le processus ? Dans la plupart des pays, les systèmes de justice (lois, règlements, chartes des droits) ont prévu des mécanismes pour prévenir une poursuite indue contre un innocent qui risquerait d'en souffrir : l'enquête du coroner, l'enquête préliminaire, les droits fondamentaux en matière d'arrestation et de détention préventive, etc. La victime peut-elle aussi bénéficier d'une protection contre la non-poursuite arbitraire ? Un recours extraordinaire tel que le *mandamus* lui est-il ouvert ? Qu'en est-il de la possibilité de faire une plainte privée ?

Concernant cette dernière question, SEBBA (n.d.) voit une grande ambiguïté dans le droit anglo-saxon. Selon lui, les poursuites sont privées mais intentées par et au nom de la Couronne et, en pratique, sont initiées par des « *public officials* ». Les poursuites privées authentiques seraient très rares.

Il semble que c'est à force d'acharnement et d'insistance, à en croire un juge interviewé, que les victimes peuvent en arriver à contrer une décision du procureur de la Couronne à l'effet de ne pas poursuivre l'auteur présumé du crime.

« La victime pourra toujours dire (au procureur de la Couronne) : « bien, vous n'acceptez pas mais j'ai le droit de voir le juge et je vais le voir ». Alors là, en insistant toujours, le juge la recevrait et poserait les mêmes questions et peut-être aurait-il la même réponse. (...) Alors, s'ils n'ont pas réussi à passer à travers ces deux barrières là (police et Couronne), il reste que le juge pourra toujours renverser la décision, passer outre. Et il y a une plainte qui va être portée. Seulement, on peut penser que normalement ces 3 groupes-là auront à peu près les mêmes réactions devant cette situation » (Juge).

On peut se demander si la poursuite des criminels n'est qu'une question de politique sociale ou de bureaucratie administrative, ou si elle concerne les victimes aussi.

4. Et si la victime ne veut pas poursuivre ?

« Le détective m'a dit que je n'avais pas le choix. « Mais », j'ai dit : « moi, je ne veux pas porter plainte, la Cour et tout le barda. Je n'ai jamais levé de charges contre lui . Vous le savez, je ne vous ai pas dit de faire une plainte. Je n'ai rien signé » (B-6).

Comme nous l'avons vu plus haut, il est des cas où le désir de la victime de ne pas poursuivre est respecté. Mais dans d'autres cas, la police ne tient pas compte de son point de vue ; il en est de même du procureur de la Couronne. Cependant, dans une bonne partie de ces cas, les poursuites seront abandonnées à cause du refus de collaborer de la part du témoin. MCDONALD (1976) mentionne qu'aux Etats-Unis, sur un échantillon de 4,188 plaintes pour délits contre la personne par des étrangers, il y eut abandon des poursuites dans 47% des cas.

C. L'enquête préliminaire et le procès

C'est au moment de l'enquête préliminaire que la victime fera sa première apparition à la Cour si elle y a été convoquée. Ce ne sera pas toujours de gaieté de cœur qu'elle collaborera à l'administration de la justice.

« En plus d'être victime, il ne faut pas que tu accuses. Ça nous donne tellement de troubles » (A-14).

Nous abordons ces deux étapes simultanément parce que la plupart des témoins ne savent pas s'ils ont assisté à une enquête préliminaire ou à un procès ; bien que, dans ce dernier cas, ils s'en sont généralement rendus compte. Une victime de viol qui a témoigné aux deux moments a trouvé l'enquête préliminaire beaucoup moins contraignante à cause de l'absence de contre-interrogatoire. Par ailleurs, une victime de vol qualifié a préféré le procès parce qu'elle savait davantage à quoi s'attendre à ce moment.

Les victimes qui ont vécu l'expérience de la Cour ont été très loquaces sur le sujet. Nous retenons de leur discours quatre principaux thèmes : l'ignorance, la peur, la méfiance et le sentiment d'avoir été manipulés. Puis, nous présenterons brièvement le point de vue des principaux acteurs de la scène judiciaire.

1. L'ignorance

« Quand on n'est pas des hommes de loi », disent les victimes, « on est impuissants face au système de justice ». La plupart des citoyens ne connaissent ni la loi ni la procédure. Dès la réception du *subpoena*, leur inquiétude et leurs questions s'accumulent. Plusieurs croient que le procureur de la Couronne est l'avocat chargé de les « défendre » ; cette information leur vient parfois de la police. Ils sont dès lors surpris et déçus que leur avocat n'entre pas en contact avec eux pour les préparer à témoigner. Même quand ils le rencontrent, ils ne savent pas nécessairement son rôle :

« Quand j'ai vu mon avocat, il ne m'a même pas donné la main. Il ne s'est même pas présenté. Après, je me suis informée pour savoir qui

c'était la personne. Les enquêteurs m'ont dit que c'était un avocat pour notre cause à nous » (A-47).

Selon une autre victime, le manque de zèle des procureurs est dû au fait que la victime ne choisit pas « son avocat » et ne le paie pas. Certaines victimes cependant font appel à un avocat :
« Tu es mieux respecté en Cour avec un avocat à côté de toi. Je me sentais rassurée. Ça valait 250 $ » (B-6).

Plusieurs ne font pas la différence entre la poursuite civile et la poursuite pénale et ce n'est qu'après avoir vécu l'expérience qu'elles réalisent que leur rôle est celui d'un simple témoin et non celui de la partie demanderesse.

Pendant le déroulement des procédures, se posent les problèmes de compréhension du langage hermétique des juristes et de la progression de la cause : négociation de plaidoyers, exclusion des témoins, remises. Après avoir attendu durant deux heures et demie, un témoin demande des renseignements à un avocat qui lui dit que tout est fini depuis une heure puisque les accusés « sont passés aux aveux ». Personne ne les avait informés. Les témoins se demandent pourquoi on a besoin de leur témoignage alors qu'ils ont déjà tout dit à la police.

Comme SHAPLAND et al. (1981), nous avons trouvé que le fait de ne pas être informée de l'issue de sa cause donne beaucoup d'insatisfaction et d'insécurité à la victime.

2. La peur

Le besoin le plus souvent exprimé par les témoins, après le besoin d'information, est celui d'être rassurés, selon l'étude effectuée au Palais de Justice de Montréal (B-7). Notre échantillon nous amène à la même constatation.

Les témoins ont peur d'être ridiculisés, de ne pas pouvoir répondre aux questions, d'être accusés de parjure s'ils se trompent, d'avoir oublié des détails d'un événement qui est arrivé il y a longtemps. Mais, surtout, ils ont peur de l'accusé. Parce que leur témoignage risque de faire condamner ce dernier, ils craignent d'être l'objet de représailles, crainte qui n'est pas sans fondement car plusieurs victimes ont fait l'objet de menaces explicites. Il arrive aussi que les amis de l'accusé présents à l'audience menacent le témoin du regard. Et c'est dans ce climat d'angoisse qu'il aura, dès le début du témoignage, à donner son adresse.

Seule la police semble prendre au sérieux l'intimidation. Les avocats et les juges que nous avons consultés estiment que ce phénomène est très rare. Aux Etats-Unis, l'*American Bar Association* a préparé des recommandations sur les moyens de réduire l'intimidation ; le problème serait-il plus sérieux au Sud ?

Puisque les personnes que nous avons interrogées avaient été victimes de crimes graves, il est bien possible qu'elles aient été soumises davantage aux menaces que la majorité des témoins.

3. La méfiance à l'égard de la Justice

« Avoir su, je n'aurais pas dénoncé. D'abord, ils ont fait passer ça comme un attentat à la pudeur. Mais, moi, je dis que c'est un viol. Ça me brûle, ça m'écœure, la justice. Je suis allée à toutes les représentations même si je n'avais pas d'affaire. J'ai tout vu. Il n'y a pas de justice pour les victimes » (C-2).

D'autres personnes aussi affirment avoir été très déçues par le fonctionnement du système. Certaines donnent comme raison la disparité de pouvoir entre l'accusé et la victime. Elles ont vécu difficilement leur solitude face à un ou plusieurs accusé(s) assisté(s) par un avocat. Même si certaines sont reconnaissantes de ne pas avoir eu à témoigner, plusieurs sont frustrées de ne pas avoir eu « le droit de parole » afin de rétablir la vérité des faits ou donner leur version ou afin de faire connaître l'impact qu'a eu l'agression sur elle. L'une s'est même débattue pour que la Cour entende le psychiatre qui la traitait.

Un autre motif de doléance est d'être exclu d'une bonne partie des audiences. Dans un cas de tentative de meurtre, la victime a écouté chanter les louanges de son agresseur après que la défense eût, selon elle, sali sa réputation :
« On ne peut pas dire ce qu'on veut ; même ça, on ne peut pas. (...) La défense peut tout faire, mais pas la Couronne » (C-1).

Et que souhaite-t-on au juste ?

« Il me semble que ça devrait être égal entre accusé et victime » (A-13).

C'est aussi par son manque de sérieux que le système judiciaire déçoit. C'est une risée, c'est un spectacle improvisé, c'est du théâtre ou même, c'est comme une partie de football ou de hockey : voilà quelques-unes des descriptions que nous avons obtenues. La négociation de plaidoyer est vue comme une machination qui dénie toute justice.

Dans notre échantillon, ce sont les victimes de viol qui, encore une fois, ont trouvé l'expérience de la Cour plus difficile, traumatisante et, somme toute, une seconde injustice. Dans un procès que nous avons observé durant l'été 1982, la défense a vraiment tout mis en œuvre pour créer un doute raisonnable. A une victime qui avait peine à parler et tremblait visiblement, on a posé des questions sur les moindres détails de l'agression ; on lui a même demandé la fréquence de ses relations sexuelles avec son mari. Le juge est intervenu quelques fois quand le harcèlement dépassait les bornes.

Il semble d'ailleurs que, de façon générale, l'attitude protectrice du juge de même que le soutien de la part des policiers influencent de façon positive l'évaluation que fait la victime du système judiciaire.

4. Le sentiment d'avoir été manipulé

Plus que manipulées, les personnes qui ne désiraient pas témoigner se sont senties brimées en recevant le *subpeona*. Avec la Cour, impossible de négocier des rendez-vous, de menacer de retirer sa clientèle. On subit donc les dérangements, les longues attentes, les remises, tous les inconvénients.

« Tu te sens un numéro ».

Les victimes se plaignent des lenteurs de la Cour comme d'un manque d'égards à leur endroit. Elles ne sont pas longtemps dupes du rôle qu'on leur fait jouer et elles réalisent qu'elles ne sont qu'un pion dans un jeu auquel se livrent les parties adverses dont l'une semble avoir plus de pouvoir.

Certains témoins, au procès, ont trouvé le contre-interrogatoire très harassant. On leur a posé la même question à d'interminables reprises, question de détail, semble-t-il, et parfois, seule l'intervention du Tribunal a mis fin à un harcèlement prolongé. Selon le juge Jacques LESSARD, « notre Code pénal ne prévoit point le droit au témoin de solliciter cette intervention alors qu'en toute bonne foi, il s'applique à renseigner le Tribunal au meilleur de son habilité » [3].

Une victime qui s'était rendu compte qu'elle n'était qu'un témoin et donc, un spectateur, s'est résignée :
« Puis, comme spectateur d'un acte de violence, tu dois être à la disposition de la Cour, comme un bon citoyen. C'est ça qu'ils nous disent » (A-12).

L'expression « se tenir à la disposition de la Cour » est, en effet, exacte et elle résume bien le statut du témoin.

5. Le point de vue des juristes, acteurs principaux

Puisque très peu de juristes ont été interviewés, il faudrait se garder de généraliser.

Ainsi, chez les juges de Montréal, le juge Jacques LESSARD, déjà cité, a maintes fois exposé publiquement une attitude pro-témoin. Deux autres juges niaient l'existence de la victime car, disaient-ils, le principe de présomption d'innocence implique, en toute logique qu'il n'y a, au plus, qu'une présumée victime. Selon l'un d'eux, quand l'accusé a choisi sa victime au hasard, c'est toute la société qui est victime et la plainte n'est assumée que par l'accusateur public. Si, au contraire, la victime a été spécifiquement choisie, elle est effectivement victime et la décision d'intenter des poursuites lui revient. Tous deux favorisent le dédommagement de la victime, surtout comme mesure avant

3. Allocution prononcée à la convention annuelle de l'Association des juges provinciaux du Nouveau-Brunswick, du 15 au 18 juillet 1981, à St. Andrew-by-the-Sea.

sentence, mais les ressources financières de l'infracteur empêchent souvent le recours à cette sentence.

Selon les avocats, leur rôle serait de défendre l'accusé par tous les moyens prévus par la loi et d'obtenir un acquittement ou la plus petite sentence possible. Pour eux, la victime est un instrument servant à mettre en doute la perpétration de l'acte ou l'identité de celui qui en est présumé l'auteur. Ils n'ont aucune objection à la restitution puisque cette mesure joue à l'avantage de l'accusé ; ils la proposent même, parfois. L'un d'eux nous disait que lorsqu'un homme est accusé de battre sa femme, il lui recommande de déposer un plaidoyer de non-culpabilité et il essaie de faire traîner les choses en longueur de sorte que la victime soit suffisamment intimidée pour retirer sa plainte. D'ailleurs, plusieurs auteurs ont remarqué un énorme volume de plaidoyers de culpabilité et de retraits de plainte dans les délits de menaces et de voies de fait (BALLE, 1976 ; OUELLET-DUBE et BELANGER, 1982).

Quant aux procureurs de la Couronne, bien qu'une minorité se disent les avocats de la victime, ils se reconnaissent plus généralement comme les défenseurs de la société, les représentants de l'ordre public. Leur rôle est d'assurer la condamnation d'un coupable et, pour ce faire, ils doivent parfois s'occuper de la victime. Certains le font pour des considérations humanitaires également, en particulier, ceux qui travaillent dans des équipes spécialisées. Une surcharge de cas les empêcherait toutefois de porter aux victimes toute l'attention nécessaire.

Ces positions sont, évidemment, très stylisées. Elles correspondent néanmoins, nous le croyons, à des positions assez générales chez les avocats et les procureurs.

En somme, la plupart des juristes ont peu réfléchi aux problèmes des victimes et des témoins. Comme le droit pénal a progressivement exclu la victime, la formation actuelle des avocats, comme celle des criminologues, est presque entièrement axée sur des problèmes et des pratiques qui concernent les infracteurs.

Cette préoccupation pour l'accusé est bien naturelle chez les avocats de la défense. Il est naturel aussi que les récentes initiatives de promotion des droits des victimes (WALLER, 1983) rencontrent leur assentiment dans certains cas (droit à la réparation) et leur opposition farouche dans d'autres (droit de parole, par exemple).

Cependant, le point de vue de la Défense est largement adopté par la Poursuite et le Tribunal. Le problème en devient un de disparités de force. Personne n'a pour rôle de défendre les droits des victimes. Outre la philosophie du droit pénal qui appelle un certain type de formation académique, ce problème est aussi lié aux structures administratives. Par exemple, il est important pour l'avancement professionnel des procureurs de la poursuite d'obtenir des condamnations. Perdre ou gagner sa cause, c'est-à-dire obtenir un acquittement ou une condamnation, une sentence sévère ou clémente favorise la carrière des procureurs, même ceux de la poursuite.

D. Une évaluation des sentences

Les victimes dont l'agresseur avait été condamné et qui connaissaient la sentence imposée ont généralement commenté assez longuement la décision du juge à l'exception de deux d'entre elles dont le seul désir était de ne plus entendre parler de l'agresseur. Elles ne sont pas aussi insatisfaites que la lecture des sondages d'opinion nous aurait portée à croire.

1. Une grande ambivalence quant à la détention

De l'avis général, la prison ne réhabilite pas, elle est un châtiment cruel et elle endurcit les criminels dans leur mode de vie délinquant. Pourtant, les victimes d'agression sexuelle et de tentative de meurtre la préconisent ; elles souhaitent même, pour certaines, une détention à vie, en particulier quand l'agresseur est un malade mental,

« parce que le temps qu'ils sont en-dedans, au moins, ils n'attaqueront pas d'autres gens » (A-4).

D'autres auraient préféré une peine légère mais la crainte qu'elles entretiennent du criminel leur fait dire :
« Au moins pendant qu'il est en-dedans, nous, on peut respirer » (C-6).

De façon surprenante, les familles des victimes d'homicide sont relativement peu punitives. Quoique le nombre de cas étudiés soit faible, les cas de l'IVAC inclus, la tolérance ressort bien. Est-ce dû au fait que les meurtriers avaient tous été condamnés (ceux qui furent arrêtés) à des peines de détention ou à l'internement psychiatrique ? Ou peut-on l'attribuer à un désinvestissement émotif consécutif à toutes les difficultés qu'occasionne une si lourde perte ?

« Le tort qu'on a subi, ça n'a pas de prix ».

Les proches des victimes d'homicide considèrent que rien ne peut réparer le préjudice : l'être perdu ne se remplace pas et ni l'internement ni la détention ne sauraient compenser. En entrevue, ils ont peu parlé du châtiment de l'agresseur. On ne peut donc pas inférer une attitude non punitive du fait qu'ils ne réclament pas de châtiments sévères.

Les femmes battues sont également ambivalentes. Leur conjoint s'en tire généralement avec une peine d'amende ou de probation (étude B-5).

« Lui, il se dit qu'il peut battre n'importe qui, qu'il peut revenir me battre ou battre une autre femme, parce qu'il ne sera pas puni » (C-12).

Nous avons vu dans une autre étude (B-5) que les femmes battues hésitent à porter plainte notamment parce qu'elles craignent que leur conjoint ne soit incarcéré. Par ailleurs, si l'agresseur demeure en liberté, elles continuent à vivre dans la crainte et elles ont l'impression même que l'impunité sera interprétée comme une licence pour agresser. Au fond, ce qu'elles réclament du système de justice, c'est une protection. Souvent, elles subissent une nouvelle perte de pouvoir plutôt. Comme le disait un procureur de la poursuite :

« La femme, ou une autre victime, qui vient ici, subit une deuxième défaite quand il y a acquittement ou sentence suspendue. Celle-là, elle ne pourra peut-être pas s'en relever. Ça peut être préférable de ne pas assigner une plainte quand la poursuite n'a pas de bonnes probabilités de gagner ».

Dans quelques cas de vols qualifiés pour lesquels les auteurs ont reçu des peines de détention, les victimes exprimaient de la compassion mais croyaient que la sentence était méritée.

2. Une désapprobation générale de la libération conditionnelle

Inutile de s'étendre sur ce point puisque toutes les études en font état. La libération conditionnelle est surtout vue comme une supercherie :

« Plutôt de nous dire qu'un gars prend huit ans, qu'ils nous disent carrément qu'il va faire deux ans. Ce serait bien plus honnête » (A-44),

ou comme une façon de passer outre aux décisions du Tribunal, ou encore comme une licence pour poursuivre une carrière criminelle.

3. Des solutions plus novatrices

Ce que plusieurs victimes souhaitent, c'est que leur agresseur, et le Tribunal, prennent conscience des torts causés. Certaines auraient aimé le rencontrer et lui dire ce qu'elles ont vécu :

« Moi, j'aurais aimé ça être confronté avec eux-autres pour savoir ce qu'ils ont dans la tête. Puis moi, je lui aurais dit ce que j'ai vécu. Peut-être que ça ne donnerait rien mais ça m'aurait fait du bien de le dire, pas mal plus que de le mettre en-dedans ».

Dans cet ordre d'idée, on a suggéré comme sentence le travail obligatoire dans un centre hospitalier (A-7) afin que les délinquants voient la souffrance physique.

A notre surprise, peu de personnes ont suggéré spontanément la restitution ou une autre forme de réparation directe. Ce n'est pas non plus avec un enthousiasme délirant que les interlocuteurs ont accueilli cette suggestion quand elle leur a été faite. Leurs réticences ont pour motifs la trop faible valeur d'intimidation de cette mesure et l'insolvabilité des délinquants ou encore l'impossibilité de réparer une agression physique. Même quand l'idée leur plaît, la plupart n'aimeraient pas être confrontés à l'agresseur. Quand la violence vient d'un conjoint, il ne faut surtout pas proposer une rencontre de conciliation ou un dédommagement monétaire.

4. Un besoin de vengeance ?

Au début de notre investigation, nous avions défini la vengeance au sens peut-être trop étroit de « rendre le mal pour le mal ». Dans ce sens, le sentiment de vengeance ne ressort pas comme un élément important du discours des victimes. Sous cette forme, il se retrouve surtout chez les victimes d'agressions sexuelles et, un peu, chez les victimes de cambriolages. Une victime de viol, on se souviendra, rêvait de former un commando de femmes qui pourrait faire vivre aux agresseurs les tourments qu'elles ont subis. Mais, à la réflexion, cette solution lui semblait peu rentable et peu conforme aux normes morales auxquelles elle adhère.

Quand les victimes réclament des châtiments sévères, ou plus sévères que ceux qui sont accordés, elles sont motivées surtout par la peur qu'elles éprouvent pour elles-mêmes ou pour d'autres.

Leur besoin de justice pourrait être assimilé à une forme de vengeance. En plus de s'exprimer de façon violente parfois, ce besoin recouvre deux facettes. La plus importante semble être la reconnaissance publique de l'injustice subie. En ce sens, l'attention accordée à la victime, le dépistage et l'arrestation d'un suspect, la condamnation d'un coupable, semblent d'importance beaucoup plus considérable que la sévérité de la sanction. La seconde facette du besoin de justice est que l'auteur du dommage soit placé face aux conséquences de son geste et qu'il en réalise la gravité :

« Le jeune, moi je pense qu'il pourrait se racheter si on l'avait mis devant la réalité. Lui, je suis sûre qu'il n'a pas réalisé ce qu'il faisait. Qui est-ce qui va lui dire le mal qu'il nous a fait ? On ne peut pas

laisser aller la jeunesse comme ça, il va falloir qu'ils se rendent compte. Qu'ils viennent voir la vie que la victime fait après » (A-53).

Cette opinion est d'autant plus frappante qu'elle vient d'une victime qui a beaucoup perdu (comme le suggère la description du cas en annexe).

Notre étude n'a pas exploré systématiquement les formes que pouvait prendre la vengeance dans un sens assez large de réciprocité. De la littérature consultée et des entrevues réalisées, nous concluons cependant que les victimes ne réclament pas des peines excessives. Il semble même que les victimes soient plus tolérantes que le reste de la population, peut-être parce qu'elles sont un peu mieux renseignées. Aussi, dans l'échantillon de SHAPLAND et al. (1981), les victimes dont l'agresseur n'avait pas été retrouvé avaient davantage l'impression que la justice était trop clémente que celles qui avaient vécu l'expérience du Tribunal mais ignoraient la sentence rendue. Ces dernières étaient plus insatisfaites que celles qui connaissaient la sentence.

Soulignons finalement que les sentiments des victimes évoluent. Immédiatement après l'agression, la colère est intense. Avec le temps, ce sentiment diminue. La victime oublie, se résigne, dirige son agressivité vers elle-même ou contre les agences sociales et pénales avec lesquelles elle vient en contact.

En somme

Absente de la loi, si ce n'est pour définir la gravité de quelques crimes, la victime est également l'oubliée de l'administration de la Justice pour qui elle n'est qu'un instrument dans la recherche de la vérité et la condamnation d'un coupable. De tous les droits qui lui sont refusés, c'est le droit de parole qu'elle semble réclamer le plus. De tous les besoins qu'elle éprouve, l'information et la protection sont primordiaux. La Justice les a beaucoup déçues.

Les victimes ne semblent pas particulièrement vindicatives à l'égard de leur agresseur. SHAPLAND et al. (1981) arrivent à la même conclusion. Avant tout, elles désirent ne plus jamais revoir leur agresseur et elles réclament une protection contre leurs futurs agissements. Même si la réparation leur apparaît une mesure logique, elle leur semble difficilement applicable aux délits contre la personne.

Conclusion : quelle justice ?

Dans cette partie, nous avons voulu envisager la justice au sens large de reconnaissance des droits et du mérite de chacun. Aussi bien l'opinion publique que les politiques sociales et l'administration des systèmes de justice civile et pénale peuvent être sources de partialité ou d'équité.

Nous avons constaté que la tendance à blâmer les victimes a la vie dure. Souvent critiquées par leurs proches, les victimes se sentent également stigmatisées par l'opinion publique. L'oubli dans lequel on les a tenues jusqu'à maintenant est probablement responsable, en partie, du fait que ni l'entourage ni les agences sociales ne savent comment leur venir en aide. Jusqu'à maintenant, les agresseurs ont accaparé toute l'attention tant des mass médias que des professionnels des domaines de la santé et de la justice. Il ne reste plus de ressources pour les victimes. A la limite, on pourrait dire que pour obtenir reconnaissance et soins, il lui faudrait poser un geste criminel.

Les auteurs de violence exercent une fascination que les perdants ne sauraient espérer. Ces derniers, impuissants au moment de l'agression revivent une même impuissance lorsqu'ils cherchent des recours. Ils doivent frapper à maintes portes, ne réussissent pas à obtenir les informations nécessaires ; partout on les fait attendre et déjà, ils ont souvent bien tardé à demander de l'aide. Si elles connaissent l'existence du service et y sont éligibles, elles pourront recevoir une compensation monétaire de l'IVAC. Quelques femmes ont été assistées par un centre d'aide aux victimes de viol ou hébergées dans un refuge. Celles qui ont été violées aux bons endroits et aux bonnes heures ont reçu des soins adéquats de la part des centres hospitaliers désignés. Plusieurs autres personnes, hommes et femmes ont dû se débrouiller seules.

Entre le tiers et la moitié des crimes sont rapportés à la police et une bonne proportion d'entre eux l'ont été par des personnes autres que la victime : un bon samaritain, des voisins, un membre de la famille. En général, nos interlocuteurs sont satisfaits du premier contact avec les policiers, sauf les victimes de cambriolage à qui ils communiquent leur impuissance et les femmes battues auprès de qui ils font une intervention minimale.

Peu impressionnées par le « professionnalisme » de la police, les victimes apprécient surtout une réponse rapide et des qualités humaines chez les policiers. Ces derniers, comme le reste de la société, distinguent entre les victimes innocentes et les victimes coupables. Les premières méritent leur aide ; les secondes sont accueillies avec scepticisme. De toute manière, ils sont beaucoup plus intéressés à chasser les criminels, même lorsqu'ils s'avouent impuissants à le faire, qu'à réconforter ou à informer les victimes alors qu'ils s'acquittent assez bien de cette tâche.

Dans ses décisions d'ouvrir une enquête ou d'acheminer une plainte, la police suit une norme de rentabilité mesurée aux probabilités de détection et, surtout, de condamnation. A part les cas de meurtres et de vols qualifiés, elle n'enquête activement que si des témoins peuvent donner des indices susceptibles de mener à l'arrestation d'un infracteur. Par ailleurs, même si celui-ci est on ne peut plus facile à identifier lorsqu'il s'agit de femmes agressées par un conjoint, elle hésite à acheminer une plainte vers le Tribunal car les taux de condamnation y sont très faibles, les sentences clémentes et la violence continue.

Le système judiciaire est également régi par cette norme d'efficacité. On attend de la victime une grande disponibilité afin que les poursuites soient menées à bonne fin rapidement et chaque palier essaie d'anticiper les réactions du suivant. De même que la police juge selon les normes du procureur, celui-ci pense au juge et à l'avocat et, si la cause se rend à procès, on tente d'évaluer quelle crédibilité auront les témoins aux yeux du jury.

Le tort fait à un individu n'importe pas tant que la réussite professionnelle : obtenir le plus de condamnations possibles ou le plus d'acquittements possibles, tout en utilisant efficacement les ressources organisationnelles. D'ailleurs, la philosophie même du droit pénal s'oppose à ce que les dommages infligés soient un critère premier de décision : le crime est une atteinte à la société, non à l'individu. C'est également la raison pour laquelle le citoyen perd tout contrôle sur une affaire qui le concerne au plus haut chef.

Nous avons vu que la victime n'a pratiquement aucun droit et qu'elle déplore la disparité des forces en présence qui s'ensuit. L'absence d'un droit de parole est probablement la lacune la plus sérieuse. Préconiser une reconnaissance des droits des victimes suscite immédiatement l'inquiétude que soient lésés les droits acquis des accusés comme le droit à la présomption d'innocence. C'est peut-être mal poser la question. Les droits et les libertés de l'un ne s'arrêtent-ils pas là où les droits et libertés de l'autre commencent ? L'égalité de tous devant la loi n'est-elle pas aussi un fondement de notre système pénal, comme d'ailleurs la recherche de la vérité ?

Une Justice axée sur la culpabilité et la punition entraîne une crainte démesurée de l'erreur judiciaire. On a alors fait le choix de mettre en danger la vie et le bien-être de plusieurs personnes plutôt que de prendre le risque de condamner un seul innocent. Sur quel critère nous appuyons-nous pour décider ainsi des personnes dont la vie et le bien-être méritent d'être protégés ? Par contre, une justice fondée sur les principes de responsabilité et de réparation minimise les risques d'erreurs tout en ayant l'avantage de ne pas répondre à la violence par la violence, c'est-à-dire donc d'accroître la valeur éducative de l'intervention.

On nous objectera que voilà précisément la philosophie du droit civil. Justement, mais les victimes d'actes criminels n'y ont pas recours. Et pourquoi se donneraient-elles tout ce mal quand l'agresseur est incarcéré ? Et pourquoi doubler les coûts de la Justice ?

Force nous est de constater que le système pénal actuel ne sert pas les intérêts de la victime réelle ou potentielle. Les accusés y sont mieux traités mais y gagnent-ils ?

Le système opère loin des citoyens, pour sa propre perpétuation dans son intérêt et celui de ceux qui y œuvrent.

Conclusion

La victimologie s'est d'abord inscrite comme un champ d'investigation à l'intérieur de la criminologie. A ce moment, ses pionniers étaient surtout motivés par un désir de mieux comprendre et traiter les auteurs d'actes criminels. Leur démarche scientifique relevait essentiellement d'une approche positiviste, d'une recherche des causes et d'une conception plutôt déterministe de la nature humaine. Ils étaient limités dans leurs investigations empiriques par l'absence de données de bases et de techniques d'enquêtes. Ils ont dû se contenter de dossiers de police et autres sources incomplètes et peu appropriées à leur objet. L'importance démesurée qu'ils ont alors accordée au rôle de la victime et à sa responsabilité dans le passage à l'acte aura eu l'effet négatif de donner un cachet scientifique à la réaction de blâmer les victimes mais leur influence positive est peut-être beaucoup plus importante. Ils ont réussi à éveiller une curiosité à l'égard des victimes, curiosité que les précurseurs (BENTHAM, GAROFALO, FRY...) n'avaient su stimuler. Ils ont aussi attiré l'attention sur les conduites dans lesquelles le partage des responsabilités ne peut être défini en noir et blanc.

Ce faisant, les premiers victimologues ont suscité de vives réactions dans les milieux féministes qui commençaient, durant les années 70, à se structurer autour de la protection des femmes contre la violence. La thèse de la culpabilité de la victime n'était que trop familière. Durant la même décade, les Etats-Unis se sont lancés dans la gigantesque entreprise des sondages de victimisation, lesquels, malgré toutes leurs limites méthodologiques, ont donné des résultats très provocants en regard des perceptions jusque là entretenues. Ces sondages ont commencé à être alimentés et critiqués par de plus modestes monographies de plus en plus axées sur la victime.

Enfin, dans la deuxième partie de la décade, les mouvements en faveur des victimes se sont développés : congrès, associations, *lobbying* (WALLER, 1981). Les criminologues sont demeurés passablement à l'écart de ces mouvements initiés en grande partie par des militantes féministes et par des praticiens des services sociaux et du droit. Dans ses implications pratiques, la victimologie a donc commencé à s'éloigner de ses origines victimologiques.

C'est à ce moment de l'évolution de la victimologie que se situe la thèse ici présentée. Sans vouloir résoudre le débat de la pertinence d'une science victimologique autonome, nous avons adopté la position que l'étude des victimes ne pouvait que faire progresser les connaissances en criminologie. Dans cette perspective, nous nous rattachons aux origines criminologiques de la victimologie ; par ailleurs, il nous a semblé indispensable de tenir compte des nouvelles orientations et découvertes qui provenaient d'autre disciplines de façon à rendre compte le plus complètement et le plus fidèlement possible de l'expérience totale de victimisation, l'envers de la criminalité. C'était là l'objectif général visé, les deux sous-objectifs étant de décrire les victimisations et les victimes et de traiter de la réaction sociale au phénomène. Ce faisant, nous avons adopté les distinctions classiques de la criminologie : l'étude du crime et des criminels et l'étude du contrôle social. Cette fois, il s'agissait de les examiner de la perspective particulière des victimes, présumant qu'un angle de vision différent pourrait éclairer la compréhension du phénomène criminel.

Les techniques privilégiées au départ étaient l'entrevue individuelle non structurée, l'observation dans les Cours de justice et l'analyse secondaire des données de la revue de la littérature. Au moment de l'analyse, nous y avons ajouté les résultats d'autres études menées de façon parallèle. Ainsi, l'échantillon de 65 victimes et 15 intervenants s'en trouve à peu près quadruplé sans pour autant permettre d'inférences statistiques.

Dans l'état de ses connaissances, la victimologie avait tout autant besoin de recherches quantitatives que d'explorations qualitatives. Le fait de privilégier une approche est donc dû en partie à l'idiosyncrasie du chercheur, mais aussi à un état des connaissances marqué par un manque de données qualitatives. L'approche qualitative permettait de rendre compte du dynamisme et de la diversité des situations de même que de leurs composantes émotives. Elle pouvait suggérer de nouvelles voies, de nouvelles variables, à considérer. Par contre, elle est inappropriée à la formulation d'équations, à la mise en perspective de l'importance numérique d'un phénomène. Voilà pourquoi, tout en favorisant l'approche qualitative, nous avons ressenti le besoin pressant d'analyses secondaires et de consultation de la littérature.

Une définition *ad hoc* des victimes, très limitative, a été utilisée pour l'exploration qualitative : les victimes de violence, selon le code pénal et de cambriolage, crime témoin. Ce dernier crime s'est révélé toutefois un crime violent, dans la perception des victimes. A cause des études parallèles dont il a été question plus haut, à cause de certains indices livrés par la littérature, il semble que l'analyse aurait donné des conclusions un peu différentes si la population avait été définie autrement. Voilà d'ailleurs un des problèmes majeurs de la recherche victimologique : qui sont ses sujets d'étude ? Lorsque cette question est abordée dans les congrès et les débats publics, l'opinion est très souvent mobilisée sur deux types d'images des victimes : a) tout le monde est victime ; b) les agresseurs, en particulier les délinquants étiquetés comme tels, sont victimes. Le terme « victime » n'a donc pas un sens très précis.

Avant d'aborder de front la question des définitions, il semblait souhaitable de faire le point sur les connaissances relatives aux actes sanctionnés par le Code pénal. Au chapitre 3, une synthèse de ces acquis a été esquissée. On réalise que la victimisation est un phénomène social important même si elle est relativement rare, dans ses formes graves, au cours de la vie d'une personne. Les études quantitatives suggèrent également que les personnes économiquement et socialement défavorisées sont exposées de façon disproportionnée aux agressions interpersonnelles comme aux crimes de déprédation, ce qui met en cause une partie de l'argumentation des auteurs marxistes et néo-marxistes : il n'est pas évident que la loi pénale protège les intérêts des personnes ou groupes en état de supériorité économique. Si elle les protège, ce serait plutôt en les excluant de sa juridiction et en favorisant le recours devant le Tribunal civil. Cependant, l'analyse fait également ressortir la relativité de la supériorité économique : les plus favorisés parmi les économiquement faibles sont très exposés au crime. Ainsi, plus qu'une guerre des dépossédés contre les possédants, le crime semble une façon d'obtenir facilement un bien, matériel ou non, convoité.

Autre fait troublant, les populations criminelles et victimes possèdent, dans l'ensemble, des caractéristiques socio-démographiques très semblables : jeunes, hommes, sans attaches familiales, pauvres... Non pas que ces populations soient nécessairement identiques mais des circonstances semblables semblent favoriser aussi bien l'agression que la victimisation. Un fait social très inquiétant est justement que les jeunes hommes soient anormalement susceptibles de devenir délinquants, victimes d'actes criminels, suicidaires, victimes d'accidents de voiture ou de travail. Tout porte à croire à une aliénation profonde des jeunes hommes dans les structures sociales actuelles.

L'homogénéité des populations criminelle et victime peut suggérer de rajeunir les théories sociologiques en criminologie ; la sous-culture de violence, en particulier. Cependant, en examinant les liens entre agresseurs et victimes, le fait que les deux rôles peuvent être joués successivement par la même personne, assumées par des personnes inconnues l'une de l'autre ou en interrelations suivies, on réalise que la théorie de la sous-culture violente rend compte imparfaitement du phénomène.

Il semblait utile pour la connaissance de différencier les victimisations par des proches de celles qui sont infligées par des étrangers ou de simples connaissances. Cette première distinction nous a amenée à former deux grandes catégories : la victimisation chronique et la victimisation aiguë. La première comprend les violences infligées par des personnes en relation suivie avec la victime ; les rôles de victimes et d'agresseurs y sont fixes ; la violence s'inscrit dans le cadre d'une relation de domination de la personne physiquement plus faible et tend donc à se perpétuer et à s'intensifier. Pour sa part, la victimisation aiguë fait référence à des agressions et surtout aux crimes de déprédations entre étrangers. Elle est ponctuelle, largement imprévisible ; la relation de domination y est momentanée et secondaire, sauf dans les cas d'agression sexuelle.

Pour comprendre le premier type de victimisation chronique, il faut le situer d'abord dans un contexte social. Dans deux des situations étudiées, la victimisation dans le couple et dans la famille, la violence a déjà été légale et encouragée. Si elle n'a pas connu un tel statut de légitimité, la violence entre pairs à l'école et dans la prison n'en a pas moins été tolérée socialement. Puisque, dans tous les cas, la victime est la personne faible physiquement, nous en inférons que la force physique est le premier critère du rapport de forces. Cependant, le pouvoir du plus fort a été socialement entériné, ce qui lui permet de se développer et de se poursuivre à l'intérieur d'une relation donnée. Deux réactions de la part des personnes ainsi dominées peuvent contribuer au maintien de la violence : la soumission et la conversion au rôle d'agresseur. Dans la soumission, les parties impliquées s'habituent à leurs rôles et s'y conforment de plus en plus, facilitant d'autant l'agression qu'aucun contrôle externe n'intervient pour affirmer le caractère intolérable de la violence. Par contre, la victime qui acquiert du pouvoir, relativement à son agresseur parfois, mais le plus souvent relativement à d'autres personnes, aura tendance à reproduire le mode de relation de domination socialement appris. On peut croire que la conversion au rôle d'agresseur suppose que la domination initiale n'ait pas été totale.

Privilégier une explication par le rapport de forces n'exclut pas le fait que le lien entre les partenaires ait été pathogène dès le départ, mais cette dernière situation semble plus exceptionnelle. De manière générale, il faut analyser la victimisation chronique dans une perspective psychosociologique de l'accoutumance au rôle et dans une perspective politique de la distribution du pouvoir. La réalité sociale d'un ordre de forces semble susciter la violence parce que les rôles d'autorité sont souvent distribués arbitrairement et démesurément basés sur la force physique et parce que l'autorité tend au despotisme. Par contre, l'ordre de coopération repose sur une conception de la justice acceptable et respectée par tous et ne saurait prévaloir universellement à moins d'un profond changement de mentalités.

Cette réflexion sur les rapports de forces est aussi valable, en toile de fond, pour la compréhension de la victimisation aiguë, surtout de l'agression sexuelle. De façon immédiate, cependant, elle n'explique pas la répartition non aléatoire des victimisations. Dans les crimes de déprédation, les rapports de forces sont beaucoup plus circonscrits, moins institutionnalisés. Si on maintient constants les taux de victimisation d'une région à l'autre, deux paliers d'explications sont liés aux caractéristiques de la victime, la vulnérabilité et la facilitation ; un troisième tient du hasard et échappe donc au contrôle scientifique.

Le concept de vulnérabilité regroupe des traits sociodémographiques (rôle prescrit) et de comportements qui exposent certains individus au crime de façon plus particulière : visibilité, faiblesse physique ou sociale, attrait objectif de la cible. Ces traits sont étroitement liés à la place que les individus occupent dans la structure sociale. A l'opposé, les facteurs de facilitation englobent des conduites et des attitudes plus délibérément adoptées comme, par exemple, la négligence. Le hasard joue de façon pure parfois, mais à notre avis, le plus souvent, un type de cible est choisi et ce n'est que la sélection de la victime à l'intérieur de ce type qui est fortuite.

La victimisation entraîne des pertes considérables, directes et indirectes, pour les personnes visées et pour leurs proches : pertes d'intégrité physique et psychologique, déficit financier, bris de relations sociales. L'existence de lésions concrètes et objectivement mesurables (il reste à développer un instrument de mesure des séquelles, cependant) nous a amenée à contester la définition traditionnelle du crime comme un atteinte aux valeurs de la société. En fait, le Code criminel apparaît très peu utile pour définir la victime d'acte criminel puisqu'il n'inclut pas toutes les conduites préjudiciables des individus et que, par ailleurs, il sanctionne des comportements qui ne lèsent pas des individus particuliers. D'un autre côté, les nouvelles définitions du crime comme fiction légale ou comme construction sociale (criminologies interactionniste, nouvelle ou radicale) sont peu satisfaisantes en regard de la réalité des séquelles des conduites préjudiciables.

Pour une part, la difficulté de définir la victimisation criminelle, ou l'envers du crime, est due à un arbitraire juridique ou au fait que la loi, comme la victimisation, s'inscrit dans un contexte de rapports sociaux, de compromis et d'accidents du parcours. Nos codes pénaux et civils actuels sont les produits de siècles de négociations entre des groupes sociaux dont l'influence continue à se faire sentir dans les codifications légales même lorsque leur pouvoir a été relativement éphémère. Comme énumération des infractions pénales, le Code criminel est plus rigide que le droit civil et s'accommode mal de l'évolution sociale ; ce n'est qu'*a posteriori* qu'on a essayé d'y découvrir une logique interne ou un principe unificateur.

D'autre part, si on définit la victime d'acte criminel comme une personne qui a subi un préjudice du fait d'autrui, il nous faudra inclure des conduites intentionnelles non sanctionnées actuellement par le Code criminel, mais on ne pourrait plus alors parler de victimes d'actes « criminels ».

Si l'examen des préjudices nous amène à questionner la notion de crime, l'étude de la réaction sociale soulève maintes questions sur le contrôle social et surtout pénal. L'indifférence à l'égard des victimes est-elle due à leur exclusion du champ de la justice pénale ou en est-elle une conséquence ? L'apathie des services sociaux et de justice et leur façon de traiter les victimes sont vécues par ces dernières comme une seconde victimisation.

Moins de la moitié des crimes sont rapportés à la police et, souvent, ils le sont par des personnes autres que les victimes. Ces dernières sont généralement satisfaites des qualités humaines de la police mais déçues de son efficacité. Dans ses décisions d'ouvrir une enquête ou d'acheminer une plainte, la police suit une norme de rentabilité mesurée aux probabilités de détection et surtout, de condamnation. Ces probabilités sont associées à la crédibilité perçue de la victime. Lorsque le processus de la poursuite accepte de porter une accusation, il réagit aussi en fonction de normes d'efficacité. Le tort fait à un individu importe moins que la réussite professionnelle et le bon fonctionnement de l'organisme.

En retour de ses nombreuses obligations, la victime n'a reçu aucun droit devant le Tribunal où elle n'est qu'un témoin de la poursuite à la disposition de la Cour. Car, c'est l'Etat qui est le poursuivant. Il n'est pas surprenant que les victimes se soient senties manipulées et que la Justice les ait déçues.

Nos constatations suscitent des questions sur les objectifs du droit pénal et sur la façon dont le système atteint ces objectifs. La politique canadienne [4] définit deux grands objectifs du droit pénal : 1) un objectif de sécurité, c'est-à-dire le maintien de l'ordre public, la prévention du crime et la protection du public ; 2) un objectif de justice, c'est-à-dire l'équité, la protection des droits des personnes contre l'Etat et « la nécessité d'assurer une réaction appropriée aux méfaits ». Cette orientation laisse peu de place à la victime. Cependant, on peut fort bien concevoir que l'objectif d'équité s'applique à tous les justiciables et non seulement aux accusés et qu'il faille protéger les droits de tous contre l'Etat et aussi contre les abus commis par autrui.

Ces dernières années ont vu apparaître plusieurs législations aux Etats-Unis reconnaissant des droits à la victime d'actes criminels. Un projet de déclaration sur la protection et l'assistance aux victimes d'actes criminels sera bientôt présenté aux Nations-Unies (WALLER, 1983). Ce projet dépasse la portée du système de justice car il préconise aussi le droit aux services sociaux et de santé. Dans le domaine de la justice, les défenseurs des droits des accusés verront qu'aucune des propositions ne menace des droits acquis. On constate aussi que ces proposi-

4. *Le droit pénal dans la société canadienne*, Publié par le Gouvernement du Canada en 1982.

tions n'obligent pas à repenser le droit pénal de fond en comble sauf peut-être le droit à la réparation qui fait depuis longtemps l'objet d'une polémique chez les juristes. Les uns disent que la réparation est de juridiction exclusivement civile ; les autres soutiennent que le juge peut imposer toute peine appropriée, y compris une peine de réparation. A notre avis, une obligation de restituer ou de compenser comporte, en effet, un élément de peine. Si le projet de déclaration est accepté, la justice pénale se rapprochera davantage de la justice civile puisque, outre le droit à la réparation, elle devra reconnaître le droit à l'assistance légale, le droit d'être consulté, entendu et informé.

Au moment de commencer la recherche, nous nous sommes interrogés sur le bien-fondé de la dualité du système judiciaire. Comme les victimes sont mal servies par la justice pénale, comme on observe un chevauchement entre le civil et le pénal, comme cette distinction n'a pas toujours existé, il apparaissait souhaitable d'examiner la doctrine de non-intervention en matière pénale, développée surtout par des chercheurs préoccupés par les droits de l'infracteur (voir BERNAT DE CELIS, 1982, par exemple). A première vue, la thèse présentée par les abolitionnistes apparaît une solution aux problèmes que vivent les victimes. A y regarder de plus près, la situation est beaucoup plus complexe. Les penseurs abolitionnistes (HULSMAN, notamment) définissent l'acte criminel comme un conflit ou une situation-problème. Cette définition ne correspond pas à la perception qu'en ont les victimes. Les solutions de remplacement proposées, la recherche de solutions à un conflit et l'arbitrage ne sont pas très réalistes non plus dans les cas, en particulier, d'atteintes à l'intégrité personnelle. Même le recours aux solutions légales civiles pose certaines difficultés déjà bien discutées par les civilistes, à savoir comment évaluer et réparer les pertes non matérielles et comment faire en sorte que les jugements soient exécutés. Ne faudrait-il pas conserver une instance répressive pour s'assurer que les fautifs réparent effectivement le dommage causé ?

En somme, s'il ne fait pas de doute que la justice pénale ne protège pas les intérêts de la victime mais que, au contraire, elle lui cause de nouvelles souffrances, s'il apparaît probable qu'une justice trop répressive donne une image de violence trop facilement légitimée, le droit et le système civil n'ont pas fait la démonstration qu'ils pouvaient protéger tous les citoyens et leur assurer réparation. Nous voyons ici le besoin de poursuivre la recherche et la réflexion sur les principes, l'application et les résultats de la conciliation et de l'arbitrage civil.

La différence de nature entre la victimisation chronique et la victimisation aiguë appelle également des solutions différentes. Par exemple, favoriser une rupture dans les situations de violence dans le couple peut être plus efficace que d'entreprendre une démarche de conciliation.

Il apparaît que les solutions pénales et civiles feront l'objet d'un intérêt considérable pour la victimologie des prochaines années. Déjà, le mouvement de recherche et de défense active des droits de la victime prend beaucoup d'ampleur, en Amérique et en Europe du moins. De la même façon, la préoccupation de venir en aide aux victimes réjouit de plus en plus de milieux. C'est une question d'équité. La présente étude indique l'intérêt pour la connaissance criminologique d'adopter aussi l'angle de réflexion des victimes.

Annexes

Annexe A
Les entrevues réalisées spécifiquement pour le projet
Un résumé des cas

Les personnes interviewées et les faits entourant la victimisation sont ici brièvement décrits à l'exception des événements qui, de par leur caractère exceptionnel ou à cause des reportages détaillés dont ils ont fait l'objet dans la presse, pourraient permettre d'identifier leurs protagonistes.

Homicides, tentatives d'homicides, voies de fait

1. Dans la région de Québec, une adolescente est retrouvée sans vie. Elle avait été agressée sexuellement. Disparue de la demeure de ses parents, elle avait été activement recherchée par la police et par la famille durant près d'un mois. L'auteur ou les auteurs n'avaient pas été retrouvés au moment de l'entrevue avec les parents, quatre mois après l'événement.

2. Un meurtre d'enfant, à Montréal. Les parents ont été interviewés six mois après l'événement.

3. Un meurtre et une tentative d'extorsion dans une succursale bancaire. L'affaire a été jugée. Un témoin, employé de la banque, a été interviewé un an et demi après le crime.

4. A Montréal, une jeune femme est étranglée et poignardée par deux inconnus qui la laissent pour morte. Elle sera longtemps et gravement traumatisée physiquement et émotivement par cette agression apparemment gratuite. Les suspects ont été appréhendés et jugés inaptes à subir leur procès. La victime a été rencontrée quatre ans après la tentative de meurtre.

5. C'est en tentant de s'interposer lors d'une altercation dans la rue, devant son domicile, qu'un homme est légèrement blessé et il sera par la suite appelé à témoigner. On a interviewé la victime, deux semaines après la comparution, six mois après l'événement.

6. Un étudiant de 17 ans, employé d'une station de service de la région de Sherbrooke, est battu à coups de poings et de pieds par deux jeunes clients. Bien que l'affaire ait été jugée, notre interlocuteur, rencontré cinq semaines plus tard, n'a pas été appelé à témoigner, les accusés ayant enregistré un plaidoyer de culpabilité.

7. La victime est un retraité de 59 ans agressé par deux adolescents à qui il avait reproché leur « effronterie » dans une ligne d'attente à un arrêt d'autobus de la CTCUM. Il fut frappé et projeté hors de l'autobus et subit diverses lacérations et fractures. Les jeunes auraient été appréhendés mais la suite de l'affaire est inconnue. Monsieur a été rencontré un mois après l'agression.

8. Un livreur de journaux de 13 ans, à Montréal, est attaqué durant sa tournée par un adulte inconnu, pour des motifs obscurs. Il est entraîné dans une voiture, ligoté, amené à l'extérieur de la ville, battu et laissé sur le bord de la route. La mère seule a été rencontrée car elle refusait que l'enfant soit vu par l'interviewer. Personne n'a été arrêté.

9. Violentée à plusieurs reprises par son conjoint sur une période de six ans, cette mère de deux jeunes enfants a finalement trouvé refuge dans un centre d'hébergement de Montréal. Elle a été interviewée un mois après la fin de son séjour au centre. Elle a intenté des procédures de divorce.

10. Cette victime vivait seule avec un enfant de sept ans, ayant obtenu un divorce pour motif de cruauté physique. En rentrant du travail, un soir, elle constate que son ex-mari l'avait devancée et était entré chez elle par effraction. Il la roua de coups de pieds. Les voisins, prévenus par l'enfant, appelèrent la police qui la conduit à l'hôpital. Madame fut rencontrée quatre jours plus tard.

11. Dans une réception donnée par des amis, une jeune femme revoit son ex-mari. A son départ, il la suit et tente de l'égorger. Bien que blessée, la victime ne fait pas appel à la police. L'ex-mari la conduira à la clinique d'urgence. Elle est vue à deux reprises, deux semaines après l'agression et six mois plus tard.

12. Cette jeune femme a été poignardée à plusieurs reprises par son mari alors que, dans un geste de réconciliation, ils se préparaient à faire l'amour. C'était la première fois que l'homme avait recours à la force physique. Il fut jugé, trouvé coupable et reçut une ordonnance de probation. L'entrevue s'est déroulée un an plus tard.

13. La victime a une longue histoire d'abus comme enfant et comme jeune épouse. L'événement qui nous a mis en contact avec elle a été une tentative de meurtre de la part de son concubin. Cette agression a donné lieu a une plainte ; la victime était déjà familière avec la police et le Tribunal. Elle a été vue à deux reprises.

14. La victime, un homme de 35 ans, gérait une chaîne de restaurants. Un soir, six jeunes gens pénétrèrent dans le restaurant qu'il supervisait et l'attaquèrent de même qu'un employé. Des soins médicaux furent requis dans les deux cas et la victime doit subir comme séquelles d'une lacération à l'œil gauche une perte d'acuité visuelle. La victime ne voulait plus assumer les frais de protection. L'affaire fut abandonnée devant le Tribunal après que la victime et l'un des présumés agresseurs aient omis de se présenter.

15. La victime, une handicapée physique de 52 ans, est agressée présumément parce qu'elle avait, auparavant, identifié son assaillant comme l'auteur d'un crime. L'agresseur avait alors été acquitté. La victime a subi de multiples blessures et son handicap est plus prononcé. Elle est rencontrée seize mois plus tard. L'agresseur, condamné pour voies de fait causant des lésions corporelles, a reçu une sentence de 100 $ d'amende ou 20 jours de prison et deux ans de probation.

Agressions à caractère sexuel

16. Une femme, dans la quarantaine, est violée, chez elle, par un individu qui se dit courtier d'assurances. L'événement n'est pas rapporté parce que la victime craint les conséquences de la dénonciation, ayant déjà été victimisée, vingt ans auparavant, dans des circonstances différentes. L'entrevue a lieu deux mois après la dernière victimisation.

17. Après sa soirée de travail dans un restaurant, la victime, âgée de 26 ans, accepte d'être accompagnée chez elle par un client régulier de la maison. Lorsqu'elle refuse de le faire entrer dans l'appartement, le client la jette par terre et lui donne des coups de pieds.

Par la suite il la transporte à l'intérieur, en abuse sexuellement et la laisse avec une sérieuse fracture dorsale. Appréhendé, le client en question fut relâché à cause du refus de la victime de collaborer avec la justice. Madame a accepté l'entrevue cinq mois après les faits.

18. Seuls les parents de la victime de 14 ans ont été rencontrés. La petite fille aurait été attaquée là où elle allait « garder » par un homme dont les parents ont refusé de dévoiler l'identité. Entrevue plus d'un an après l'événement non rapporté à la police.

19. Une journaliste est forcée à monter dans la voiture de trois individus masqués et dont au moins un est armé. Chacun l'agresse et elle est finalement projetée hors de la voiture à peu près au même endroit où elle a été prise. L'affaire n'avait pas été dénoncée au moment de l'entrevue, six jours après l'agression.

20. Un soir d'hiver, près de l'Université de Montréal, une étudiante est accostée par un homme qui lui promet de ne pas la molester si elle « se laisse faire ». Il la viole sur un banc de neige et la laisse sans autre violence. Une plainte a été faite à la police mais sans suites. La rencontre a lieu neuf mois plus tard.

21. Se retrouvant dans un quartier de Montréal qui ne lui est pas familier, la victime de 26 ans est molestée par une bande d'adolescents qui menacent de la violer si elle ne se « laisse pas faire ». Elle commence par se soumettre puis résiste avec succès. Cette agression n'a pas été dénoncée. L'entrevue s'est déroulée trois semaines plus tard.

22. L'agresseur s'était déjà dissimulé dans la maison où cette femme de 29 ans vivait seule. Au moment où elle se préparait à dormir, il l'a attaquée sauvagement, violée et sodomisée. Appelée sur les lieux, la police n'a pas réussi à faire avancer l'enquête. La victime a été rencontrée deux fois, à l'hôpital d'abord, puis, deux mois plus tard dans son nouvel appartement. Une certaine forme de contact a été maintenue, par téléphone, durant plus d'un an.

23. Il s'agit d'une femme dans la trentaine qui, adolescente, avait d'abord eu des relations incestueuses avec son beau-père. Placée « chez les sœurs », elle fugue et est recueillie par une bande de jeunes qui la violent et la poussent à la prostitution jusqu'à ce qu'elle devienne la maîtresse d'un homme d'âge mûr. Puis, mariée à un homme de son âge, sa situation se stabilisera durant quelques années. Après une nouvelle agression sexuelle, sa vie familiale se détériore et elle tente de se suicider. Elle a été interviewée trois mois après la tentative de suicide. L'événement ne fut pas rapporté à la police.

24. Cette jeune femme descend de l'autobus dans un endroit désert d'une banlieue montréalaise. Menacée d'un couteau, elle est amenée dans le terrain vacant devant l'arrêt d'autobus, est violée et volée. Interviewée dix jours plus tard, la victime ne réussit pas à donner une vision nette des faits. La police recherchait alors intensivement son agresseur, présumé responsable d'une vague de crimes semblables. Au bout de cinq mois, une arrestation a lieu et la victime est entrée en contact avec l'interviewer.

25. Lors de vacances sur une plage américaine, une femme harcelée par un cavalier pressant a essayé de fuir avec un ami. Ce dernier a été contraint sous la menace d'une arme de quitter la voiture. L'agresseur prit le volant, se rendit dans un sous-bois où il viola la femme, après quoi il la frappa et l'abandonna, s'enfuyant avec l'auto. La police a été alertée mais la victime ignorait les suites de l'enquête, onze mois plus tard, sauf que la voiture a été retrouvée.

Vol qualifié

26. Une étudiante déambule sur le campus le soir, pressée de rejoindre des amis avec qui elle a rendez-vous, lorsqu'un individu tire sur son sac, en la projetant du coup par terre. Malgré sa résistance, il s'enfuit avec le sac. Troublée, égratignée, la victime rejoint ses amis, puis la police. Elle se raconte en entrevue trois mois plus tard.

27. Dans un quartier résidentiel de Montréal, une dame s'achemine avec deux sacs d'épicerie vers sa demeure, un vendredi soir. Elle entend quelqu'un courir derrière elle, se retourne et est poussée par terre. Dans la confusion qui s'ensuit, on a pris ses sacs

dont un contient ses clés et son portefeuille. Elle fera appel à des amis, non à la police. L'entrevue a lieu deux mois plus tard.

28. La « victime » est la fille d'une dame qui, à 68 ans, a été victime d'un vol de sac. Alors veuve et vivant seule, celle-ci avait été amenée par cet incident à fermer maison et aller vivre en centre d'accueil, après une brève hospitalisation. Le décès aurait été précipité par une attaque cérébro-vasculaire reliée au vol de sac, selon l'interlocutrice.

29. M. D., un gérant de magasin de 35 ans, a été attaqué et poignardé alors qu'il quittait le magasin, en soirée. Ses assaillants l'ayant obligé à céder tout l'argent disponible en caisse, il s'exécuta et fut par la suite laissé seul et blessé. Les agresseurs furent identifiés et condamnés. M. D. a été interviewé deux mois après sa dernière comparution au Tribunal.

30. Un chauffeur de taxi de 59 ans est agressé par deux passagers qui semblent vouloir lui dérober les gains de la soirée. Les blessures subies à un œil résulteront éventuellement en la perte de cet organe. Les agresseurs ont été identifiés et jugés et la victime fut rencontrée deux mois après la sentence.

31. Mme L. est agressée, à la pointe du couteau, alors qu'elle déambule sur la rue Ste Catherine, à Montréal, tard en soirée durant l'hiver. L'objectif de l'agression semble être plus que le sac puisqu'on lui enlève aussi son manteau de fourrure et quelques bijoux. L'entrevue a eu lieu trois mois après l'incident qui n'a pas été rapporté à la police.

32. La victime, un chômeur de 64 ans, a été agressée en vendant des billets de loterie de hockey. Non seulement son agresseur refusa de payer mais il vola également l'argent et les billets tout en infligeant des blessures. L'affaire n'a pas été élucidée par la police et eut lieu sept mois avant l'entrevue.

33. Un chauffeur d'autobus est confronté par deux « passagers », dont un est armé, qui exigent la recette. Le chauffeur s'exécute mais la récolte est mince, ce qui semble exaspérer les agresseurs. L'un d'eux frappe la victime à la tête avec son arme alors que l'autre lui verse une bouteille de « Varsol » sur le visage et sur le corps et met le feu à l'aide d'un briquet. Les agresseurs n'avaient pas été retrouvés au moment de l'entrevue, près de deux ans plus tard, et la victime souffrait toujours des suites de l'incident.

34. L. est caissière dans une banque. Trois semaines avant l'entrevue, elle fut confrontée pour la deuxième fois à une arme à feu. Le premier incident avait été sensationnel, bandits masqués et armés, toutes les caisses dévalisées. Cette fois, elle était la seule directement impliquée, par un seul voleur discret bien qu'armé.

35. Pour S., il s'agit d'un cinquième hold-up. Son dernier, car elle est déterminée à trouver un autre emploi. Employée d'une banque durant huit ans, elle y a subi les quatre premiers vols ; le dernier est survenu dans une caisse populaire où elle travaillait depuis moins de six mois. A deux reprises, elle a été assignée à comparaître comme témoin. Nous l'avons rencontrée six semaines après le dernier vol.

36. Cette dame d'une trentaine d'années a été agressée dans un corridor désert d'une station de métro. Un individu s'est approché d'elle par derrière, lui a couvert la bouche d'une main alors qu'il tenait un couteau à sa gorge de l'autre main. La victime a dû remettre son portefeuille et fut menacée de sévices corporels si elle dénonçait son agresseur à ce moment ou plus tard. La police n'a pas été appelée et la victime fut rencontrée onze mois après l'événement.

37. Monsieur X., un agent de sécurité, rentrait à la maison après son travail ; il portait son uniforme. Il croit avoir été suivi dans le métro et dans l'autobus. Alors qu'il franchissait la courte distance entre l'arrêt d'autobus et sa maison, il fut abordé par deux hommes dont un était armé et on lui demanda son portefeuille. Après avoir pris les billets de banque et jeté le portefeuille par terre, un individu le traita de « chien sale » et le frappa avec son arme. Il fut sérieusement battu pendant qu'il gisait inconscient. La police qui a enregistré l'affaire comme un vol qualifié, n'a pas rejeté l'hypothèse d'un

règlement de compte visant ou la victime ou son employeur. Trois mois plus tard, personne n'avait été appréhendé.

38. Un livreur de 24 ans avait déjà été attaqué à deux reprises lorsqu'il accepta de nous rencontrer. Le soir précédant l'entrevue, il fut de nouveau victime de vol qualifié. Suite à un vol antérieur, deux jeunes gens avaient été condamnés à 90 jours de prison pour une série de vols qualifiés. La victime avait témoigné à l'enquête et n'a pas rapporté le dernier incident à la police.

39. Un adolescent qui se promène à bicyclette sur un trottoir force ainsi une femme de 59 ans à lui céder la place. En tentant de s'écarter, elle fait une chute dans la neige et le jeune en profite pour ramasser son sac. Un garçon arrêté par la police sera relâché parce que la victime ne pouvait l'identifier. L'entrevue a lieu deux mois plus tard.

40. La particularité de ce vol de sac, réside dans le fait que la victime, une femme de 32 ans, a résisté fermement au voleur. Ayant fait une chute, elle s'agrippe à la courroie du sac et est ainsi traînée sur une distance de deux maisons. Lorsque la courroie céda, l'agresseur prit la fuite avec le sac. Le crime ne fut pas dénoncé. L'entrevue eut lieu huit mois plus tard.

41, 42, 43. Il s'agit d'une série de vols qualifiés. Une des victimes, rencontrée quelques heures après le vol, est vendeuse dans une boutique de vêtements pour dames. Elle fut contrainte à donner l'argent de la caisse, par trois individus, dont deux femmes, l'une d'elles étant armée. Au moins deux autres magasins de vêtements furent attaqués à quelques minutes d'intervalle, par le même trio. Au deuxième magasin, le personnel fut interviewé en groupe, durant l'après-midi du vol alors qu'à la troisième boutique, l'entrevue eut lieu avec une vendeuse-témoin (la personne ayant remis l'argent ne s'étant pas présentée au travail) le lendemain de l'événement. Un victime fut rencontrée de nouveau, trois mois plus tard, après m'avoir appelée pour m'informer que des suspects avaient été arrêtés et qu'elle avait été invitée à une parade d'identification. Il semble qu'aucune accusation n'ait été portée.

44. Cette fois, c'est dans une station-service que le vol à main armée se produit, au moment où le propriétaire, seul, s'apprête à fermer boutique. Ayant déjà été attaqué deux mois auparavant par le même trio, il proteste et suggère à ses visiteurs de changer d'établissement mais il devra se soumettre, sous la menace. Les voleurs, arrêtés peu après, furent accusés d'une série de vols qualifiés et de vols par effraction auxquels ils plaidèrent coupables. Le juge se limita à une ordonnance de probation.

45. Lorsque le livreur de mets chinois entra dans une chambre de motel pour y apporter la commande, il fut frappé à plusieurs reprises avec une barre de fer, ligoté et baillonné. Il ne sera découvert que plusieurs heures plus tard, ses agresseurs s'étant régalés d'un repas gratuit et ayant vidé ses poches. Personne n'a été arrêté. L'entrevue eut lieu neuf mois plus tard.

46. Deux individus armés d'un revolver et d'une carabine tronçonnée se présentent à une pharmacie et exigent diverses drogues. Ils avaient auparavant rassemblé le personnel et une cliente derrière le comptoir des ordonnances. Aucune somme d'argent n'a été dérobée. La cliente et le pharmacien sont interviewés quatre jours plus tard. Des personnes présentes, la cliente semblait la plus affectée.

47. Cette caissière dans une banque est rencontrée trois mois après avoir été confrontée pour une troisième fois à un hold-up. Au moment de la rencontre, elle songeait à changer d'emploi. Le deuxième incident l'avait amenée à témoigner devant le Tribunal.

48. Quant à cette jeune femme, elle n'a pas été directement victimisée. Il s'agit aussi d'une caissière de banque qui a été présente lors de quatre vols à main armée mais qui n'a jamais été témoin visuel des incidents dans leur entier. Toutefois, ces événements l'avaient profondément troublée et elle a voulu spontanément entrer en contact avec l'interviewer.

49. Monsieur est un chauffeur de taxi occasionnel qui utilise la voiture de son beau-frère. Au moment où il déposait un client dans une rue du Vieux Montréal, deux jeunes

gens ont ouvert les portes de la voiture. Ils avaient d'abord semblé des clients mais cette impression fut vite changée lorsqu'ils obligèrent chauffeur de taxi et client à remettre leur argent et à descendre. Les voleurs prirent la fuite dans l'auto qui fut abandonnée quelques rues plus loin. Il y eut des arrestations mais les suites sont inconnues. Le chauffeur de taxi fut rencontré dix mois après l'événement qui l'a laissé légèrement handicapé.

50. Le cas s'apparente plus à l'extorsion qu'au vol qualifié. Assise à une table avec des amis dans un bar, une femme dépose son sac par terre. Plus tard, dans la soirée, au moment où elle veut payer une tournée, elle découvre que son sac a disparu. A son retour à la maison, elle reçoit un appel d'un individu qui déclare avoir retrouvé son sac dans une poubelle. Il le lui rendra le lendemain moyennant une récompense de 50 $. La femme accepte, se rend le lendemain au rendez-vous, place Ville-Marie, donne le 50 $ mais à ce moment, le voleur exige un autre 50 $ en la menaçant de sévices corporels. Des curieux s'étant réunis, l'estorqueur s'enfuit avec le sac. Suivront des appels téléphoniques avec menaces de diverses natures jusqu'à ce que la victime demande la protection de la police. Elle fut rencontrée un an plus tard.

51. Un vol à main armée se produit dans une succursale bancaire d'une petite ville. Les employés (7) se sentent tous directement concernés et l'entrevue deviendra, éventuellement, une rencontre de groupe après avoir débuté avec le gérant. Le coup avait été réalisé par des mineurs et les suites judiciaires en sont incertaines. L'entrevue a eu lieu treize mois après l'événement : la succursale n'avait pas été attaquée depuis.

52. Alors qu'elle était caissière de banque, la victime avait souvent plaisanté avec son ami sur la fortune qui était au bout de leurs doigts et ils avaient même imaginé quelques scénarios. Un jour, un de ces scénarios s'est réalisé mais la victime et son ami n'en étaient pas les auteurs. Un individu a très discrètement exigé le contenu de la caisse. La perte financière était minime, la direction de la banque n'a jamais fait de reproches mais la victime a développé un sentiment de culpabilité tel, qu'elle a éventuellement changé d'emploi. Elle fut rencontrée seize mois après le hold-up.

53. Un couple âgé fut attaqué à domicile par deux jeunes garçons, dont un mineur, convaincus que des sommes importantes d'argent liquide étaient cachées dans un bas de laine. L'homme fut sévèrement battu ; les deux victimes avaient été ligotées et subirent des violences, mais tous deux protestèrent qu'il n'y avait pas d'argent à la maison, sauf quelques dollars. Huit mois plus tard, le mari décédait, et c'est à ce moment que la veuve fut rencontrée. Les agresseurs avaient été identifiés mais non encore jugés et l'accusation fut majorée à « homicide ». Fait cocasse ici, c'est après être entrée en contact de façon fortuite avec un des agresseurs que l'interviewer a communiqué avec la victime survivante. Il ne fut pas établi que le mari était décédé des suites directes de l'acte criminel.

Enlèvement - Séquestration

54. Tôt le matin, trois hommes font irruption au domicile d'un employé de banque. Deux d'entre eux l'accompagnent à la banque pendant que l'autre surveille la femme et l'enfant. Tous s'en tirent sains et saufs et l'enquête policière se poursuivait au moment de l'entrevue quatre mois plus tard.

55. Alors qu'une mère accompagne son fils à la maternelle, elle est forcée de monter à bord d'un véhicule, abandonnant l'enfant sur le trottoir. Les yeux bandés et les mains liées, elle est promenée à travers la ville pendant qu'on profère des menaces de divers ordres et qu'on l'interroge sur les activités de son mari et de sa famille. Elle sera éventuellement abandonnée dans un terrain vacant et réussira à se libérer. Les motifs de l'agression sont inconnus au moment de l'entrevue, huit mois plus tard. On croit à une « erreur sur la personne ». La police fut alertée.

56. Cette victime a servi de bouclier aux voleurs qui venaient de dévaliser une entreprise commerciale. Ils l'ont ensuite utilisée pour faciliter leur fuite et disperser les efforts de la police.

Cambriolage

57, 58, 59. Ces trois cas sont similaires. Dans chacun, la famille vit confortablement, a des assurances. Il n'y a pas de vandalisme. Les objets volés sont des appareils audiovisuels, bijoux, tableaux, argent. La police a été appelée. Pour une des victimes, il s'agit d'un troisième cambriolage en moins de dix-huit mois. Dans chacun des cas, c'est la femme qui a été la plus perturbée et c'est elle qui a été interviewée de deux à quatre mois après le vol.

60. Ce cambriolage se produit alors que les parents et deux enfants sont absents, en début de soirée. Une fille de 7 ans est restée sur place et se cache sous un lit durant le vol. A leur retour, les parents la découvrent dans sa cachette en même temps qu'ils constatent la disparition de certains objets. Le crime fut dénoncé sans suites et l'entrevue eut lieu sept mois plus tard.

61. Les parents étant en vacances, un jeune homme chargé de surveiller la maison invite son amie à le rencontrer à cet endroit. Au cours de la soirée, des contacts amoureux se développent, et alors que la maison est dans l'obscurité, les jeune gens constatent qu'une ou des personnes sont entrées. Ils font du bruit et les voleurs s'enfuient. Le crime sera dénoncé. L'entrevue a lieu trois mois plus tard. Personne n'a été arrêté.

62. Un étudiant entre chez lui un après-midi pour constater que l'appartement dans lequel il vit a été presque entièrement vidé. Même s'il n'a pas d'assurances, il appelle la police qui l'assure qu'il n'y a rien à faire. Il est interviewé deux heures après le crime.

63. La victime a été rencontrée après un neuvième cambriolage dans sa résidence secondaire. Il y avait eu vandalisme également. La demeure a été mise en vente peu après. Personne n'avait été arrêté.

64. Une famille revient de vacances en Floride durant l'hiver et trouve la maison ouverte à tous vents. Non seulement tous les objets de valeur ont disparu, mais le gel a aussi causé de sérieux dommages. Une plainte a été portée mais on ignorait les résultats de l'enquête au moment de l'entrevue cinq mois plus tard.

65. C'était le troisième téléviseur qui était dérobé à ce couple âgé en l'espace de trois ans. Un jeune fut arrêté ; il était connu du couple. Il accepta de restituer les 50 $ qu'il avait empochés avec la vente du dernier appareil. Au moment de la rencontre, six mois après le vol, 20 $ avaient été remis.

Annexe B

Les projets connexes réalisés, ou en cours de réalisation par l'auteur, ou sous sa direction

Recherches et échantillon

B-1. L'image de la violence au Québec (Baril, 1977)

L'échantillon de 54 personnes comprenait dix victimes de violence. L'étude visait à cerner la perception qu'ont les Québécois de la violence, leur peur du crime, les moyens qu'ils préconisent pour l'enrayer et leurs perceptions du système de justice.

B-2. Les petits commerçants victimes de vol à main armée (Grenier et Manseau, 1977)

Des entrevues réalisées auprès de 90 victimes, durant l'été 1977, avaient pour objectif principal de déceler l'impact de la victimisation sur les attitudes à l'égard du système de justice.

B-3. Le citoyen victime de vol à main armée : sa place dans le processus judiciaire (Giroux et Huot, 1977)

Il s'agissait de regarder, par des entrevues et des observations au Palais de Justice de Montréal, comment la victime de vol à main armée est traitée dans le système judiciaire.

B-4. La violence entre conjoints : la police est-elle une solution ? (Baril, Cousineau et Gravel, 1983)

Tous les dossiers de voies de fait enregistrés au Service de la Police de la C.U.M., en 1980, ont été examinés pour y identifier les cas de violence entre conjoints. Les 777 situations ainsi identifiées ont été soumises à l'analyse.

B-5. Les femmes et la justice (Baril, en préparation)

Toutes les plaintes d'agressions de la part d'un conjoint, enregistrées à la Cour municipale de Montréal en 1980, ont été examinées. Cette étude a été complétée par des entrevues auprès de Juges, Procureurs et Avocats, et par des observations en salle d'audience.

B-6. Une évaluation du Service d'Indemnisation des victimes d'actes criminels (Baril et Laflamme-Cusson, 1983)

Les dossiers de 1.251 requérants on été analysés et 43 entrevues non structurées ont été réalisées auprès des victimes.

B-7. Mais nous, les témoins... (Baril, Durand, Cousineau et Gravel, 1983)

Un inventaire des besoins et ressources en vue de l'implantation de services aux témoins d'actes criminels au Palais de Justice de Montréal : observations, entrevues auprès de victimes et autres témoins, Policiers, Juges, Procureurs, Avocats de la Défense, Greffiers, etc...

B-8. Un Centre d'Aide aux victimes d'actes criminels (Groupe AVI)

Il s'agit d'un projet expérimental d'intervention auprès des victimes dans un quartier de Montréal qui a reçu 319 victimes d'actes violents entre juillet et décembre 1982.

Annexe C

Les entrevues réalisées pour des fins autres que la recherche

Les personnes rencontrées

Au cours de la cueillette de données, mais surtout depuis la fin de la cueillette, la chercheure a rencontré plusieurs victimes qui lui ont raconté les événements qu'elles ont subis et leurs conséquences. Dans quelques cas, ces rencontres étaient fortuites. Le plus souvent, les victimes désiraient obtenir de l'information ou une autre forme d'aide. Dans deux cas, elles souhaitaient communiquer leur expérience pour aider éventuellement d'autres gens. Voici, très succinctement, les cas dont il s'agit.

1. Une jeune fille victime de tentative de meurtre par deux ex-patients d'hôpital psychiatrique.
2. Une femme agressée sexuellement par un homme rencontré quelques heures plus tôt avec des amis.
3. Un homme qui a perdu, lors d'un vol d'auto, le manuscrit sur lequel il travaillait depuis trois ans.
4. La propriétaire d'un petit commerce qui a du remettre l'argent de la caisse pendant qu'un revolver était appuyé sur la tête de son enfant de huit ans.
5. Une dame ayant perdu tout ce qu'elle possédait suite à un savant dosage de menaces, extorsion, fraude et cambriolage.
6. La mère d'un homme tué en règlement de compte dans une affaire de drogue.
7. Un petit entrepreneur victime d'une erreur médicale ; pendant sa convalescence, son partenaire lui soustrait frauduleusement l'entreprise.
8. Pour avoir dénoncé un acte criminel dont il avait été témoin, un homme est agressé et battu.
9. Une jeune femme victime successivement de voie de fait, de cambriolage et de viol. Elle fait une tentative de suicide.
10. Un homme attaqué par un individu qu'il croise sur un trottoir. Il ne sera qu'effleuré par le couteau.
11. Ayant surpris deux voleurs qui s'étaient introduits de nuit dans sa maison, cet homme s'en prend à eux, et est blessé.
12. Une femme est soudainement et brutalement agressée par son mari.
13. Une veuve dépossédée de son héritage par les manœuvres frauduleuses de son Avocat.
14. Un jeune homme dont les parents ont abusé durant son enfance.
15. Une des rares survivantes d'un incendie criminel qui a fait plusieurs morts.
16. Une femme violée par son voisin.
17. Une personne impliquée, à son insu, dans un réseau de drogues.
18. Une famille dévalisée par de jeunes enfants.
19. Un vol qualifié dans un petit commerce.

Bibliographie

AMIR M. (1971), *Patterns in Forcible Rape*, Chicago, University of Chicago Press.

AMERICAN BAR ASSOCIATION (1977), *Victims of Crime or Victims of Justice ?*, Washington, D.C., A.B.A., Criminal Justice Section.

AMERICAN BAR ASSOCIATION (1981), *Reducing Victim/Witness Intimidation : A Package*, Washington, D.C., A.B.A., Criminal Justice Section.

ASWORTH C.D. & FELDMAN-SUMMERS S. (1978), Perceptions of the Effectiveness of the Criminal Justice System : « The Female Victim's Perspective », *Criminal Justice and Behavior*, 5 (3), 227-240.

BALLE C. (1976), *La menace, un langage de violence*, Paris, Edition du CNRS.

BARD M. & SANGREY D. (1980), *The Crime Victim's Book*, New York, Basic Book.

BARIL M. (1978), *New Direction in Victim Research : Victim's Perception of Crime and the Criminal Justice System*, Unpublished M. Phil. Thesis, Cambridge, University of Cambridge.

BARIL M. (en préparation), *Les femmes battues et la justice : intervention judiciaire*, Montréal, Centre International de Criminologie Comparée.

BARIL M., COUSINEAU M.M. et GRAVEL S. (1983), *Les femmes battues et la justice : intervention policière*, Montréal, Université de Montréal, Les Cahiers de l'Ecole de Criminologie, n°13.

BARIL M., DURAND S., COUSINEAU M.M. et GRAVEL S. (1983), *Mais nous, les témoins.... Etude exploratoire des besoins des victimes et témoins*, Montréal, Ecole de Criminologie, Université de Montréal.

BARIL M., GIROUX J. et HUOT L. (1977), *Le citoyen victime de vol qualifié : sa place dans le processus judiciaire*, G.R.A.C., Rapport n°6, Montréal, Centre International de Criminologie Comparée.

BARIL M., GRENIER H. et MANSEAU H. (1977), *Les petits commerçants victimes de vol à main armée*, En quête de justice, G.R.A.C., Rapport n° 5, Montréal, Centre International de Criminologie Comparée.

BARIL M. et LAFLAMME-CUSSON S. (1983), *L'indemnisation des victimes d'actes criminels : une évaluation du service québécois*, Montréal, Ecole de Criminologie et Ottawa, Ministère de la Justice, Collection « Victimes d'actes criminels ».

BAROCAS H.A. (1970), « Children of Purgatory : Reflections of the Concentration Camp Survival Syndrome », *Correctionnal Psychiatry and Journal of Social Therapy*, 16 (1, 2, 3, 4), 51-68.

BARTOLLAS C., MILLER S.J. & DINITZ S. (1976), *Juvenile Victimization : The Institutional Paradox*, New York, Sage publications Inc.

BEDAU H.A. (1974), « Are there really crimes without victims ? », *In* I. DRAPKIN & E. VIANO (Eds.), *Victimology : A New Focus*, 63-77, Lexington, Mass., Lexington Books.

BELL J.B. (1978), *A time of terror : How democratic societies respond to revolutionary violence*, New York, Basic Books.

BEN-DAVID S. (1982), « Rapist-Victim interaction during rape », *In* H. J. SCHNEIDER (Ed), *The Victim in International Perspective*, 237-247, Berlin, New York, de Gruyter.

BERKOWITZ L. (1973), « Reactance and Unwillingness to Help Others », *Psychological Bulletin*, 79, 310-17.

BERNAT DE CELIS J. (1982), « Les grandes options de la politique criminelle : la perspective de Louk Hulsman », *Les Archives de Politique Criminelle*, 5, 13-60.

BETTLEHEIM B. (1979), *Surviving*, New York, Knopf.

BICKMAN L. (1976),. « Bystander Intervention in a Crime », *In* E.C. VIANO (Ed.), *Victims and Society*, 144-157, Washington, D.C., Visage Press.

BIDERMAN A.D. (1981a), « A social Indicator of Interpersonal Harm », *In* R. G. LEHNEN & W. G. SKOGAN (Eds.), *The National Crime Survey : Working papers*, 34-38, Washington, D.C., U.S. Department of Justice.

BIDERMAN A.D. (1981b), « When does Interpersonal Violence Become Crime ? Theory and Methods for Statistical Surveys », *In* R. G. LEHNEN et W. G. SKOGAN (Eds.), *The National Crime Survey : Working Papers*, 48-51, Washington, D.C., U.S. Department of Justice.

BLOCK R. (1981), « Victim-Offender Dynamics in Violent Crime », *In* J. H. SASFY & J. S. DAHMANN (Eds.), *Victims of Crime : A Review of Research Issues and Methods*, Washington, D.C., U.S. Department of Justice.

BLOCK R. (1980), *The Impact of Victimization, Rates and Pattern. A Comparison of the Netherlands and the United States*, Paper presented to the American Society of Criminology, San Francisco.

BLUM R.H. (1972), *Deceivers and Deceived : Observations on Confidence Men and their Victims*, Stanford, California, Stanford University Press.

BODE J. (1978), *Fighting Back : How to Cope with the Medical, Emotional, Legal and Juridical Consequences of Rape*, New York, MacMillan.

BOURNE R. & E. H. NEWBERGER (Eds.) (1978), *Critical Perspectives on Child Abuse*, Lexington, Mass., Lexington Books.

BOWKER L. (1981), *Beating Wife-Beating*, Milwaukee, University of Wisconsi.

BOWKER L. H. (1980), *Prison Victimization*, New York, Elsevier.

BRADY K. (1979), *Father's Days. A True Story of Incest*, Dell.

BRAITHWAITE J. & D. BILES (1980), « Overview of Findings from the First Australian National Crime Victims Survey », *Australian and New Zealand Journal of Criminology*, 16, (1 et 2), 192-232.

BRILLON Y. (1983), « La peur du crime et la punitivité chez les personnes âgées », *Criminologie*, XVI (1), 7-31.

BROWNMILLER S. (1975), *Against our Will : Men, Women and Rape*, New York, Simon and Schuster.

BURGESS A.W. (1982), Mémoire adressé au President's Task Force on *Victims of Crime*. Texte inédit.

BURGESS A.W. (1978), *Sexual Assault of Children and Adolescents*, Toronto, Lexington Books.

BURGESS A.W. (1975), « Family Reactions to Homicide », *American Journal of Orthospychiatry*, 45 (3), 391-398.

BURGESS A.W. & L.L. HOLMSTROM (1974), *Rape : Victims of Crisis*, Bowie, Md., Robert J. Brady.

CANNAVALE F.J. & W. . FALCON (Eds.)(1976), *Witness Cooperation*, Lexington, Mass., Lexington Books.

CHAMBLISS W.J. (1976), « Functional and Conflict Theories of Crime », *In* W. CHAMBLISS (Ed), *Whose Law ? What Order ?*, New York, Wiley and Sons, 1-30.

CHAPMAN J.R. & M. GATES (Eds.)(1978), *The Victimization of Women*, Beverly Hills, California, Sage Publications.

CHAPPELL D. (1976), « Forcible Rape and the Criminal Justice System », *Crime and Delinquency*, 22, 125-136.

CHRISTIE N. (1981), *Limits to Pain*, Oslo-Bergen-Tromso, Universitets for laget.

CLARK L. (1980), « Viols en groupe, à Vancouver et à Toronto », *Santé mentale au Canada*, 23 (2), 10-14.

CLARK L. & D. LEWIS (1977), *Rape : The Price of Coercitive Sexuality*, Toronto, Women's Press.

CLARKE R.V.G. & P. MAYHEW (Eds.)(1980), *Designing Out Crime*, MacMillan.

COHEN L.E. & D. CANTOR (1981), « Residential Burglary in the United States : Life-style and Demographic Factors Associated with the Probability of Victimization », *Journal of Research in Crime and Delinquency*, 18 (1), 113-128.

COHEN L.E. & M. FELSON (1979), « Social Change and Crime Rate Trends : A Routine Activity Approach », *American Sociological Review*, 44, 588-608.

COMMISSION DE REFORME DU DROIT (1974), *Le dédommagement et l'indemnisation*, Ottawa, Information Canada.

CONNOLLY H.A. (1980), « Aspects of the Adaptation of Surviving Relatives of Homicide Victims », Communication présentée à l'*American Psychological Association*, Montréal.

CONSEIL DE DEVELOPPEMENT SOCIAL (1982), *Les victimes d'actes criminels : droits et services*, Ottawa, C.C.D.S.

COOPER D. G. (1972), *Mort de la famille*, Paris, Editions du Seuil.

CUSSON M. (1981), *Délinquants, Pourquoi ?*, Paris, Armand Colin.

DADRIAN V.N. (1976), « An Attempt at Defining Victimology », *In* E. VIANO (Ed), *Victims and Society*, Washington, D.C., Visage Press Inc., 40-42.

DAVIDOWITCH A. (1976), « Préface », *In* C. BALLE, *La menace, un langage de violence*, Paris, Editions du C.N.R.S.

DAVIDSON T. (1978), *Conjugal Crime, Understanding and Changing the Wife-Beating Pattern,* New York, Hawthorn Books.

DAWIDOWICZ L.S. (1975), *The War Against the Jews : 1933 – 1945*, New York, Holt, Rinehart and Winston.

DE GREFF E. (1973), *Amour et crimes d'amour*, Bruxelles, Dessart.

DESROCHES F.J. (1981), « The Treatment of Hostages in Prison Riots : Some Hypotheses », *Revue canadienne de criminologie*, 23 (4), 439-457.

DIJK, van, J.J.M. (1982), « The Victim's Willingness to Report to the Police : A Function of Prosecution Policy ? », *In* H.J. SCHNEIDER (Ed), *The Victim in International Perspective*, 326-334, Berlin, New York, De Gruyter.

DIJK, van, J.J.M. & C. H. D. STEINMETZ (1980), *The RDC Victim Surveys – 1974-1979*, The Hague, Netherlands, Ministry of Justice.

DODGE, R.W. & H.R. LENTZNER (1978), *Patterns of Personal Series Incidents in the National Crime Survey*, Paper presented at the Annual Meeting of the *American Statistical Association*, San Diego, California, 14-17 August.

DRAPKIN I. & E. VIANO (Eds.)(1974, 1975), *Victimology, A New Focus*, 5 vols, Lexington, Mass., Lexington Books.

DUGGAN H.A. (1980), *Crisis Intervention, A Critique of Current Theory and Practice*, Lexington, Mass., Lexington Books.

DUTTON D.B. (1982), « Re-Blaming the Victim », *American Sociological Review*, 47 (4), 557-561.

ECKHOFF T. (1974), *Justice, Its Determinants in Social Interaction*, Rotterdam, Rotterdam University Press.

EDELHERTZ H. (1975), *Restitutive Justice, A General Survey and Analysis*, Seattle, Battelle Human Affairs Research Center.

ELLENBERGER H. (1954), « Relations psychologiques entre le criminel et la victime », *Revue Internationale de Criminologie et de Police Technique*, 8, 103-21.

ENNIS P.H. (1967), *Criminal Victimization in the United States, A Report of a National Survey*. President's Commission on Law Enforcement and the Administration of Justice, Field Surveys II, Washnigton, D.C., U.S. Government Printing Office.

FALANDYSZ L. (1982), « Victimology in the Radical Perspective », *In* H.J. SCHNEIDER (Ed), *The Victim in International Perspective*, Berlin, New York, De Gruyter.

FATTAH E.A. (1981), « Actualités bibliographiques, la victimologie, entre les critiques épistémologiques et les attaques idéologiques », *Déviance et Société*, V (1), 71-93.

FATTAH E.A. (1971), *La victime est-elle coupable ? Le rôle de la victime dans le meurtre en vue de vol*, Montréal, Presses de l'Université de Montréal.

FATTAH E.A. (1967), « Towards a Criminological Classification of Victims », *International Criminal Police Review*, 209, 162-69.

FELD B.C. (1977), *Neutralizing Inmate Violence*, Cambridge, MA, Bellinger.

FIELDS M.H. & H.F. FIELD (1973), « Marital Violence and the Criminal Process, Neither Justice nor Peace », *Social Service Review*, 47 (2), 221-240.

FIELDS R. (1981), « Research on Victims, Problems and Issues », *In* S.E. SALASIN (Ed), *Evaluating Victim Services, 56-70*, Beverly Hills, California, Sage Publications.

FIELDS R.M. (1980), « Victims of Terrorism, The Effects of Prolonged Stress », *Evaluation and Change*, Special Issue, 76-84.

FREDERICK C.J. (1980), « Effects of Natural Human-Induced Violence upon Victims », *Evaluation and Change*, Special Issue, 71-76.

FRIEDMAN K., H. BISCHOFF, R. DAVIS & A. PERSON (1982), *Victims and Helpers, Reaction to Crime*, New York, Victim Services Agency.

FUJIMOTO T. (1982), « The Victimological Study in Japan », *In* H.J. SCHNEIDER (Ed), *The Victim in International Perspective*, 128-151, Berlin, New York, de Gruyter.

GALAWAY B. & J. HUDSON (1981), *Perspectives on Crime Victims*, St-Louis, Missouri, The C.V. Mosby Company.

GALAWAY B. et J. HUDSON (1978), *Offender Restitution in Theory and Action*, Lexington, Mass., Lexington Books.

GAROFALO J. & L.P. SUTTON (1977), *Compensating Victims of Violent Crime, Potential Costs and Coverage of a National Program, Applications of the National Crime Survey Victimization and Attitude Data*, Washington, D.C., U.S. Department of Justice.

GEISER R.L. (1979), *Hidden Victims*, Boston, Beacon Press.

GIL D.G. (1970), *Violence Against Children, Physical Child Abuse in the United States*, Cambridge, Mass., Harvard University Press.

GIRARD R. (1982), *Le Bouc Emissaire*, Paris, Grasset.

GIRARD R. (1972), *La Violence et le Sacré*, Paris, Grasset.

GIROUX J. et al. (1981), « Les causes de viol entendues dans le District Judiciaire de Montréal », *Revue Canadienne de Criminologie*, 23 (2), 173-191.

GOTTFREDSON M.R. (1981), « On the Etiology of Criminal Victimization », *Journal of Criminal Law and Criminology*, 12, 714, 726.

GROUPE DE TRAVAIL SUR LE VOL A MAIN-ARMEE (1980), *Le vol à main armée au Québec*, Québec, Bibliothèque Nationale.

HAGAN J. (1982), « Victims Before the Law : A Study of Victim Involvement in the Criminal Justice Process », *The Journal of Criminal Law and Criminology*, 73 (1), 317-329.

HELFER R.E. & C.H. KEMPE (Eds.)(1968), *The Battered Child*, Chicago, The University of Chicago Press.

HENTIG Hans Von (1948), *The Criminal and His Victim : Studies in the Socio-biology of Crime*, New Haven, Conn., Yale University Press.

HENTIG Hans Von (1941), « Remarks on the Interaction of Perpetrator and Victim », *Journal of the American Institute of Criminal Law and Criminology*, XXXI, 303-09.

HERMAN J.L. (1981), *Father-Daughter Incest*, Cambridge, Mass., Harvard University Press.

HINDELAND M.J. (1982), « Victimization Surveying : Theory and Research », *In* H.J. SCHNEIDER (Ed), *The Victim in International Perspective*, Berlin, New York, de Gruyter, 151-166.

HINDELAND M.J., M.R. GOTTFRESON & J. GAROFALO (1978), *Victims of Personal Crime : An Empirical Foundation for a Theory of Personal Victimization*, Cambridge, Mass., Ballinger Publishing Company.

HIRSCH Von A. (1976), *Doing Justice*, New York, Hill and Wang.

HOLMSTROM L.L. & A. W. BURGESS (1978), *The Victim of Rape : Institutional Reaction*, New Yord, Wiley.

HONOREZ J.M. (1981), *Le Devenir d'enfants maltraités*, Montréal, Université de Montréal, Département de Psychologie, Thèse de Doctorat inédite.

HUDSON J. & B. GALAWAY (Eds.)(1980), *Victims, Offenders, and Alternative Sanctions*, Lexington, Mass., Lexington Books.

HUNT M. (1972), *The Mugging*, New York, Atheneum.

ILLICH Y. (1971), *Une Société sans école,* Paris, Editions du Seuil.

JENKINS B. (1975), *International Terrorism – A New Mode of Conflict*, Los Angeles, Calif., Crescent Publications.

JOHNSON J.H. & al. (1973), The Recidivist Victim : A Descriptive Study, *Criminal Justice Monograph*, Vol IV, n° 1, Huntsville, Texas, Sam Houston State University.

KOOP E.C. (1982), « Violence and Public Health », *Nova Newsletter*, 6 (10), 1-7.

KRUPNICK J.L. & M.J. HOROWITZ (1980), « Victims of Violence : Psychological Responses, Tratment Implications », *Evaluation and Change*, Special Issue, 42-46.

KUTASH I. (1979), « Treating the Victim of Agression » *In* I.KUTASH & al. (Eds.), *Violence : Perspectives on Murder and Aggression*, Sans Francisco, Jossey-Bass.

LAMONTAGNE Y., R. BOYER, C. LAMONTAGNE et C.J. GIROUX (1980), « Le viol, les violeurs et les victimes dans le district judiciaire de Montréal », *L'Union Médicale*, 109 (3).

LEHNEN R.G. & W.G. SKOGAN (1981), *Issues in the Measurement of Victimization*, Washington, D.C., U.S. Department of Justice.

LERNER M. (1980), « The Justice Motive in Social Behavior », *Journal of Social Issues*, 31 (3), 1-202.

LETKEMANN P. (1973), *Crime as Work*, Englewood Cliffs, N.J., Prentice-Hall Inc.

MAGUIRE M. (1980), « The Impact of Burglary Upon Victims », *The British Journal of Criminology*, 20 (3), 261-275.

MAINE H. (1972), *Ancient Law*, London, Everyman's Library (Première Edition en 1861).

MANNONI P. (1982), *La peur*, Paris, Presses Universitaires de France, Que Sais-je ? .

MAROIS M.R. et L.A. PERREAULT (1981), *L'intervention sociale auprès des enfants maltraités : une pratique à repenser*, Québec, Comité de Protection de la Jeunesse, Ministère de la Justice.

MARTIN G.M. et C. MESSIER (1981), *L'enfance maltraitée... ça existe aussi au Québec*, Québec, Comité de Protection de la Jeunesse, Ministère de la Justice.

McCAHILL T.W., L.C. MEYER & A.M. FISCHMAN (1979), *The Aftermath of Rape*, Lexington, Mass., Lexington Books.

McDONALD W. (Ed.)(1976), *The Victim and the Criminal Justice System*, Beverly Hills, Calif., Sage Publications.

McLEOD L. (1980), *La femme battue au Canada : un cercle vicieux*, Ottawa, Conseil Consultatif Canadien de la Situation de la Femme.

MEMMI A (1971), *L'homme dominé*, Paris, Petite Bibliothèque Payot.

MENDEL G. (1971), *Pour décoloniser l'enfant*, Paris, Petite Bibliothèque Payot.

MENDELSOHN B. (1976), « Victimology and Contemporary Society's Trends », *In* E.C. VIANO (Ed.), *Victims and Society*, 7-27, Washington, D.C., Visage Press Inc.

MENDELSOHN B. (1956), « Une nouvelle branche de la science bio-psycho-sociale : la victimologie », *Revue Internationale de Criminologie et de Police Technique*, 10, 95-109.

MIDDENDORF W. (1977), « Banks Robbers and Their Victims », *Annales Internationales de Criminologie*, 16 (1 et 2), 179-232.

MIERS D. (1978), *Responses to Victimization*, Abington, Professionnal Books.

MINISTERE DE LA JUSTICE du Canada (1983), *Enquête sur les besoins d'information des victimes d'actes criminels*, Section de la Recherche et de la Statistique, Division des politiques.

MIRON M.S. & A.P. GOLDSTEIN (1979), *Hostage*, Pergamon Press.

MYERS M.A. & J. HAGAN (1979), « Private and Public Trouble : Prosecutors and the Allocation of Court Ressources », *Social Problems*, 26, 439.

NADELSON C., M.T. NOTMAN, H. ZACKSON et J. CORNICK (1982), « A Follow-up Study of Rape Victims », *American Journal of Psychiatry*, 139 (10), 1266-1270.

NORMANDEAU A. (1968), *Trends and Patterns in Crimes of Robbery*, Ph. D. Dissertation, Philadelphia, University of Pennsylvania.

OCHBERG F. & R. SPATES (1981), « Services Integration for Victims of Personal Violence », *In* S.E. SALASIN (Ed.), *Evaluating Victim Services*, Beverly Hills, Calif., Sage Publications.

OCHBERG F. (1980), « An interview with Frank Ochberg », *Evaluation and Change*, Special Issue, 21-28.

OCHBERG F. (1977), « The Victim of Terrorism – Psychiatric Consideration », *In* R. CRELINSTEIN (Ed.), *Dimensions of Victimization in the Context of Terrorists Acts*, Montréal, C.I.C.C.

OLSON P. (1981), *Victimization of the Elderly*, Communication à la Conférence « l'Aide aux Victimes », Canada et Etats-Unis, Toronto, Ontario, Octobre 1981.

OLWEUS D. (1978), *Aggression in the Schools : Bullies and Whipping Boys*, Washington, D.C., Hemisphere Publishing Corporation.

OUELLET-DUBE F. et L. BELANGER (1982), *Evaluation du programme « Conciliation dans la communauté »*, Québec, SRS.

PAGELOW M.D. (1981), *Women-Battering : Victims and Their Experience*, Beverly Hills, CA., Sage Publications.

PAGELOW M.D. (1977), *Battered Women – A New Perspective*, Beverly Hills, Calif., University of California.

POLSKY H. (1962), *Cottage Six*, New York, Wiley.

QUINNEY R. (1972), « Who is the Victim ? », *Criminology*, 10 (3), 314-323.

RAWLS J. (1971), *A Theory of Justice*, Cambridge, Mass.

REIFF R. (1979), *Invisible Victim. The Criminal Justice System's Forgotten Responsability*, New York, Basic Books.

RICH R.F. & S. STENZEL (1980), « Mental Health Services for Victims : Policy Paradigms », *Evaluation and Change*, Special Issue, 47-54.

ROBERT P. et C. FAUGERON (1978), *La justice et son public. Les représentations sociales du système pénal*, Genève, Médecine et Hygiène.

ROCHEFORT C. (1976), *Les enfants d'abord*, Paris, l'Etincelle.

ROSENTHAL A.M.M. (1964), *Thirty-eight Witnesses*, New York, McGraw-Hill.

RYAN W. (1971), *Blaming the Victim*, New York, Pantheon.

SALASIN S.E. (Ed.)(1981), *Evaluating Victim Services*, Beverly Hills, Calif., Sage Publication.

SAMPSON R.J. & T.C. CASTELLANO (1982), « Economic Inequality and Personal Victimization », *The British Journal of Criminology*, 22 (2), 363-381.

SAMPSON R.J, T.C. CASTELLANO & J.H. LAUB (1981), « Analysis of National Crime Victimization Survey Data to Study Serious Delinquent Behavior », *Monograph 5, Juvenile Criminal Behavior and its Relation or Neighborhood Characteristics*, U.S. Department of Justice, LEAA.

SCHAFER S. (1977), *Victimology : The Victim and His Criminal*, Reston, Virginia, Reston Publishing Company Inc.

SCHNEIDER H.J. (Ed.)(1982), *The Victim in International Perspective*, Berlin, New York, de Gruyter.

SCHUK-KUHLMANN J. (1970), *Les aspects victimologiques dans les délits d'extorsion et de chantage*, Montréal, Université de Montréal, Ecole de Criminologie, Thèse de Doctorat inédite.

SCHWENDINGER J.R. & SCHWENDINGER, H. (1982), «Rape, the Law, and Private Property », *Crime and Delinquency*, 28 (2), 271-292.

SCHWENDINGER H. & J. (1967), « Delinquent Stereotypes of Probable Victims », *In* M.W. KLEIN (Ed.), *Juvenile Gangs in Context*, Englewood Cliffs, N.J., Prentice-Hall.

SEBBA L. (s.d.), « The Victim's Role in the Penal Process – a Theoretical Orientation », Paper to be published *In The American Journal of Comparative Law*.

SELLIN T. & M.E. WOLFGANG (1964), *The Measurement of Delinquency*, New York, John Wiley and Sons.

SELYE H. (1958), *The Stress of Life*, McGraw-Hill.

SEPAROVIC Z.P. (1974), « Victimology : A New Approach in The Social Sciences », *In* I. DRAPKIN et E. VIANO (Eds.), *Victimology, A New Focus*, Lexington, Mass., Lexington Books.

SHAPLAND J., J. WILLMORE & P. DUFF (1981), *The Victim in the Criminal Justice System*, Final Report to the Home Office, Oxford, University of Oxford, Center for Criminological Research.

SHARFSTEIN J. (1980), « Caring for Victims », *Evaluation and Change*, Special Issue, 71-76.

SHASKOLSKY L. (1970), « The Innocent Bystander and Crime », *Federal Probation*, 34, 44-48.

SHEE S. (1980), *Des victimes de violence conjugale : les femmes battues au Québec*, Université de Montréal, Ecole de Criminologie. Mémoire de Maîtrise inédit.

SHELEFF L. & SHASKOLSKY (1978), *The Bystander*, Behavior, Law, Ethics, Lexington, Mass., Lexington Books.

SINGER P.I. (1981), « Homogenous Victim Offender Populations : A Review and Some Research Implications », *In Victims of Crime. A Review of Research Issues and Methods*, Washington, D.C., U.S Department of Justice.

SKOGAN W.G. (1982), « Methodological Issues in the Measurement of Crime », *In* H.J. SCHNEIDER (Ed.), *The victim in International Perspective*, 203-209, Berlin, New York, de Gruyter.

SKOGAN W.G. (1981 b), *Issues in the Measurement of Victimization*, Washington, D.C., U.S. Department of Justice.

SKOGAN W.G. (1981 b), *The Uses of Victim Surveys*, Papier présenté au 33ème Cours International de Criminologie, Aix-en-Provence.

SMITH S.J. (1982), « Victimization in the Inner City », *The British Journal of Criminology*, 22 (4).

SOROKIN P.A. (1942), *Man and Society in Calamity*, New York, E.P. Dutton & Co.

SPARKS R.F. (1981), « Multiple Victimization, Evidence, Theory and Future Research », *Journal of Criminal Law and Criminology*, 72, 762-778.

STARK E. & al. (1981), *Wife abuse in the Medical Setting*, Monograph Series n°7, Rockville, Maryland, National Clearinghouse on Domestic Violence.

STARK E., A. FLITCRAFT & W. FRAZIER (1979), « Medecin and Patrical Violence : The Social Construction of a private Event », *International Journal of Health Sciences*, 9, 3.

STEELE R.F. & C.B. POLLOCK (1968), « A Psychiatric Study of Parents Who Abuse Infants and Small Children », *In* HELFER & KEMPE (Eds.), *The Battered Child*, Chicago, University of Chicago Press, 106-108.

STEINMETZ S.K. (1977), *Cycle of Violence – Assertive, Agressive and Abusive Family Interaction*, New York, Praeger Publishers.

STRAOS M., M.J. GELLES & J.K. STEINMETZ (1980), *Behing Closed Doors : Violence in the American Family*, New York, Anchor/Doubleday.

SVERI K. (1982), « Comparative Analyses of Crime by Means of Victim Surveys – The Scandinavian Experience », *In* H.J. SCHNEIDER (Ed.), *The Victim in International Perspective*, Berlin, New York, de Gruyter, 166-182.

SYMONDS M. (1980), « The Second Injury to Victims », *Evaluation and Change*, Special Issue, 36-38.

TIGHE J.H. (1977), « Survey of Crime against the Elderly », *Police Chief*, 44 (2), 30-31.

U.S. DEPARTMENT OF JUSTICE, BUREAU OF JUSTICE STATISTICS. *The National Crime Survey : Criminal Victimization in the United States*, 1979. Washington, D.C., Government Printing Office.

U.S. DEPARTMENT OF JUSTICE, BUREAU OF JUSTICE STATISTICS (1983). Technical Report, NCV – 87577.

VOIRIN M. (1979), « De la responsabilité civile à la sécurité sociale pour la réparation des dommages corporels : extension ou disparition de la branche accidents du travail », *Revue Internationale de Droit Comparé*, 31 (3), 541-583.

VOLPE R., M. BRETON & J. MITTON (1980), *The Maltreatment of the School-Aged Child*, Lexington, Mass., Lexington Books.

WALKER L. (1979), *The Battered Woman*, New York, Harper and Row.

WALLER I. (1983), *Declaration on the Protection and Assistance of Victims of Crime*, Prepared for the Committee on Code of Conduct for the Protection and Assistance of Victims, Ottawa, Université d'Ottawa.

WALLER I. (1981), « Les victimes d'actes criminels : besoins et services, Canada/Etats-Unis », *Déviance et Société*, V (3), 263-277.

WALLER I. & N. OKIHIRO (1978), *Burglary : The Victim and the Public*, Toronto, University of Toronto.

WATHAN F. (1974), « Sex offences Against Children and Minors : Some Proposals for Legal Reform », *In* I. DRAPKIN et E. VIANO (Eds.), *Victimology : A New Focus*, Lexington, Mass., Lexington Books, 235-242.

WESTON J.T. (1968), « The Pathology of Child Abuse », *In* R.E. HELFER & C.H. KEMPE (Eds.), *The Battered Child*, Chicago, University of Chicago Press, 77-100.

WOLFGANG M.E. (1982), « Basic Concepts in Victimological Theory : Individualization of the Victim », *In* H.J. SCHNEIDER (Ed.), *The Victim in International Perspective*, Berlin, New York, de Gruyter, 46-59.

WOLFGANG M.E. (1958), *Patterns in Criminal Homicide*, Philadelphia, University of Philadelphia Press.

YOUNG RIFAI M.A. (1982), « Victimology : A Theoretical Framework », *In* H.J. SCHNEIDER (Ed.), *The Victims in International Perspective*, Berlin, New York, de Gruyter, 65-79.

ZIEGENHAGEN E.A. (1976), « Toward a Theory of Victim-Criminal Justice System Interactions », *In* McDonald (Ed.), *The Victim and the Criminal Justice System*, Beverly Hills, California, Sage Publications, 261-280.

ZIEHAGEN E.A. (1977), *Victims, Crime and Social Control*, New York, Praeger Publishers.

ZIMBARDO P. (1972), « Pathology of Imprisonment », *Society*, 9 (6), 4-8.

ZOOMER O. (1979), *Female Victims of Crimes and How the Criminal Justice System Reacts to them*, The Hague, Netherlands, Ministry of Justice, Research and Documentation Center.

Table des matières

641152 - Février 2016
Achevé d'imprimer par

1livre.com
du rêve à la réalité !

www.ingramcontent.com/pod-product-compliance
Lightning Source LLC
LaVergne TN
LVHW050640051026
849532LV00002B/458
9782747523639